国際教育開発への挑戦

―これからの教育・社会・理論―

荻巣崇世
橋本憲幸　編著
川口　純

東信堂

はしがき

　国際社会は2015年をEFA (Education For All：万人のための教育) 達成の目標年と位置づけ、これまで教育機会の拡大に尽力してきた。その一方で、教育の質の低下や格差の拡大など、急激な量的拡大に伴う様々な課題が引き起こされている。また、保護者は単に子どもが「学校に通っている」ことだけで満足するのではなく、社会的に価値の高い内容を学習し、豊かな生活に繋がる技術を習得することに、より教育の意義を見出しつつある。すなわち、これまで「教育を受けること」が主たる目的となっていた教育開発は、徐々に教育を受けたことによる「結果」や「変化」に重きを置き始めている。

　さらに、これまで途上国を対象にして語られてきた教育開発であるが、日本など先進国においても外国にルーツを持つ子どもや新たなニーズを有する子どもが増加し、社会の変化に合わせてカリキュラムを抜本的に見直す必要に迫られている。現在、世界各国は経済発展の度合いに関わらず、共通の教育課題を抱え、「新しいEFA」とも言える課題に直面している。このような状況に鑑みると、今後、教育開発が照射する範囲は縮小するどころか、ますます拡大し、複雑化していくことが予想される。さらに、さまざまなセクターと関連する教育分野の充実が不可欠であることは明らかで、「持続可能な開発目標（SDGs）」でも教育はそのように位置付けられている。

　SDGsが開発や成長ということの意味そのものを問い直すものであるのと同様に、教育の意味や役割もまた、見直すべき時が来ている。2020年現在、世界を席巻している新型コロナウイルスは、まさに我々に問うている。本当に必要な能力とは何か？ 教育には何ができるのか？ 教育を通してどのような社会を目指すのか？ いま、これまでの教育開発を振り返り、今後は如何なる研究や実践が求められているのか、議論する必要性は高いと考え、本書

の刊行に至った。

　本書は11編の論考を3部に分ける形で構成されている。各部には、それぞれ「誰が教育するか」「どう具現化するか」「いかに関わるか」という問いに貫かれた論考が収録されている。

　第1部では、「誰が教育するか」という教育主体についての論考を纏めた。従来、所与のものとして、政府が責任と権限を有すると考えられてきた義務教育においても、NGOや企業、地域住民などが運営する非正規課程の学校が公教育に代替する教育形態として、重要な地位を占めるに至っている。第1章の小原論考では、質の低下をはじめとする公教育の機能不全に対して、低額私立校が台頭するインドを事例に、「教育の新自由主義の是非」について論じている。筆者は新自由主義的な教育の躍進を単に礼賛するでも、批判しているわけでもないが、新たな教育形態の展望と課題について、長年の現地調査に基づいた独自の論を展開している。また、インドの事例に留まらず、国家の枠組みを超えた事象を対象としている本論は、従来、1国単位で考えられてきた教育開発の分析単位の変更を求めるものである。第2章の景平論考では、トルコに逃れてきたシリア難民の教育に焦点を当てている。誰が難民の教育を実施するのか、また、難民自身が教育を実施する場合、公教育として保障されるべきか、人権としての教育を受ける権利を鋭く問うている。国家の枠組みでは保障できない立場の人々の声、とりわけ難民の声はこれまでの国際教育開発ではほとんど掻き消されてきたのではないか。元の国家か、避難先の国家か、国連か、NGOか、はたまた難民自身か。「誰が」難民の教育問題、延いては社会的包摂に責任を持つのか、日本も他人事ではない喫緊の課題について、最前線で実務に従事する筆者が印象的な写真とともに熱い議論を展開している。第3章の川口論考では、障害児の教育を事例に、これまでの教育開発の議論に「当事者の視点」が抜け落ちていることを指摘している。また、ポスト2015の議論においてキーワードになっている「教育のインクルージョン」を達成するために、インクルーシブ教育は不適な教育形態になり得るとの挑戦的な論考を展開している。

　第2部では、国際的に議論される政策や援助課題を実際に、「どう具現化するか」という点に焦点を当てて、論が進んでいく。机上の議論だけではなく、実際の教育政策を如何に形成し実施していくのか、国際機関の最前線で活躍する実務家を中心に論が展開されている。第4章の芦田論考では、研究者である筆者がUNESCOという国際機関で勤務する中で、実務家と研究者を「行き来」しながら、どう教育と向き合うか、自身の省察も含めながら論じている。国際機関ならではのマクロなデータと研究者として筆者自身が重要視してきたミクロなデータの双方の重要性、課題に触れながら、示唆に富む論を展開している。第5章の井上論考では、JICA職員として日本の国際教育協力に携わる筆者が、今後の日本の高等教育協力の新しい枠組みをどう具現化するか、提案している。これまでの日本の高等教育支援が、一方向的な「援助」の要素が強かったとすれば、今後の日本の大学側にも恩恵をもたらす「協働」的な体制を構築しなければならないとする筆者の論旨は、高等教育協力に限らず、日本の援助観、国際協力観自体の変容を求めるものである。第6章の荘所論考では、世界銀行に長年務める筆者が、国際教育開発におけるグローバルガバナンスの重要性と、それに付随する課題について論じている。そして、今後、援助する側とされる側といった垂直的な関係を脱却し、アクター間の水平的な関係、パートナーシップ、協働の体制を進めていくことが必要であると説く。

　第3部では、これまでの教育開発研究を自省も含めて批判的に概観し、今後、自身が教育開発に「いかに関わるか」、その姿勢について、5人の研究者が論じている。第7章の徳永論考では、国内におけるマイノリティの教育に焦点を当て、研究者、実践者としての自己を省察しながら、越境する人々の教育について論じている。教育社会学者である筆者の論考は、従来の国際教育開発が対象としてきた「途上国の教育課題を如何に改善するか」という視点とは大きく視点が異なる。今後の教育開発の対象が、単に先進国から途上国の教育を照射する一方向的なものだけではなく、国際社会全体で共有する課題に水平的に取り組む必要性を示している。第8章の中和論考では、ザンビアの数学教育を事例に、授業のプロセスを丹念に描き出している。これ

までの教育開発では、往々にして教室の中は「ブラックボックス化」されて
きたが、本稿では、子どもの視点から数学を捉え直し、教員にとっても魅力
的な授業の実施に繋がる価値の高い論考が展開されている。第9章の荻巣論
考では、これまで国際教育開発の議論において教師たちが客体として扱われ
てきたことを反省的に振り返り、処方箋を与えることを目指してきたこれま
での教育開発のあり方を乗り越えるための道筋を示している。第10章の古
川論考では、最貧国のマラウイを対象にしながら、JICAの一員として、ま
た人類学者として教育開発に携わっている筆者が、実践の中で抱えている葛
藤について論じている。「研究者」と「実務家」の両方の視点を相互に交え
ながら、如何に開発現場に関わるべきか、示唆に富む論考を展開している。
第11章の橋本論考は、国際教育開発論に教育学が抜けているという問題意
識から書かれた。そして、研究者として国際教育開発に取り組むとはどうい
うことなのかが議論されている。実務家と研究者との境界線が曖昧なこの分
野において、そしてそのことがよいこととされてきたこの分野において、あ
えてそこに線を引き、研究者は何をすべきなのかが教育や教育学の性格を踏
まえて吟味されている。

　各部の最後には、世界の第一線で国際教育開発を牽引しておられる6名の
研究者・実務家のコラムを収録した。それぞれのコラムは、編者が実施した
インタビューをまとめたもので、この分野の面白さ、難しさ、奥深さや、次
世代への期待を語っていただいた。初学者にとっても、すでに研究や実務に
携わっている者にとっても、国際教育開発に関わるということを改めて考え
させてくれるコラムになった。

　本書の執筆陣は、今後の教育開発を担う若手の研究者、実践者である。編
者からは、「若手ならではの挑戦的な論考」を依頼した。中には単なる若気の
至りによる的外れな論考があるかもしれない。単純な批判に終始し、代替案
を示していない論考も含まれている。ただ、そのような論考でも今後の教育
開発に一石を投じ、少しでも議論を活性化させる契機となれば、幸いである。

川口　純

国際教育開発への挑戦 ― これからの教育・社会・理論 ―

目　次

第1部　誰が教育するか　　　　　　　　　　　　　17

第3部　いかに関わるか　137

第7章　〈わたし〉から始める教育開発
── 日米における移民の子どものエスノグラフィー　……　徳永 智子　138

第8章　授業を鏡としてこれからの数学教育開発を考える
………………………………………………… 中和 渚　155

第9章　教師の実践と成長を支える『外部者』のまなざし
………………………………………………… 荻巣 崇世　173

国際教育開発への挑戦

── これからの教育・社会・理論 ──

序章　国際教育開発の国際的潮流

荻巣　崇世

はじめに —— 1990年代以降の国際教育開発の展開

　本書の中で各章が提示する新しい国際教育開発論は、これまでの国際教育開発の理論と実践の蓄積の上に成り立つものである。同時に、国際教育開発論は、新型コロナウイルスの世界的な感染拡大と、それによる学校閉鎖など、これまでに経験したことない新しい課題にも直面している。世界のつながりが増す中、国際教育開発は多様化・複雑化する教育課題にどの程度、またどのように対応してきたのだろう。本章では、「万人のための教育（Education for All: EFA）」以降（1990年以降）、主に途上国の教育がどのように国際的に議論されてきたのかを整理する。そして最後に、本書がどのように新しい国際教育開発「論」を展開しようとしているのか、国際教育開発の潮流の中での本書の位置づけを示す。

第1節　EFAの教育課題と意義

　2015年に採択されたインチョン宣言は、EFAを「ここ数十年間でもっとも重要な教育に対する公約」と位置付け、過去15年間で教育へのアクセスが大幅に改善したことを評価した。その一方、EFA達成にはまだ程遠い状況にあることに対する懸念を示すとともに、教育へのアクセス、教育の公平性と包摂性、教育の質と学習成果に努力を集中していくことを新たなビジョンとして提示した。翻って、1990年のEFA世界会議で採択された「EFA世界宣言 —— 基礎的なニーズを満たす」の前文は、国際社会が立ち向かうべき教育

課題を以下のように整理し、基礎教育へのアクセス拡大に向けた国際的なコミットメントの必要性を強調した（内海 2003）。

- ・6,000万人の女子を含む1億人以上の子どもが、初等教育へのアクセスがない。
- ・9,600万人以上の成人が非識字者で、そのうちの3分の2は女性であり、機能的非識字は先進国・途上国を問わずすべての国で重要な問題である。
- ・世界の成人の3分の1以上が、生活の質を改善し、社会や文化を生み出し変化に適応していくための、印刷物からの知識、新しい技能や技術へのアクセスを持たない。
- ・1億人以上の子ども及び数えられないほどの成人が、基礎教育課程を修了していない。そのうえ数億人が、修業年限を学校で過ごしても、最低限の知識や技能を獲得することができないでいる（World Declaration on Education for All: Meeting Basic Learning Needs 1990）。

　子どものみならず青年や成人にも教育機会を保障し、基礎的な学習のニーズを満たすこと、すなわち広義の基礎教育の普及が国家的・国際的な義務であることを確認したという点で、EFA世界会議は歴史の重要な転換点であった（北村 2008: 8）。EFAは、基礎教育を基本的人権として位置づける「人権アプローチ」と、それを経済・社会開発の基礎として位置づける「開発アプローチ」という、80年代に対立していた両方の立場から基礎教育の重要性が確認された結果、国際社会を挙げての一大潮流となったのである（黒田・横関 2005）。その後の国際教育開発は、この会議でなされた“広義の基礎教育の普及”という課題を時代に即した形で再設定することと、EFA達成に向けて国際社会が責任を果たすためのシステムを構築することの2つを両輪として進んできたと言えよう。

1　EFAとMDGs達成に向けた国際社会の動き

　90年代を通して、「世界子どもサミット」(1990)、「国連環境開発会議(1992)」、「世界人権会議 (1993)」、「特別なニーズを持つ人びとの教育世界

会議――アクセスと質 (1994)」、「国際人口開発会議 (1994)」、「世界社会開発サミット (1995)」、「第4回世界女性会議 (1995)」、「EFA国際協議フォーラム中間会合 (1996)」、「第5回国際成人教育会議 (1997)」、「国際児童労働会議 (1997)」等の会議が開催され、EFA達成に向けた動きが加速した。その結果、初等教育の就学者は90年代を通して毎年平均して約1,000万人ずつ増加し、非識字者の数も著しい減少を見た。こうした国際社会による教育への関心の高まりを背景として、2000年の世界教育フォーラムにおいて、EFAの課題設定の見直しが最初に行われた。

　世界教育フォーラムの成果として採択された「ダカール行動枠組み」(2000) は、90年代の前進の一方で、多くの課題が残されたことを指摘し、1990年に設定された目標をより具体的で実現可能な形で再設定した(**表序-1**)。残された課題とは、「1億1,300万人以上の子どもには初等教育の機会が与えられておらず、8億8,000万人の成人は読み書きができず、教育システム全体のジェンダー格差は依然続き、教育の質や生活に必要な技能（ライフスキル）の習得は国家としての達成目標や個人・社会が必要としているニーズを大きく下回って」いること、さらに、「青年や成人は職を得たり、社会活動に参加するのに必要な技術や知識を得るための手段を否定されている」ことなど、90年代に得られた成果がもっとも困難な状況に置かれた人々には届いていなかったことであった。このうち、初等教育の完全普及および教育におけるジェンダー格差の解消が、2000年の国連総会で採択された「ミレニアム開発目標（Millennium Development Goals: MDGs）」に目標2及び目標6として組み込まれたこともあり、教育が主要な開発課題として国際社会の関心を集めることになった。

表序-1　「ダカール行動枠組み」の目標

目標① 　就学前保育・教育の拡大と改善
目標② 　2015年までに無償で質の高い教育をすべての子どもたちに保障すること
目標③ 　青年・成人の学習ニーズの充足
目標④ 　2015年までに成人識字率（とくに女性）を50%改善すること
目標⑤ 　2005年までに初等・中等教育における男女の格差を解消すること
目標⑥ 　読み書き、計算および基本的な生活技能習得のために教育の質を改善すること

　「ダカール行動枠組み」では、継続的に進捗状況を把握し目標達成に活かすため、「世界教育フォーラム」のために実施されたEFAアセスメントの情報を活用し、UNESCOが中心となってグローバルなモニタリング・システムを構築することも合意された。これを受けて、2002年より、『EFAモニタリング報告書』がUNESCOから発行されている。さらに、2003年より、世界銀行を中心とした基礎教育分野への新しい資金援助の枠組みであるEFAファストトラック・イニシアティブ（EFA Fast-Track Initiative）が実施され、2011年以降は「教育のためのグローバル・パートナーシップ（Global Partnership for Education: GPE）」として継承されている。その他、2000年には女子教育に関するグローバルな政策対話をけん引する目的で国連女子教育イニシアティブ（UNGEI）が、2008年には質の高い教員の不足を解消するための国際的な取り組みを調整するEFA国際教員タスクフォース（The International Task Force on Teachers for EFA）がそれぞれ設立され、特定の課題について国際的に対話する場が設けられてきた。

　以上のように、2000年代のEFA達成に向けた取り組みは、国際機関を中心として国際教育協力を推進するためのグローバル・ガバナンスのメカニズムが構築されてきたこと、とりわけ国際社会のパートナーシップの構築とモニタリング体制の整備が進んだことに特徴付けられる。

2　EFAの成果と課題

　それでは、EFA目標達成期限であった2015年までに、EFAはどのような成果をもたらし、どのような課題を残したのだろうか。元UNESCO事務局長のイリーナ・ボコバは、2000年以降のEFAの進捗をレビューした『EFAモニタリング報告書2015』の序文において、「各国政府や市民社会、国際社会によるあらゆる努力にもかかわらず、世界はまだEFAを実現できていない」としながらも、EFAの成果を以下のように総括している。

　　不就学の児童および若者の数は2000年からおよそ半分に減少しました。ダカールでの世界教育フォーラム以降の進捗は速く、学校に通う子ども

の数は3,400万人増加するとみられています。データが入手可能な国の約3分の1でジェンダー格差が残ってはいますが、最も前進したのはジェンダー格差解消、特に、初等教育における格差の縮小です。各国政府はまた、国内調査及び国際調査によって学習の成果を測定し、その結果を生かして約束された質の高い教育をすべての子どもに保障するための取り組みも強化しています（ユネスコ 2015: 3）。

　同報告書で報告されたダカール行動枠組みの6つの目標及び資金調達の成果と残された課題については、**表序-2**に整理した通りである。表からも分かるように、各目標に共通して課題となっているのが「最も不利な立場の人々に最も恩恵が行きわたらないという状況にも変化はなかった」ことである。「ダカール行動枠組み」においても同様の指摘がなされていたのは先に述べた通りであり、今後さらなる努力が求められる課題である。

　同報告書は、さらに、EFAの国際的な公約としての意義についても論じている。とりわけ、各国・援助機関のコミットメントによって、1990年代の状況が続いていたと仮定した場合と比較して、世界の教育が大きな前進を見たことを強調し、この意味でEFA運動は一定の成功を収めたとしている。その一方、MDGsが主要な開発アジェンダになって以降、初等教育の完全普及が国際的な関心事になった反面、教育の質、乳幼児のケアおよび教育（ECCE）、成人識字などの分野には注目が集まらなかったうえ、初等教育の完全普及さえも未達成に終わった点も指摘する。この原因としては、EFAの調整機能が継続的な政治的コミットメントを確保できなかったこと、国際的に利用可能な情報が多様化したものの、そうしたエビデンスが政策立案には活用されなかったこと、ニーズを満たすのに必要な資金が投入されなかったことなど、ガバナンスや財政の仕組みの弱さが挙げられている。以上から、1990年以降の15年間の教訓として、技術的な解決策は重要でありつつも、大規模な改革や取り組みを実現するためには、政治的な影響力とけん引力がさらに重要になる、とまとめている。

　ポストEFA、ポスト2015年の教育目標の議論においては、EFAの中で未達

表序-2　各目標の成果と残された課題

	成　果	課　題
目標①	・乳幼児死亡率は約50%低下した。 ・2014年までに40か国が就学前教育を義務化した。 ・2012年時点で就学前教育の就学者数は1999年から64%増加した。	・2013年時点で630万人が5歳の誕生日を迎える前に死亡している。 ・貧富の差による就学率の格差が2000年時点の2倍に広がった。 ・訓練を受けた教員及び保育士が不足している。
目標②	・純就学率は1999年の84%から2015年には93%を達成見込みである（4,800万人増）。 ・特にサハラ以南アフリカの国々で純就学率が大幅に改善した。	・2012年の不就学児童数は約5,800万人で足踏み状態にあり、そのうち36%は紛争影響地域に集中している。 ・毎年3,400万人が小学校を中途退学しており、最終学年到達率は改善していない。 ・複合的に疎外された子どもたちに恩恵が行きわたっていない。
目標③	・1999年から2012年までに中等教育の粗就学率は低所得国で29%から44%に、中所得国では56%から74%に上昇した。 ・不就学の若者は1999年の9,900万人から2012年には6,300万人に減少した。	・依然として6,300万人の若者が不就学である。 ・2015年時点で低中所得国の若者の3分の1が前期中等教育を修了しないと予測される。 ・各種スキルの内容が明確でない。 ・貧困や居住地による中等教育へのアクセスの格差は解消されていない。
目標④	・成人非識字率は2000年の18%から2015年には14%になる見込みである（大半は教育を受けた若者が成人年齢に達したことによる）。	・7億8,100万人以上の成人が基本的な識字能力を身に付けていない。
目標⑤	・2015年までにデータが入手可能な国の69%が初等教育レベルのジェンダー格差解消を実現すると予測される。 ・前期中等教育を修了する女子の数は、2000年の男子100人中81人から2010年には93人に上昇した。	・最貧困層の女子の初等教育就学率が一番低いという状況には変化がない。 ・中等教育ではジェンダー格差が拡大し、多様化している。
目標⑥	・初等教育における教師一人当たり児童数は、146か国中121か国で減少した。 ・1999年以降1,000以上の学力調査が実施されている。	・2億5,000万人の子ども（そのうち1億3,000万人は4年間教育を受けたにもかかわらず）が基礎的な学習を習得していない。 ・2012年時点で3分の1の国において初等教育の教員のうち訓練を受けた教員の割合が75%未満であった。
資金調達	・GNPの6%以上を教育に支出した国は、1999年の18か国（116か国中）から2012年には39か国（142か国中）に増加した。 ・基礎教育への援助は平均で年6%増加した。	・政府支出に占める教育支出の比率は13.7%であり、目標の15%に届かなかった。 ・教育援助は2010～2012年に10%減少した。 ・初等教育以外のEFA目標に対する資金援助は重視されていない。 ・基礎教育分野における二国間援助のほとんどが地域別・セクター別に配分されており、グローバルな資金を活用した協調は進んでいない。

出所：『EFAモニタリング報告書2015』から抄訳。

成に終わった目標を継承することはもちろん、EFAには含まれていなかったもののその解決の重要性が共通認識となった課題についても、議論が幅広く展開されてきた。

3　ポスト2015の教育目標に対するインプット

　ポスト2015の教育開発目標の策定過程に実際に参加した黒田一雄（2014）は、国際社会が模索していた方向性には、①教育の質に関する議論、②教育の公平性の議論、③教育の内容に関する議論の3つの重点が置かれていたという。ポスト2015の教育開発目標である「教育2030」については次節で述べるとして、本節ではこの3つの議論に沿って2015年以降の国際教育開発における主要な論点を整理してみたい。

① 教育の質に関する議論

　『EFAモニタリング報告書2013』が「学習危機」と題して報告したとおり、EFAの達成に向けた取り組みのなかで学習の質が見落とされてきたことに呼応して、ポスト2015の議論においては教育の質、とりわけアウトプット（学習成果）の質に関する議論に注目が集まった。例えば、OECDが実施するPISA（Programme for International Student Assessment）やIEAが実施するTIMSS（Trends in International Mathematics and Science Study）などの国際的学力調査に加え、近年では、南西アフリカで実施されているSACMEQ（The Southern and Eastern Africa Consortium for Monitoring Educational Quality）に代表される地域レベルの学力調査や、国による学習到達度評価なども実施されるようになり、学習成果に関して多様なデータが入手できるようになってきた。さらに、OECDは中・低所得国向けのPISA for Developmentを開発し、2017年までに9か国が参加した。

　ただし、こうした学力調査のデータが政策策定のためのエビデンスとして効果的に用いられることは稀で、また、教師や親、生徒、コミュニティに共有されることもほとんどなかった。これに対して、2000年代半ば以降、世帯調査に基づく学力調査を行い、様々なアクターの間で教育の質に関する議

論を共有し、変革につなげようとするNGOが現れてきた（西村 2014）。例え
ば、ケニアのNGOであるUWEZOは、2009年より、ケニア、タンザニア、
ウガンダにおいて、世帯調査によって、これまで学力調査の対象になってこ
なかった退学者や不就学者を含む6〜16歳の子どもに学力調査を実施してい
る。この結果は世帯、学校、コミュニティ、県の行政官や地方政治家に対し
てフィードバックしているという。今後、単に教育評価を徹底するだけでな
く、教育評価をいかに教室内における教育と学習の改善につなげていくか、
また、教師や親、政策立案者等の多様なアクターがエビデンスに基づいて主
体的に意思決定できるメカニズム、すなわちガバナンスを構築することが重
要である（西村 2014）。

② 教育の公平性に関する議論

　EFA運動の恩恵がもっとも脆弱なグループに属する子どもに最も行き渡ら
なかったことは、上述したとおり『EFAモニタリング報告書2015』が認める
ところである。教育の公平性（equity）についての議論は、1990年から引き
続き国際教育開発分野における主要なテーマとなっている。特に、教育への
アクセスに関する公平性については、障がい、エスニシティ、貧困、ジェン
ダー、居住地などの社会文化的要因によって、就学から遠ざかってしまう子
どもの存在は「最後の5%、10%」として指摘されてきた。疎外されたグ
ループに属する子どもは、既存の学校教育に組み込まれることでさらに脆弱
さを増す危険もあり（北村他 2014）、カリキュラムや教材など、学校教育の
側を変えることで疎外された子どもを包摂する、教育の質的な側面までも含
んだ「インクルーシブ教育」の考え方が提示されている。

　さらに、EFA及びMDGsではジェンダー格差の解消が焦点となってきたが、
これまでの取り組みを通して、ジェンダーや障がいなどによって生じる格差は、
個別にではなく、複数の要因が複雑に絡み合ってより大きな格差を生んでいる
ことも明らかになってきた。例えば、都市に住む富裕層の男子児童と、僻地
に住む貧困層の女子児童との修学年限の比較など、複層的に影響を及ぼす格
差の存在に対して積極的な対策を講じることが求められている（北村他 2014）。

③ 教育の内容に関する議論

　既に述べたように、「ダカール行動枠組み」では教育の質の向上が目標の一つに組み込まれたものの、教育内容や教育方法ついては、これまで国際的な目標が設定されてこなかった。しかし、21世紀の社会で求められる新しい学力やスキルについての議論が2000年前後から活発になった。例えば、2003年にはOECDが、教育を通して育むことが期待される鍵となるコンピテンシー（単なる知識や技能だけではなく、技能や態度を含む様々な心理的・社会的なリソースを活用して、特定の文脈の中で複雑な要求（課題）に対応することができる力（Rychen & Salganik 2003））を、①社会・文化的、技術的ツールを相互作用的に活用する能力、②多様な社会グループにおける人間関係形成能力、③自律的に行動する能力の3つに定義した。また、メルボルン大学に置かれた国際的な研究チームATC21Sは、Ways of Thinking、Ways of Working、Tools for Working、Living in the Worldの4つのスキルを「21世紀型スキル」として提示している。

　いわゆる非認知的能力の重要性が共通認識となったことは、社会の変化に応じて、従来のコンテンツ・ベースの教育からコンピテンシーやスキルを軸とした教育への転換を決定付けることとなった。測定の困難な非認知的能力をどのように測っていくかは、上述の①教育の質の議論にも関わり、現在大きな関心を集めている。例えばPISAでは、2012年調査で「創造的問題解決」を、2015年調査で「協調的問題解決」を扱うなど、社会の変化に応じた新しい学力観とその測定法が提示・検証されている。

　これらの新しい学力やスキルを身につけさせるための教育方法についても議論が進んできた。例えば、2004年の国連総会において2005年から2014年までの10年を「国連ESDの10年（DESD）」とすることが決議された。持続可能な開発のための教育（Education for Sustainable Development: ESD）は、教育を通して、人間の尊重、多様性の尊重、非排他性、機会均等、環境の尊重等の持続可能な開発に関する価値観や、思考力、コミュニケーション力などを備えた持続可能な社会づくりの担い手を育むことを目指すとされる（文部科学省 2013）。同様に、潘基文元国連事務総長が2012年に提唱したGlobal

Education First Initiative（GEFI）では、その重要な要素として「グローバル・シティズンシップ」の涵養を掲げている。GEFIでは、教育は、平和、人権、民主主義、寛容、持続的発展等の価値を理解し、スキルを備え、21世紀の複雑化するグローバル課題を協力して解決できるグローバル・シティズンを育てるという重要な役割を果たすことが期待されている。ESDやグローバル・シティズンシップ教育のように、時代の変化に応じた新しい教育のアプローチが提唱されているのである。

第2節　「教育2030」と持続可能な開発目標（SDGs）

　EFAの成果と課題を踏まえて2015年以降の教育目標を議論するための場として、ユネスコ加盟国の代表19か国、国際機関、市民社会の代表などが参加するEFA運営委員会（EFA Steering Committee）が2012年4月に招聘され、議論を重ねてきた。UNESCOのポジション・ペーパーをもとにしたポスト2015の教育目標及びターゲットは、2014年5月にオマーンで開催された世界EFA会議（World Education for All Meeting）において、UNESCO加盟国と援助機関による議論の土台となり、「2030年までにすべての人に公平で、包摂的で、質が高い教育と生涯学習を保障する」という目標と、7つのターゲットからなる『マスカット合意』として決議された。これを受けて、EFA運営委員会は、この目標を実行するための戦略を含む「行動枠組み」を取りまとめ、2014年6月にこれを『教育ポスト2015』として発表した。『マスカット合意』は、持続可能な開発目標（SDGs）に関するオープン・ワーキング・グループの教育目標へと引き継がれ、2015年4月に韓国で開催された世界教育フォーラムにおいて、『インチョン宣言：教育2030』として採択された。

　「教育2030」では、「すべての人に包摂的かつ公平な質の高い教育と生涯学習を」が目標として採択された。この目標は、以下の表にまとめた7つのターゲットと3つの実施手段ターゲットからなり、これら計10個のターゲットの下にそれぞれ指標が設定されている（**表序-3**）。前節で述べた3つの議論、すなわち、教育の質（特に学習成果）、公平性、教育内容及びアプローチにつ

表序-3　「教育2030」の目標とターゲット

目標：すべての人に包摂的かつ公平で質の高い教育と生涯学習を	
ターゲット①	初等教育および中等教育の修了
ターゲット②	早期幼児の開発、ケア、および就学前教育へのアクセス
ターゲット③	技術教育、職業教育、および大学を含む高等教育への平等なアクセス
ターゲット④	雇用、ディーセント・ワークおよび起業に必要な技能を備えた若者と成人の割合の改善
ターゲット⑤	脆弱層に対するあらゆるレベルの教育や職業訓練への平等なアクセス
ターゲット⑥	成人識字能力および基本的計算能力
ターゲット⑦	持続可能な開発のための教育（ESD）・地球市民性教育
ターゲットa	安全で非暴力的、包摂的、効果的な学習環境の提供
ターゲットb	高等教育の奨学金件数の増加
ターゲットc	有資格教員数の増加

出所：*Education 2030: Incheon Declaration and Framework for Action* より筆者抄訳。

いて、より踏み込んだターゲットが設定されていることが分かる。

　2015年9月25日から27日に、ニューヨークの国連本部において、「国連持続可能な開発サミット」が開催され、その成果文書として「我々の世界を変革する：持続可能な開発のための2030アジェンダ」が採択された。この文書では、MDGsの後継として、17の目標からなる持続可能な開発目標（SDGs）が掲げられている（**図序-1**）。教育に関する目標は、上述した「教育

図序-1　SDGsの17の目標
出所：国際連合広報センターウェブサイトより引用。

2030」の目標およびターゲットが、SDGsの4番目の目標としてそのまま採用された。教育は、引き続き開発課題の重要な一分野として位置づけられているだけでなく、SDGsの17の目標すべてを達成するためのツールとしても、明確に位置づけられており、国際社会からの教育分野の発展に対する期待の大きさを表していると言えよう。さらに、MDGsでは、EFA目標との齟齬により、初等教育に資金配分が集中したことが問題視されていたことの反省に基づき、「教育2030」と同一の目標とターゲットが開発アジェンダであるSDGsに組み込まれたという意味でも大きな前進であった。

おわりに —— 新しい国際教育開発の動きと理論化への展望

　以上、1990年代以降の国際教育開発の潮流を簡単に概観した。本章では「潮流」という言葉を使ってきたが、その「潮流」は所与のものではなく、人々が作り出すものである。この視点に立つと、「潮流」がどのように作られてきたのかをよりよく理解するための枠組みが必要になる。例えば、SDGsの策定プロセスは従来よりもはるかに多くの関係者に開かれ、より複雑な議論が展開されたが、こうしたプロセスによってどのように「正統な」言説が生み出され、潮流として形づくられるのか、それがどのように国際教育開発という行為に具体化されていくのか、といった点については、国際教育開発「論」としては十分には解明されてこなかった。近年の研究動向としては、北村他（2014）が、ポストEFAの国際教育目標に対する提言をまとめ、理論の側から積極的に潮流づくりに関わることを目指した。また、吉田（2016）は、EFAステアリング・コミッティーにおける自身の経験をもとにして、「教育2030」の採択に至る経緯を詳述しており、潮流づくりの一端が詳らかになってきている。また、Yamada（2016）は、EFA後の国際的な開発パラダイムの変化を、価値とアクターの多様化という観点から分析している。これらの研究は、国際教育開発の潮流を所与のものとせず、潮流自体を分析の対象として理論化を試みており、これからの国際教育開発「論」の一つの方向性を示している。

　しかしながら、本書の各章で展開されるように、国際教育開発においては、大きな潮流を追うだけでは理解しきれない新しい現象が様々に生じていることにも目を向ける必要がある。例えば、後の章で扱われているトランスナショナルな低額私立学校の拡大や難民の爆発的な増加による教育需要の変化とそれへの対応などは、我々がこれまでに依拠してきた国際教育開発「論」の枠組みでは十分に説明できない現象である。また、本書の製作過程でにわかに世界中に広まった新型コロナウイルスは、世界中の学校を一時閉鎖においこみ、世界の子どもの9割以上に影響を及ぼしているという（UN DESA 2020）。このような世界中を巻き込む教育の危機は、これまでの理論的枠組みでは予想さえしていなかった出来事である。こうした新しい現象を理論化し、よりよく理解できるものにしていくことが、これからの国際教育開発「論」の責務であろう。もちろん、現象自体は新しいものでなくても、これまでとは違った切り取り方をすることで現象の持つ別の意味を見出したり、国際教育開発の実践が途上国の現場にどのような正負の影響を及ぼしているのかを引き続き批判的に検討したりしていくことも、新しい国際教育開発「論」が担うべき役割である。

　さらにもう一歩引いて、国際教育開発とは何なのか、国際教育開発「論」として何をしていけば良いのか、といったメタ的な、あるいは原理的な水準の議論や、国際教育開発にどのように関わればよいかという個々人の立ち位置に関するミクロレベルの議論もまた、これからの国際教育開発「論」が対象とし、深めていくべきテーマである。なぜなら、近年、先進国の教育の検討をも「国際教育開発」の対象に含めるなど国際教育開発の照射範囲が拡大・複雑化しているからである。これは逆に言えば、国際教育開発の概念密度が低くなり、国際教育開発という概念で名指さなければならない事柄とは何なのか、わかりにくくなるということでもある。いわば何でも国際教育開発になってしまいかねない。われわれは一体何を「国際教育開発」と呼べばよいのか。そして、そうした国際教育開発に取り組もうとしている我々とは、一体誰であり、どのような存在なのか。そうした次元から国際教育開発を問い直す新しい国際教育開発論が、いま、求められている。

16

参考文献

Rychen D. S. & Salganik L. H. (Eds.), 2003, *Key Competencies for a Successful Life and a Well-Functioning Society. (DeSeCo Final Report)*. Göttingen: Hogrefe & Huber Publishers.

Yamada, S., 2016, *Post-Education-For-All and Sustainable Development Paradigm: Structural Changes with Diversifying Actors and Norms*. (Ed.). (International Perspectives on Education and Society, Volume 29). Emerald Group Publishing Limited.

UN DESA, 2020, Sustainable Development Goal 4 Progress and Info. https://sdgs.un.org/goals/goal4（2020年7月16日閲覧）。

内海成治、2003、『国際教育協力論』世界思想社。

北村友人、2008、「第一章：EFA推進のためのグローバル・メカニズム ── 国際教育協力をめぐる公共性と政治性」小川啓一、西村幹子、北村友人（編）『国際教育開発の再検討 ── 途上国の基礎教育普及に向けて』東信堂、5-27頁。

北村友人、西村幹子、マーク・ランガガー、佐藤真久、荻巣崇世、林真樹子、興津妙子、山﨑瑛莉、川口純、2014、「持続可能な社会における教育の質と公正 ── ポスト2015年の世界へ向けた国際教育目標の提言 ──」(特集：ポスト2015年の教育開発)『アフリカ教育研究』第5号、4-19頁。

黒田一雄、2014、「教育MDGsとEFAの現状と展望 ── ポスト2015の国際枠組みの形成に向けて ──」(特集：国際教育開発協力のこれまで・これから、総括編：教育開発総論)『アジ研ワールド・トレンド』No. 230、4-8頁。

黒田一雄、横関祐見子編、2005、『国際教育開発論 ── 理論と実践』有斐閣。

西村幹子、2014、「ポストMDGS期における教育の質向上に向けた「協治」に関する一考察 ── ケニア・アジアド県における世帯レベルの学力調査の結果から ──」(特集：ポスト2015年の教育開発)『アフリカ教育研究』第5号、20-34頁。

文部科学省、2013年10月、『ESD（Education for Sustainable Development）』http://www.mext.go.jp/unesco/004/1339970.htm（2016年2月7日閲覧）。

ユネスコ、2015、『EFAモニタリング報告書2015 Education For All すべての人に教育を 2000-2015 成果と課題 概要』JICA・ACCU・JNNE。

吉田和浩、2016、「EFAステアリング・コミティーの活動からみた「教育2030」」『国際教育協力論集』第19巻1号、1-15頁。

第1部　誰が教育するか

自宅で勉強するシリア人の子どもたち〔AAR Japan ／川畑嘉文〕

第1章　トランスナショナルな途上国の教育起業家支持ネットワーク
── 貧困層を対象とする低額私立（LFP）学校を中心に

小原　優貴

はじめに ── 途上国における政府主導の教育普及の限界

　開発経済学者であり国連ミレニアムプロジェクトのディレクターも務めたジェフリー・サックスは、その著書『貧困の終焉』(2005=2006) において、先進諸国が公約した資金を拠出すればミレニアム開発目標（Millennium Development Goals: MDGs）に掲げた貧困半減は2015年までには達成でき、極度の貧困は2025年までには撲滅すると述べた。このようなサックスの主張はあまりに楽観的であり援助の有効性を誇張しすぎであるとして、様々な論者が批判を展開した。アフリカの政治経済に詳しいダンビサ・モヨやポール・コリアーは、汚職が横行する途上国政府の現状に鑑み、援助が政治的エリートに自由に利用可能な現金を提供することで、官僚の質の低下と政府の腐敗化を進めていると述べ、援助だけでは最底辺にある10億人の問題に本当に対処することはできないと指摘する（Collier 2007=2008; Moyo 2009=2010）。

　途上国政府を介した援助に対する批判は教育においてもみられる。これまで、世界銀行などの国際機関が教育予算の多くを途上国の公教育セクターに注いだ結果、これらの国々では学校数の増加や初等教育の修了率の改善がみられた。しかし途上国政府の運営する公立学校では、脆弱なガバナンスにより教員の欠勤や怠惰な勤務態度などの問題が生じ教育の質が維持されず、学習成果の向上に結びつかない質の低い教育が普及する結果となった。こうした公立学校の実態をふまえ、「初等教育の修了」を目標とするMDGsを無意味と批判する者もいる（e. g. Dixon 2013）。

　現地政府を介した教育開発の効率性が疑問視される中、途上国では、質と成果をともなう教育普及を目指すトランスナショナルなネットワークが驚異的なスピードで形成されつつある。このネットワークの中心に位置づくのは途上国の低所得地域に展開する低額私立「low-fee private: LFP」学校である。LFP学校は、無資格であるが公立学校よりも教育熱心な教員を低賃金（公立学校の約5〜10分の1）で雇用することにより"公立学校よりも質の高い教育を低コストで提供する学校"として評価され、インド、パキスタン、ケニア、ナイジェリアなどの南アジアやアフリカ諸国で貧困層の支持を得て急速に拡大している。LFP学校の多くは貧困層から得る低額の授業料収入をおもな財源としており資金が乏しい。そのため、これらの学校の多くは政府の定める学校認可基準（土地の敷地面積、教員給与、教員資格など）を満たすことができず、政府からの認可や補助金を得ずに公教育制度の枠外で無認可学校として教育を提供してきた。インドでは学齢期の生徒の約29% に相当する子どもがLFP学校に在籍していることが報告されており、これらの学校は公教育を支える「影の制度」としてその存在感を増している（Pratham 2014）。

　このようなLFP学校の活動は、途上国の教育問題に関心をもち、質や成果、費用対効果を重視する国内外の多様なアクターの関心を惹きつけている。これらの中には、研究者、起業家、教育企業、投資家、NGOなどが含まれる。本章ではLFP学校とこうした多様なアクターによって形成される脱国家的な支持ネットワーク「transnational advocacy network: TAN」に着目し、途上国の教育普及の新たな担い手である民間アクターの役割について検討することにしたい。なおLFP学校については、低コスト私立学校「low cost private schools」、格安の学校「budget schools」、手頃な価格の学校「affordable schools」などの名称が用いられることがあるが、本章では貧困層を対象に低コストの教育を提供する私立学校を総称するものとしてLFP学校という用語を用いる。

第1節　LFP学校を中心とするTANの展開

　LFP学校を中心とするTANの展開には1人のイギリス人研究者の存在が大きく影響している。LFP学校研究の第一人者であるジェームス・トゥーリーは、質の高い初等教育の普遍化を達成するための解決策として学校選択や私立学校の拡大を擁護し、これに賛同する国内外の多様なアクターを巻き込みながら、LFP学校の支持ネットワークを形成している。インドの教育学者であるギータ・ナンビッサンとイギリスの教育学者であるステファン・ボールは、トゥーリーを中心に拡大するLFP学校の支持ネットワークの取り組みを、TANの概念を提唱したマーガレット・ケックとキャサリン・シキンクを参照して分析している。ナンビッサンとボールは、TANを「規範・見解・言説の交換を通じて国家の行動を変えるとともに、社会問題に対する一般大衆の見解の変化に取り組む」(Keck & Sikkink 1998: 25)とみなすケックとシキンクの説明は、「政策起業家」トゥーリーの言説に共感するLFP学校の支持ネットワークにもあてはまると述べる (Nambissan & Ball 2010: 163)[1]。そして、TANはたいていの場合国内の社会的政治的運動の拡張であり、知識や情報の拡散のための関係ネットワークを提供し、政治的権威の多元化を追求すると補足した上で、LFP学校のTAN内のアクターは、民営化や民間主導の教育普及のための新たな政策的スペースを拡大していると指摘する (Nambissan & Ball 2010: 176)。

　しかし、ナンビッサンとボールの研究が発表された2010年に、インドでは認可条件を満たさない学校の閉鎖を命じる「無償義務教育に関する子どもの権利法 (The Right of Children to Free and Compulsory Education Act (2009)：RTE法)」が施行され、その後多くの無認可学校が政府の命令を受けて閉鎖された[2]。こうした報道からは、LFP学校が消滅の一途を辿るかのようにも思われた。しかし、実際にはこれとは正反対のことが起こっていた。200校のLFP学校が閉鎖されたと報じられたアーンドラ・プラデーシュ州の州都ハイデラバードでは、これらの学校が閉まっていたのは数日だけで、しばらくすると再開していたことが筆者の学校関係者への調査で明らかにされた[3]。

実際、LFP学校を中心とするTANは2010年以降も驚異的なスピードで拡大しており、その中にはインドを拠点に活動するアクターも多く存在する。そこで次節では2010年以降にLFP学校を中心とするTANに新たに加わったアクターの取り組みを概観し、2016年時点のTANの展開状況を確認する。

第2節　LFP学校のTANを構成する多様なアクター

　LFP学校のTANに新たに加わったアクターの中には、トゥーリーと直接的・間接的な関係がある教育基金、教育ベンチャー起業、LFP学校グループ、調査型NGOなどが含まれる。これらのアクターの取り組みについて述べる前に、まずはTANの中心的存在としてこれを牽引するトゥーリーの活動について説明する[4]。

1　政策起業家 ── トゥーリー

　トゥーリーは世界銀行の財務部門である国際金融組織のコンサルタントとして、途上国における私教育への投資に関する国際調査を指揮していた。その調査の一環で、トゥーリーはインドの南部に位置するアーンドラ・プラデーシュ州の低所得地域を訪問し、LFP学校の存在を知る。トゥーリーは当該地域で調査を行い、LFP学校の多くが資金を必要としているものの無認可であるため銀行で融資を受けられないこと、その一方で低コストで公立学校よりも高い学習成果を上げているという調査結果を発表した（Tooley and Dixon 2006）。こうした調査結果をふまえ、トゥーリーは、国際的な学術雑誌、テレビ、新聞、雑誌、オンラインサイト、イギリスやアメリカの議員や政策立案者向けの講義などを通じて、LFP学校が「万人のための教育（Education for All: EFA）」やMDGsの主要課題である初等教育の普遍化に寄与すること、そしてこれらの学校は一定の収益をあげるビジネスであり、投資や支援が施されれば、ビジネス拡大の潜在的機会になると主張してきた[5]。以上のようなトゥーリーの作り出す言説は、先進諸国 ── おもにイギリスとアメリカ ── の教育企業や投資家の興味を惹きつけ、LFP学校を投資先とし

て検討するアクターを生み出した。以下では、教育企業ピアソンが、途上国や新興国で低コストの学習機会を提供する営利企業に株式投資する目的で設置した「ピアソンアフォーダブルラーニング基金（Pearson Affordable Learning Fund: PALF）」の取り組みについてみていくことにしたい。

2　教育基金 ── ピアソンアフォーダブルラーニング基金（PALF）

2012年に設立されたPALFの最初の投資先は、トゥーリーが共同創設者を務めるガーナのLFP学校「オメガ・スクール」であった[6]。このPALFを立ち上げたのは、雑誌『フォーブス』で「教育を革新する30歳以下の30人」に選ばれた27歳のケイトリン・ドネリーである。ドネリーは、経営コンサルティング会社マッキンゼー勤務時に、国際機関や途上国政府の案件で途上国を訪問し、「国際連合や世界銀行などの公的な国際機関が、途上国の公立学校をなんとか改善しようと、教育予算の約99％を公教育セクターに注ぎ込む一方で、途上国の大都市では、約70％の子どもが私設の学校（寺子屋のようなもの）に通っている」（渡辺・菅野 2014）現状を目の当たりにした。これらの学校が成長するには資金が決定的に不足していることは明らかであった。ドネリーはその後、新興国市場の開拓を検討していたピアソンとの出会いをきっかけにPALFを立ち上げた。

ピアソン自らがLFP事業を展開するのではなく、基金を通じてLFPセクター関連のベンチャー企業に投資するのには、所得階層別人口ピラミッドの最底辺に位置するBOP（ボトム・オブ・ザ・ピラミッド）層対象のビジネスを立ち上げるノウハウがピアソンに不足していたことがある。PALFの目的は、途上国や新興国の教育ベンチャー企業への投資によって、途上国の子どもたちの学習成果を向上させることにのみあるのではない。ピアソンが将来BOP市場に進出する際に役立つビジネスモデルに関する情報を収集したり、提携事業者や顧客とのネットワーク化を図ったりすることにもねらいがある。PALFは投資先企業からの投資収益の獲得を重視しており、生徒の学力評価の結果と投資先の財務評価を継続投資の判断材料としている。

続いて、PALFの投資対象であり、LFPセクターで営利企業として事業を

展開するザヤラーニングとブリッジインターナショナルアカデミーの活動内容についてみていく。ザヤラーニングはインドでLFP学校を対象に情報通信技術（Information Communication and Technology: ICT）支援型の教育を提供する教育ベンチャー企業で、ブリッジインターナショナルアカデミーはケニアに約130校もの学校を持つLFP学校グループである。

3　教育ベンチャー企業 ─── ザヤラーニング

　ザヤラーニングは、タブレットやインターネットなどのICTを活用した学校管理や学習支援ツールを開発する教育ベンチャー企業である。ザヤラーニングは、カリフォルニアのシステムエンジニアをしていたインド人ディアスポラ（居住地を離れて暮らす国民や民族の集団）のニール・ディスーザによって2013年に設立された。「ザヤ」とは、ディスーザがモンゴルでオンライン教育のパイロットプロジェクトを実施していた際に出会った最も優秀な生徒の名で、モンゴル語で「運命」を意味する。世界中どこからでも誰でも無償で視聴できるオンライン教材を開発し、学びのイノベーションを起こした「カーンアカデミー」は有名であるが、その内容は途上国の貧困層には届いていないとして、ディスーザは高水準のカリキュラムを世界中の貧困層の学習者に届けることをザヤラーニングのミッションに掲げている。

　ザヤラーニングは、LFP学校を対象に、ブレンド型学習を取り入れた学習モデルを推進するほか、少人数制の補習学習、活動を取り入れた学習、生徒同士で学び教え合うピアラーニングなどを導入しており、認知心理学や学習科学の知見を生かした学びの質向上に取り組んでいる。先に挙げた「ブレンド型学習」とは、対面式の伝統的な教授法に、オンラインでの個別学習を結合する学習で、後者を取り入れることで生徒が自分のペースで学べる点にメリットがある。ザヤラーニングでは、2〜3の対面式授業の後に、オンライン学習の時間を取り入れる「ローテーションモデル」を導入している。

　ザヤラーニングの教室では、独自に開発されたビデオ教材や課題、学習履歴データの解析ツールなどが搭載された小型デスクトップ機やタブレットなどが学習プラットフォームとして用いられる。教員は、このプラットフォー

ムを用いて個別化された教育・学習を設計したり、生徒の各テーマに関する
理解度を確認したり、各クラスの生徒の学習到達度の報告書を作成し、保護
者や生徒に提示したりすることができる。またコンピューター適応型プログ
ラムを活用して難易度が最適化された課題を出題できるため、生徒は自身の
学習ニーズに合った課題に自分のペースで取り組むことができる[7]。単にテ
クノロジーを導入するだけでなく、テクノロジー導入による教育効果を高め
るため、ザヤラーニングでは、ティーチングアシスタントを志願する地域の
女性に、学習プラットフォームの活用方法、教室運営、ブレンド型学習の教
授法などに関するトレーニングを行い、彼女たちを各学校に配置している。
またLFP学校の経営者、校長、教員を対象にワークショップやオンライン研
修も実施している。

　ザヤラーニングは今後、インド6州に展開する60の学校と補習センターに
ブレンド型学習のプラットフォームを導入する予定である。ザヤラーニング
が支援したLFP学校の生徒は、各学年修了時までに達成すべき学力レベルに
までは到達していないものの、より学習に積極的に臨むようになったことが
報告されている。他方、ザヤラーニングは安定した収益モデルの構築に苦労
している。生徒一人あたりにかかる学習プラットフォームのコストは1ヶ月約
200円と世界最安値であるが、LFP学校の対象である貧困層の経済状況を考
慮すると、1ヶ月約100円以下に抑える必要がある。ザヤラーニングがビジネ
スモデルとして成功するためには、この課題を克服することが不可欠となる。

4　LFP学校グループ —— ブリッジインターナショナルアカデミー

　ブリッジインターナショナルアカデミーは、ハーバード大学で電子工学を
専攻し教育ソフトウェアの開発に携わるジェイ・キンメルマンと、カリフォ
ルニア大学バークレー校で文化人類学を専攻したシャノン・メイらが2007
年にケニアに創設したLFP学校グループである。キンメルマンは、ある教育
ベンチャー企業が主催した「学校の事業化シンポジウム」にトゥーリーと並
びパネリストとして出席している。筆者はナイロビ中心にあるオフィスから
車で約1時間の僻地にある学校を訪問し、キンメルマンにインタビューする

機会を得た[8]。その学校では、学校経営に関わる情報（教員の出勤、生徒の出席、授業料の支払い状況など）に加え、教育の質や成果に関わる情報（教員の授業準備、生徒の課題への取り組み状況、学習到達度など）がスマートフォンやタブレットを用いて管理されていた。トタン屋根の下でタブレットを用いて学習する子どもたちの様子は一見ミスマッチのようにもみえた。しかし、チョークとスレートではなくICTを活用した学習環境の整備は、貧富の差を作り出す情報格差を軽減するためにも意義がある。

　ブリッジインターナショナルアカデミーでは、初期投資にかかる費用はアメリカの投資家たちから調達していたが、2013年の調査の時点では、教育にかかるすべての諸経費を保護者から徴収する授業料のみでカバーできていた。投資家からの支援を得て、ブリッジインターナショナルアカデミーは5年の間に驚異的なスピードで規模を拡大し、ケニア国内に約5万人の生徒が在籍する130の学校を抱えるLFP学校グループへと成長した。キンメルマンは、テクノロジーを用いた業務プロセスの標準化によって、質を損なうことなく規模拡大を実現し、またそのことによって教育費を低コスト（1ヶ月の授業料4ドル）に抑え、貧困層からの支持を得てきたと筆者とのインタビューで述べた。こうした経営手法は、「貧困層を対象とする製品やサービスは低価格でなければ売上げはあがらず、さらに低価格の製品やサービスの提供を通じて利益を得るためには規模が重要である」とするアメリカの投資家ボブ・パティロが運営するベンチャー投資会社の手法とも一致している（グレーゴーストベンチャーズホームページ）。2016年時点で、アカデミーは、PALFに加え、「フェイスブック」創業者のマーク・ザッカーバーグやビル・ゲイツからも投資を受けており、ウガンダやナイジェリアにもLFP学校を開校している。今後はインドにも進出する予定である。

　ここまで、PALFとその投資対象であり、LFPセクターで営利企業として事業を展開する教育ベンチャー企業とLFP学校グループの活動内容についてみてきた。LFPセクターは、BOPビジネスの潜在的市場とみなされ、先進国における社会的投資ムーブメントと連動して拡大している。慈善寄付ではなく、効率性や成果を重視する社会的投資は、途上国の教育への資金の流れを

変える可能性をもっている。PALFのような基金の登場によって、LFP学校を中心とするTANはさらに拡大していくことが見込まれる。インドのLFP学校のTANには以上でみてきたような営利企業とは異なるアプローチでLFPセクターの存続・発展に重要な役割を果たしているアクターがある。以下では、インドを拠点に政府への政策提言をおこなう調査型NGO「市民社会センター」の活動についてみていく。

5 調査型NGO ─ 市民社会センター

　インドではLFP学校の閉鎖を強いるRTE法の施行後の2011年に、11の州の私立学校協会を束ねるLFP学校の代表ネットワーク、全国独立学校連盟（National Independent Schools Alliance: NISA）が設置された。2016年時点で、NISAはインドの州の約3分の2に相当する20州をカバーしており、3万6,400校のLFP学校がその傘下にある。このネットワークの形成において中心的役割を果たしたのは、インドで学校選択や私立学校の拡大を擁護する市民社会センター（Centre for Civil Society : CCS）である。CCSは、アメリカで経済学を学びミシガン大学で教鞭をとったこともあるパース・ジャーによって1997年に設置された。同センターは、LFP学校やRTE法に関する調査を実施し、政府に根拠にもとづく政策提言をしたり、ホームページやブログなどを通じて調査結果を一般に広く発信したりしている。

　CCSの開催するワークショップにはトゥーリーも参加しており、ワーキングペーパーにはトゥーリーの論文が掲載されたこともある。またトゥーリーはNISAの顧問も務めている。CCSは、NISAを通じて、RTE法の改正を政府に要求したり、LFP学校が社会的信頼を獲得できるようにメディアを通じてLFP学校のポジティブなイメージを世間に広めたり、教育分野で活動するほかのアクターと連携して学校の質向上に取り組んだりしている。国内のNGOが直接政府に影響力を行使できない場合、国家を迂回して脱国家的な領域に形成されるネットワークを用い、"外"から圧力をかけながら、国内の政策や政治状況を変化させることを「ブーメラン効果」というが（Keck and Sikkink 1998; 遠藤 2011）、市民社会センターはまさしくこうしたアプロー

チを用いて自由市場を信奉する個人や組織とつながりインド政府への政策提言を試みている。

　以上のように、政府主導の教育普及の質の問題が指摘される中、学校選択や私立学校の拡大を擁護するトゥーリーの活動は、質と成果を重視するアクターの共感を呼び、LFP学校のTANを拡大させてきた。ここで取り上げた組織のほとんどは2000年代後半以降に設立されており、試行錯誤しながらも、政府のそれとは比にならないほど早いスピードで教育の質や学習成果の向上に向けて活動を展開している。これらの多くは、RTE法の施行によってLFP学校が閉鎖の危機に直面するインドを拠点としている。にも関わらず、活動を停止するどころか、むしろ様々なメディアを通じて自らの活動の成果やアイディアを拡散したり相互参照したりしてその存在意義を社会に訴え、賛同する者を巻き込みながらネットワークをより強固なものへと発展させている。しかし、途上国の貧困層の教育を営利企業や教育起業家が担うという発想は新しく、LFP学校を中心とするTANの拡大に懐疑的・批判的な者も少なくない。次節では、こうした見解を示すナンビッサンとボールによるTANの評価について分析する。

第3節　LFP学校を中心とするTANの批判的検討

　ナンビッサンとボールによれば、TAN内のアクターは様々なパートナーと連携して、学校選択や民営化といった西欧で支配的な政策的言説をローカルな政策システムに組み込み、新自由主義的な学校改革を進めようとしている。そしてこれらのアクターは、教育よりもむしろそこから得られる利益に関心があり、様々な形でLFP学校の正当性を主張することで、政府がLFP学校の存続を法的に認めるようにプレッシャーを与え、自らのビジネス・チャンスを拡大しようとしているという（Nambissan & Ball 2010: 161, 181）。

　1990年代以降、政府の統制枠組みが整備されないまま、就学前教育から高等教育に至るまで民間の教育機関が乱立しているインドの状況を考慮すると、ナンビッサンとボールがLFP学校を中心とするTANに対して懐疑的にな

るのも理解できなくはない。実際、筆者のデリーにおけるLFP学校調査では、教育を通じた社会貢献を動機として無認可学校を経営している者ばかりではなく、利潤追求を動機としている者もみられた。しかし、ナンビッサンとボールは教育における利潤追求という行為に関して重要な点を見落としている。

　ナンビッサンとボールは、新自由主義的イデオロギーを共有し、教育における民間アクターの拡大や"選択と競争"を支持するネットワーク内のアクターは、当然のように利潤追求を最優先するかのように論じるが、第2節で取り上げたアクターは、非効率な政府主導の教育に対するオルタナティブなアプローチを示すものとしてこうしたイデオロギーを支持しているのであり、必ずしも利潤追求が最優先にあるわけではない。この点については「自由市場イデオロギーは、単に経済的効率性や地方または地域による公共部門の管理にのみ関心を持っているわけではない。それは、政府の官僚機構が否応なく非効率であることを根拠に、政府の役割を重視することに異を唱える内在性を持っている」と述べる経済学者マーティン・カーノイの指摘がよくあてはまる（Carnoy 1999=2014: 50）。

　LFP学校のTAN内のアクターの中には営利企業も含まれるが、これらは社会的問題の解決をビジネスとする社会的企業であり、自社の利潤の最大化ではなく、自社が掲げるミッションの達成 —— すなわちここでは、質と成果をともなう教育の実現 —— を重視する。これらの中には、寄付金などを収入源とする慈善型NGOが、安定した経営基盤を確立するために営利化したものも含まれる。本章で分析したザヤラーニングやブリッジインターナショナルアカデミーはこうした社会的企業に分類される。これらの組織は、企業として事業収入を確保することで、活動の持続性と事業拡大を図り、質と成果をともなう教育を実現しようとしている。LFP学校を「商業的」であり「個人的利益を追求している」とタブー視するナンビッサンとボールの見解は、こうした公共性を追求する社会的企業の出現という新たな国際的潮流を見落としている。

　またナンビッサンとボールは、LFP学校のTAN内アクターによる利潤追求に批判的である一方で、公立学校関係者にみられる利潤追求行為について言

及していない。インドの公立学校の教員の中には、欠勤や怠慢で職務を怠りつつ、放課後に自分の生徒などに有償で補習指導を行うなどして、禁止されている副業に勤しんでいる者も確認されている。LFP学校がなければ、LFP学校の生徒はこうした公立学校の教員による不誠実な行為によって、適切な教育を受ける機会を奪われていた可能性がある。これらの点を考慮すると、LFP学校を中心とするTANの利潤追求行為のみを批判したり、学校選択や民営化を支持するTAN内のアクターを、これらの活動の実態を十分に検証することなく「西欧の政策的言説を信奉する政治的・経済的侵略者」とみなしたりすることは公平ではない（Nambissan & Ball 2010: 162）[9]。

　以上をふまえ、次節では筆者がインド、デリーの低所得地域でおこなったLFP学校の調査結果をもとに、途上国の低所得地域におけるLFP学校の役割を確認し、新たな教育アクターとしてのLFP学校を展望する。

第4節　LFP学校は公立学校に代わるのか

　第2節でみてきたLFP学校のTAN内のアクターは、先進国出身者であるか、あるいは先進国で教育を受けた経験をもつ途上国のエリートであるが、LFP学校の多くは途上国各地の地元出身者によって経営されている。筆者がデリーの低所得地域でおこなった調査（2008～2010年）[10]では、LFP学校は、起業家、主婦、公立学校の元教員などによって運営されており、教員の多くは正規の学校では教えることができない無資格教員であった。雇用機会の限られた低所得地域において、これらの学校は新たなビジネス・チャンスとして捉えられていた。LFP学校は資金不足のため公立学校のように広い敷地をもたず、設備も粗末ではあったが、正規の学校と同じカリキュラムを導入したり、富裕層や中間層の子弟が通う私立学校を模倣して教授言語を ―― 公立学校では大多数の生徒の母語であるヒンディー語だが ―― 英語としたり、経済的に困難な家庭を支援する目的で授業料免除を導入したりして貧困層を惹きつけていた。

　無認可学校には、公教育制度内のアクターも関与しており、副業が禁止さ

写真1-1　経営者の自宅の駐車スペースを教室とする無認可学校（筆者撮影）

れているにもかかわらず副収入を得る目的で学校経営に携わる公立学校の教員や、公式の修了証明書を発行できない無認可学校に証明書を販売する認可私立学校が確認された。さらには、認可条件を満たしていないLFP学校を不正に認可することで賄賂による副収入を得る行政官の存在も明らかにされた。このように無認可学校を支える地域のアクターの活動には、違法行為や不正行為もみられたものの、無認可学校は公教育制度内外の多様なアクターに恩恵をもたらすことで、実態としての正当性を獲得し、「影の制度」として公教育を支えていた。

　ここで生起するのは、「影の制度」であるLFP学校は、公立学校に取って代わる存在となるのかという問いである。トゥーリーとLFP学校研究を進めてきたディクソンは、UNESCO (United Nations Educational, Scientific and Cultural Organization) をはじめとする援助機関は、計画性のない民間アクターの学校の増加は懸念要素であり、公的資金を民間セクターに投じるよりも公教育制度の水準やアクセスの改善に優先順位をおくべきと考えており (Dixon 2013: 39)、「地域や保護者や民間の提供者に教育普及の責任を転嫁することは、公教育制度の改革に取って代わるものではなく、取り組むべきは公教育

制度の改革にこそある」(UNESCO 2008: 131-132) との認識を示していると述べる。しかし現実には、政府のガバナンスの欠如により公立学校は機能不全状態に陥っており、貧困層の子どもたちの多くが質をともなう教育を受けることができずにいる。改革が緩慢な公立学校への過度の期待は、さらに多くの教育のロストジェネレーションを生み出すことになりかねない。

　一方、LFP学校の教員は一般に公立学校よりも教育に熱心であり、このことが公立学校の生徒よりも高い学習成果につながっていると説明されるが、機能不全状態にある公立学校との比較優位性によって評価されるLFP学校が誰の目から見ても"よい教育"を提供しているとは言い切れない。そこに関わる教員の多くは無資格教員であり、質保証の面で課題がある。ブリッジインターナショナルアカデミーのキンメルマンが、筆者とのインタビューにおいて「熱心な教員を採用すれば、よい教育が行われるとは考えていない。LFP学校がマジックのように良い成果をもたらすとも考えていない。毎日絶えずプロセスを評価しマネージしていく必要がある」と述べたように、LFPセクターには、継続的な質向上に向けた努力が求められる。何より、有償のLFP学校とそれを中心に展開する教育ビジネスの拡大は、"支払い能力"の差によって生じる教育の機会格差を拡大させ、公平性を担保できないという点に課題がある。

　以上の点を考慮すると、途上国においては、公平な公教育制度の構築に向けて公立学校の改革を進めると同時に、今現在就学年齢にある子どもたちが質の高い教育を受けられるように、LFPセクターの質向上を進めていく必要がある。改革が緩慢な公立学校の現状をみる限りでは、エリートや知識人にとって理想的な公教育制度の構築が実現するよりも早く、LFP学校が長期的な最善策として関係者から支持され、"暫定的な措置"ではなく、質をともなう初等教育の普及の主要なアクターとして公立学校を凌駕する可能性もある。

おわりに ── 質をともなう教育普及の実現に向けて

　政府のガバナンス力の欠如が露呈する中、途上国では、政府からの認可や補助を得ずに公教育制度の枠外で展開するLFP学校が、質の高い教育を求める貧困層の間で拡大している。本章ではこのようなLFP学校を中心に形成されるTANに着目し、途上国の教育普及の新たな担い手である民間アクターの役割について検討してきた。LFP学校のTANは、学校選択や私立学校を擁護する政策起業家トゥーリーを中心に形成され、質と成果を重視する先進国出身者や途上国のエリートを巻き込みながら拡大している。LFP学校のTAN内のアクターの中には安定した収益モデルの構築に試行錯誤している教育ベンチャー企業もあり、質をともなう教育の継続的供給を必ずしも確約できない場合もある。しかし、TAN内のアクターは、理想的な公教育制度像をただ語るのではなく、政府が失敗してきた質と成果をともなう教育の実現に向けて行動し、教育に将来の希望を見出す貧困層の子どもや保護者に新たな機会を提供している。これらの活動を十分に検証することなしに、"教育は政府が担うもの""民間による教育は商業的である"としてLFP学校を中心とするTANを一律に否定することは、貧困層の子どもや保護者らの希望の芽を摘むことになる。LFP学校が「影の制度」として公教育を支えてきたこと、またこれらの学校が質と成果を重視する国内外のアクターを惹きつけTANを拡大させてきたことを考慮すると、これらを否定するのではなく、その強みを質のともなう教育普及の実現に向けて生かす方途を検討することが重要である。そのためには、TAN内の多様な民間アクターが教育の質向上にどのように取り組み、どのような成果をあげているのかを引き続き検証していく必要があろう。

注

1　ナンビッサンとボールは、ディッケンのネットワーク分析の手法を参考に、ネットワーク内のアクターを特定するとともに、各アクターの権力やキャパシティー、ネットワーク内の提携を通じて各アクターが自らの権力を行使す

る方法について分析している。

2　ハリヤナ州では1,300校のLFP学校が、タミルナードゥー州では1,000校の LFP学校が認可条件を満たしていないことを理由に閉鎖された。

3　ハイデラバードを拠点にLFP学校の評価を実施するグレイマターズインディアの職員を対象におこなったインタビューによる（2015年2月25日実施）。

4　トゥーリーはハイデラバードのLFP学校（MAIdeal学校）経営者と共同運営する教育企業「共感学習システム（Empathy Learning Systems）」を2009年に設立し12校のLFP学校をチェーン展開している。ここではLFP学校向けの低コスト教員訓練モデル（授業計画支援、英会話・英語発音プログラム等）を構築している。

5　トゥーリーは教育への政府の介入を否定するわけではないが、政府による統制を認めた途端、規制が増えデモクラシーの望ましい側面を台無しにすると述べ、教育は政府に任せるのではなく市場（ここでは,個人的利潤を追求するアクターではなく、共同体における日常生活を共有することで自身を満たす本質的に政治的社会的なアクターによって形成される市場が想定されている）に委ねるべきであると主張する。

6　オメガ・スクールは、2010年の設立以来、生徒数500名規模の小学校を20校開校しており、今後5年間で西アフリカ諸国に500校を開校する計画であるという（菅野2013）。

7　生徒は難しいクイズについてはヒントを利用したり、不正解であったクイズについては回答をすぐに確認したりできる。

8　2013年7月20日に訪問し、キンメルマンとメイにインタビューをおこなった。ブリッジインターナショナルアカデミーの調査結果については、杉本（2014）も参照されたい。

9　ナンビッサンとボールは、LFP学校のTAN内のアクターが提示する「エビデンスベースド」の研究や成果の評価は、政治的経済的関心にもとづくものであり、またネットワーク内に閉じて実施されており、学術的に精緻ではないと指摘する。*Ibid.*, p.175. しかし、両者のTANに関する主張はウェブサイトで入手した二次データにもとづくものであり、TAN内のアクターによる主張を覆すような「エビデンスベースド」の研究結果に依拠するものではない。

10　調査では、公教育制度内外の多様なアクター（弁護士、教育NGO、教育行政官、私立学校、学校経営者、教員、保護者）の見解や行為の分析を通じて、無認可学校の存続・発展メカニズムを明らかにした。詳しくは小原（2014）を参照。

参考文献

Carnoy, M., 1999, *Globalization and Educational Reform: What Planners Need to Know*, Paris: UNESCO IIEP (=2014、吉田和浩訳『グローバリゼーションと

教育改革（ユネスコ国際教育政策叢書②）』東信堂。）

Collier, P., 2007, *The Bottom Billion: Why the Poorest Countries Are Failing and What Can Be Done About It*, Oxford: Oxford University Press（=2008、中谷和男訳『最底辺の10億人』日経BP社。）

De, A., Khera, R., Samson, M. and Shivakumar A.K., 2011, *Probe Revisited: A Report on Elementary Education in India*, New Delhi: Oxford University Press.

Dixon, P., 2013, *International Aid and Private Schools for the Poor, Smiles, Miracles and Markets*, Gloucestershire: Edward Elgar Publishing Limited.

Easterly, W., 2007, *The White Man's Burden: Why the West's Efforts to Aid the Rest Have Done So Much Ill and So Little Good*, New York: The Penguin Press.（=2009、小浜裕久訳『傲慢な援助』東洋経済新報社。）

Keck M.E. and Sikkink, K., 1998, *Activists Beyond Borders: Advocacy Networks in International Politics*, Ithaca, New York: Cornell University Press.

Moyo, D., 2009, *Dead Aid: Why Aid Is Not Working and How There Is a Better Way for Africa*, New York: Farrar, Straus and Giroux（=2010、小浜裕久訳『援助じゃアフリカは発展しない』東洋経済新報社。）

Nambissan, G. B., and Ball, S. J., 2010, "Advocacy Networks, Choice and Private Schooling of the Poor in India", *Global Networks*, 10(3): 1-20.

Pratham, 2014, *Annual Status of Education Report (Rural) 2013*, New Delhi: ASER Centre. http://img.asercentre.org/docs/Publications/ASER%20Reports/ASER_2013/ASER2013_report%20sections/aser2013fullreportenglish.pdf

Sachs, J., 2005, *The End of Poverty: Economic Possibilities for Our Time,* New York: Penguin Press（=2006、鈴木主税・野中邦子訳『貧困の終焉 ── 2025年までに世界を変える』早川書房。）

Tooley, J., 2000, *Reclaiming Education*, London and New York: Cassell.

Tooley, J., and Dixon, P., 2006, "Private Education for Low-Income Families: results from a global research project" in P. Srivastava and Walford G. (eds.), 2007, *Private Schooling in Less Economically Developed Countries,* Oxford: Symposium Books, 15-39.

UNESCO, 2008, *Overcoming Inequality: Why Governance Matters-FEA Global Monitoring Report*, 2009, Paris: UNESCO Publishing.

Yunus, M., 2007, *Creating a World without Poverty: Social Business and the Future of Capitalism*, New York: Public Affairs（=2008、猪熊弘子訳『貧困のない世界を創る ── ソーシャル・ビジネスと新しい資本主義』早川書房。）

伊藤恭彦、2010、『貧困の放置は罪なのか ── グローバルな正義とコスモポリタニズム』人文書院。

遠藤貢、2011、「国際関係とNGO ── 現代国際社会の変容と課題」美根慶樹編『グローバル化・変革主体・NGO ── 世界におけるNGOの行動と理論』新評論、241-290頁。

小原優貴、2014、『インドの無認可学校研究 ── 公教育を支える「影の制度」』東信堂。

菅野文美、2013、「インパクト・インベストメント ── 新興国市場を勝ち抜くための新しい智慧 ──」『JRIレビュー』9(10): 90-103頁。

杉本均、2014、「正規・非正規教育の接点（グレイゾーン）に関する国際動向」京都大学大学院教育学研究科『アジア教育研究報告』13: 1-18頁。

田中弥生、2011、『市民社会政策 ── 3・11後の政府・NPO・ボランティアを考えるために』明石書店。

渡辺珠子・菅野文美、2014、Diamond Online「『教育産業の巨人・英ピアソンの挑戦』27歳の女性リーダーがBOP市場創りに疾走」2014年4月9日。http://diamond.jp/articles/-/51346

[ホームページ]

グレーゴーストベンチャーズホームページ http://www.grayghostventures.com/（最終アクセス日：2016年7月1日）

ザヤラーニングホームページ http://zaya.in/（最終アクセス日：2016年7月1日）

市民社会センター（CCS）http://ccs.in/（最終アクセス日：2016年7月1日）

ピアソンアフォーダブル基金（PALF）ホームページ https://www.affordable-learning.com/content/corporate/global/palf/en/home.html（最終アクセス日：2016年7月1日）

ブリッジインターナショナルアカデミーホームページ http://www.bridgeinternationalacademies.com/（最終アクセス日：2016年7月1日）

謝辞　本章の一部は、日本学術振興会研究活動スタート支援（研究課題：インドにおける無認可学校の正規化・消滅プロセスと推進・支援ネットワークの役割）を受けておこなった調査結果をもとに執筆した（研究期間：2014年8月29日～2016年3月31日）。

第2章　国家の狭間にある人たちへの教育
── 海を越えるシリア難民

景平　義文

はじめに ── 海を越えはじめた人々

　2015年は、画期として世界に記憶されることになるのではないか。シリアからの難民など数十万人が地中海を渡り、ヨーロッパに大挙して押し寄せた。自分たちの国で生きていくことができなくなった人たち、自分たちの国から本来与えられるべき庇護を得られなくなった人たち、そうした人たちが自らの意志で国境を越え始めたのである。19世紀後半から20世紀前半に成立した近代国家の枠組みが融けていくような感覚にとらわれた。

　私は2012年10月以降、AAR Japan（Association for Aid and Relief Japan）[難民を助ける会] というNGOに所属し、トルコにおいてシリア難民支援に携わってきた。その間多くのシリア難民と会い、彼らがシリアで経験してきた苦難や、トルコで経験している困難について話を聞き、彼らの置かれた状況を理解しているつもりであった。しかし、シリア難民たちが大挙してヨーロッパに向かい始めた時、彼らに何が起きたのか分からなかった。シリア難民はシリアに帰ることができる日まで、トルコにおいて避難生活を送り続けるのだろうと思っていたからである。200万人を超えるシリア難民の存在がトルコ社会にとって重荷になっている状況においてさえ、トルコ政府とトルコの人々は、シリアの人々に対して概ね同情的であり、彼らがトルコで避難生活を送ることを鷹揚に受け入れてきた。トルコでの避難生活はもちろん楽ではないが、その生活は難民としては比較的恵まれたものように見えていた。そうした感覚からすると、わざわざ危険を冒してまでヨーロッパを目指すシリア人の心情は私の理解の及ばないものであった。その心情を忖度しようと

して得られた私なりの答えは、彼らはヨーロッパで提供される支援や仕事の機会を求めているのだろうというものであった。しかし、その理解は間違ってはいなくとも正しいわけでもないことを、この原稿を書いている数週間前にシリア難民に教えられた。

「シリア難民は仕事やお金を求めてヨーロッパを目指しているのではない。子どもの教育のため、子どもの将来のために危険を冒してヨーロッパを目指しているんだ」。これは、トルコ南東部シャンルウルファ市内にある私たちの事務所で働くシリア人スタッフの言葉である。この言葉は私にとって驚きであった。もともと私は教育を専門にし、アフガニスタンの農村で就学実態の調査を行い、ケニアで学校建設などに従事した経験がある。これらの経験から、世界の人々が学校教育に対して大きな価値を置いているということは重々理解しているつもりであったが、シリア人スタッフの言葉を聞いて、その理解が十分でなかったことに気が付いた。もちろん、このシリア人スタッフの言葉がシリア難民の心情を代表しているわけではなく、あくまで個人の意見である。そして、ヨーロッパに向かうには多額の資金が必要となるため、誰もが行けるわけではない。しかし、彼の言葉によって、難民となった人たちが国家の狭間に置かれ、教育など彼らが本来持っている権利を剥奪された状態にあることがどれだけ辛いのか、ということがようやく理解できたように思われた。私たちのように支援する立場の人間は、先を見ると言ってもせいぜい5年あるいは10年程度であるが、当事者であるシリア難民はそのような“近い”将来のことは見ておらず、自分の子孫の代まで見据え、どの国に行くのが良いのかを選択しているのだということが分かった。

難民支援は、元の生活を失った人々の生活を支えるものであり、その支援は物質的支援、住居の支援、医療支援、心理的・社会的支援、教育支援など非常に多岐にわたる。どれもが重要な支援であるが、難民が未来に希望を持つためには教育支援（ここでは主に教育機会の保障を指す）は欠かすことができない。しかし、難民の教育機会を保障することは非常に難しい。私たちの団体も教育支援を実施したことがあるが、継続して実施することができていない。教育には多額の資金が必要であることや、受入国の政策や制度に大き

く影響されることなどが理由である。近代国家の枠組みの中では、権利を保障する主体は一義的には国家である。その国家が破綻してしまい、国家の狭間に置かれた人々の権利を保障することは容易ではない。

　本章では、現代の難民について概観した後、トルコにおけるシリア難民の生活と彼らを取り巻く環境について叙述し、難民の教育機会を保障する上での課題について整理したい。

第1節　現代の難民の実相

1　増え続ける難民

　2014年末時点の世界の難民の数は1,950万人である（UNHCR 2015）。この数は統計史上最多である。10年前の2004年と比較しても、難民の数は約500万人増えている。その要因は、アフガニスタンやソマリアで紛争が続いていることに加えて、シリアなど新たな紛争地から難民が生まれているためである。

　恐らく、日本における難民に対する最大公約数としてのイメージというと、乾燥した荒野にテントが並び、その難民キャンプで難民たちが生命の危機に晒されながら生活しているというものだろう。しかし、現代の難民の60%以上は難民キャンプ以外の場所に住んでいる。難民キャンプの外に、自分たちで住む場所を見つけているのである。そして、難民キャンプの外で生活している難民の90%近くが都市部に居住している（UNHCR 2015）。現代の難民は難民キャンプの外で生活をしている人の方が多いのである。つまり、難民が抱える課題を理解するには難民キャンプの中に住んでいる難民だけを考慮するのでは不十分であり、難民キャンプの外の都市部に住んでいる難民を考慮に入れなければならない。難民キャンプの中では、十分とは言えないまでも食料や物資が提供され、医療や教育へのアクセスも確保されるが、難民キャンプの外では多くの場合、自らで生計を立てなければならず、医療や教育へのアクセスもより限定されるのが一般的である。現代の難民支援では、難民キャンプの外で避難生活を送る人々に対して、いかに支援を届けるかが

大きな課題となっている。

2　難民に対する教育

　難民が発生する状況は多種多様であるが、政府が国民を庇護することができなくなった結果として難民が発生する以上、その影響は当然ながら教育にも及ぶ。UNHCR（United Nations High Commissioner for Refugees：国連難民高等弁務官事務所）によると、世界の難民の初等教育総就学率は76%であり、世界全体の90%と比較して低い水準となっている。中等教育についても、難民の総就学率は36%である一方、世界全体は67%となっている（UNHCR 2011）。難民に対する教育をどのように保障するかは「万人のための教育（Education for All: EFA）」達成に向けた大きな課題の一つと言える。

　難民の教育に対する世界的な取り組みは、「ダカール行動枠組み」から本格的に始まった。「ダカール行動枠組み」では、紛争などの影響を受けた子どもたちに対して教育を保障するよう述べられている（UNESCO 2000）。紛争など緊急期の支援においては従来、食糧支援や医療支援などに比べて教育支援の優先順位が低かった（Sommers 2004）。しかし、INEE（Inter-Agency Network for Education in Emergencies：緊急期における教育のための組織間ネットワーク）などが中心となり、緊急期の教育、そして難民に対する教育の重要性についての議論が深められるにつれ、2000年代前半以降、緊急期における教育支援の重要性が徐々に認識されるようになった（UNHCR 2011）。支援の現場における私個人の実感としては、緊急期の教育支援は優先度が低いものとみなされる場面はいまだにあるものの、全体としてはその支援範囲を着実に広げている。

　難民に対する教育はその量的拡大が一番の課題である。先述した通り、難民は大きく分けて難民キャンプの中に居住する人々と、都市部に住む人々に分けることができる。この2つのグループを比較すると、難民キャンプ内の初等教育就学率が78%であるのに対し、都市部の初等教育就学率は70%である。中等教育では難民キャンプ内の就学率が37%であるのに対し、都市部は31%となっている（UNHCR 2011）。もちろんそれぞれの国、地域、キャン

プで就学状況は異なるものの、平均すると都市難民の方が、より就学が困難
な状況にあると言える（UNHCR 2011）。UNHCRは都市難民への教育を難
民への教育の一番目の課題としている。その中で、都市難民の教育がより困
難な理由として、以下の4つを挙げている。① 受入国が教育を供給する能力
が限界に達していること、② 難民キャンプ外で教育を受ける法的地位を持
たないこと、③ 都市部での生活は費用がより必要となること、④ 受入国の
公立学校に入学する際のサポートが少ないこと、である（UNHCR 2011）。

　難民は突如押し寄せてくるものであり、受け入れ側の態勢が整っていない
ことがほとんどである。難民キャンプ内には難民が集住しているため、難民
に対して比較的低コストで教育を提供することが可能であるが、難民キャン
プの外は人々が散在しているためコストが高くなってしまう。難民キャンプ
の外で教育を提供する態勢を作るには、学校施設などのインフラ整備だけで
はなく法的な整備も必要となり、資金さえあれば迅速に教育を提供できると
いう訳ではない。難民の数が多くなればなるほどインフラ整備や法的な整備
に時間がかかるため、初動対応が遅くなってしまうことがある。

第2節　トルコのシリア難民と教育

1　シリア難民を受け入れるトルコ

　2016年1月、トルコにおけるシリア難民の数は250万人に達した。2015年
1月と比較すると90万人の増加である。トルコの難民受け入れ数は世界一と
なった。周辺国全体のシリア難民の数は460万人であるので、トルコは半分
以上のシリア難民を受け入れていることになる。トルコ以外の周辺国では、
レバノンに108万人、ヨルダンに63万人、イラクに25万人となっている
（ECHO 2016）。トルコ以外の周辺国のシリア難民数はこの2年間ほぼ横ばい
であるが、トルコだけが一貫して増加している[1]。その理由は、トルコと国
境を接しているシリア北部での戦闘が激しいということと、トルコ政府がい
まだにシリア難民に対して寛容な姿勢を取り続けているということが挙げら
れる。国境管理は以前よりも厳しくなったため、自由に国境を往来できる状

況ではなくなったものの、難民の入国には柔軟に対応する姿勢を維持している。

　トルコ政府は難民流入が始まった当初から国境地域に難民キャンプを設置し、キャンプにおいてシリアからの難民を受け入れてきた。キャンプで避難生活を送る難民数は2013年前半には20万に達し、その時点では難民の半分以上がキャンプで生活していた。その後、難民キャンプの収容人数は徐々に拡大し、2016年1月には27万人（AFAD 2016）にまで達したものの、難民の急激な増加にはついていくことができておらず、難民全体に占める難民キャンプ内の難民の割合は11%にまで低下している。難民キャンプの運営による財政負担が膨大になっていることがその理由である[2]。トルコ政府が運営する難民キャンプは非常に質が高いものの[3]、難民キャンプの外での直接的な支援活動は資金的制約から非常に限定的である。難民の数が多すぎて難民キャンプの外の支援にまで手が回らないというのが実情である。

2　トルコにおけるシリア難民の扱い

　トルコはシリアから逃れてきた人たちを難民条約に規定される「難民」としては扱っていない。一時的保護（Temporary Protection）の枠組みのもと、「客人（guest）」として扱っている（Ineri-Ciger 2014）。これはつまり、シリアからトルコへの入国そして滞在を認め、シリアに強制的に帰すことはしないが、難民条約上の「難民」としての法的地位は認めない、というものである。トルコ政府のこの姿勢は厳しいものに見えるかもしれない。しかし、難民条約上の「難民」としての法的地位を認めるということは、トルコ政府に「難民」の権利を保障する義務が発生することとなり、その義務を果たすには大きな財政的な負担が伴う。そのため、一時的保護の枠組みの中でシリア人を「客人」として処遇することは現実的な処置と言える。

　しかし、「難民」としての法的地位を認めないということが、すなわち何の支援も提供しない、あるいは権利を保障しないということを意味するわけではない。難民キャンプの外におけるトルコ政府による直接的支援が限定的であることは事実であるものの、一時的保護の枠組みの中で実施される施策

を通じて、難民キャンプ外の難民を支援している。その施策は、医療、教育、就労の3つに大別することができる。教育については後述することにして、ここでは医療と就労について述べる。

　医療分野では、シリア難民は公立病院での医療サービスを無償で受けることができる。緊急性が高い場合には、私立病院での医療サービスも無料で受けることができる。無料となる医療費の上限は定められているものの、単に制度として存在しているだけではなく、実際に有効に機能している。この施策による患者数の増加は公立病院にとって負担となっているが、トルコ政府は公立病院の規模を拡大するなどして対応している。

　就労に大きく関わる労働許可については、2016年1月までは取得に必要な要件が非常に多く[4]、取得することができるシリア難民はごく一部であった。労働許可を持っていないシリア人は不法就労という形で収入を得るしかなかった。トルコ政府はシリア難民の不法就労を厳しく取り締まることはなかったが、労働法に守られないため最低賃金以下で働くことが常態となっていた。2016年1月に、労働許可の取得要件が大幅に緩和され[5]、今後シリア難民が労働許可を取得することが容易となった。

　このように、「客人」という曖昧な位置付けではあるものの、トルコ政府のシリア難民向け施策は充実しつつある。

3　トルコにおけるシリア難民の生活

　トルコのシリア難民の約9割は難民キャンプ外に居住している。その多くは都市部において、賃貸の住宅を借りて生活している。労働許可を取得しているシリア難民はごく少数であり、労働法によって守られない彼らの生活基盤は非常に脆弱である。多くの難民は工場や建設現場などの日雇い労働に従事している[6]。NGOがトルコ南東部ガジアンテプ市に居住するシリア難民948世帯を対象に実施した調査（IMC 2015）によると、93%の世帯で1人以上が賃金を得ており、63%の世帯が月に500～1,000トルコリラ（約21,000～42,000円）の収入を得ている。トルコの最低賃金は月に1,000トルコリラであるため、この収入はトルコの世帯と比べると低い水準にとどまっている。同

じ調査によると、56％の世帯が家賃に250トルコリラ（約10,500円）以上を支払っているため、平均してシリア難民世帯の収入の約半分は家賃に消費されている。経済状態は総じて厳しく、少ない収入をやりくりする、あるいは貯蓄を切り崩すなどして生活を成り立たせている。

　難民キャンプの外におけるトルコ政府の直接的な支援活動は限定的であり、その活動を担っているのは主にNGOなどの民間組織である。その支援は、食糧・物資配付、生計支援、教育支援、プロテクション（保護）[7]など非常に多岐にわたる。難民の数が膨大であるためその支援は十分とは言えないものの、トルコ政府の施策が十分ではない分野においてこれら民間組織の支援の重要性は非常に高い。

4　教育を求めるシリア難民

　「シリア人は教育水準が高い」とは、メディアがシリア難民を取り上げる際、よく言われることである。確かに、私たちの団体のシリア人現地スタッフは、誰もが高学歴で英語を流暢に話す。もちろん英語を話すことができない人の方が多いが、我々が事務所を構えるシャンルウルファ市に住むトルコ人と比べると、その教育水準や持っている技能はシリア人の方が断然高いと感じる。シリア人にとって教育を受ける、ということは至極当たり前のことである。シリア危機が勃発する以前、2010年のシリアにおける初等教育就学率は99％で、完全就学に近い状態であり、前期中等教育の就学率も82％と高い水準にあった（UNESCO 2015）。

　冒頭のシリア人スタッフの言葉にもあるように、シリア難民の教育に対する熱は非常に高い。シリア難民と話をすると、「シリアでは学校が閉鎖されてしまったため、子どもの教育のためにトルコに来た」、あるいは「トルコでは質の高い教育を受けることができないので、ヨーロッパに行きたい」という声を頻繁に聞く。どの国に行くかを判断する際、教育は重要な判断基準の一つとなっている。我々が2013年にハタイ県クルクハン郡でシリア難民とともにシリア人学校を立ち上げた時、学校周辺の子どもたちのほとんどではないかと思われるほど、予想をはるかに超える数の子どもが学校に押し寄

せた。そして、多くの保護者は単に子どもを学校に通わせるだけでは満足せ
ず、学校での教育の質に対して多くの意見あるいは苦情を述べた。私がアフ
ガニスタンにおいて就学実態調査を行った時、すべてを失い難民となった人
たちにとって教育は未来を拓くほとんど唯一の手段であり、教育に対する熱
の高まりを実感した。そして、それと似たようなことがシリア難民にも起き
ているように感じる。

　このようにシリア難民の教育に対する熱は非常に高いものの、シリア人の
トルコへの流入が始まった2011年あるいは2012年の時点では、トルコにお
いてシリア人が教育を受ける機会は非常に限定されていた。難民キャンプの
中ではトルコ政府が運営するシリア人学校が開校され、シリアのカリキュラ
ムに沿ってアラビア語で教えられており、キャンプの中の子どもたちは学校
に通うことができた。その一方で、難民キャンプの外では、トルコの公立学
校に入学する制度が確立されていなかったため、子どもたちは学校に通うこ
とができなかった。そのため、トルコに逃れてきたシリア難民たちは、自分
たちで学校を開校し始めた。シリア危機の初期段階から多くの難民が流入し
たハタイ県では、早くからシリア難民の手によって学校が開校されている
(山本・景平・澤村 2013)。ハタイ県以外の地域でもシリア難民が増加するに
つれ、シリア人学校が各地で開校された。シリアのカリキュラムに沿って、
アラビア語を教授言語とする学校である。これらの学校は、個人からの寄付、
国連やNGOなどの民間組織からの支援、トルコ政府からの支援などによっ
て開設されたが、どの学校もその経営基盤は不安定であり、学校の資器材や
教材は十分ではなく、教員の給与も非常に低額（月400トルコリラ＝約17,000
円）あるいは無給であった。当初これらの学校はトルコ行政からの正式な認
可を得ずに開校される場合が多かったため、トルコ行政の方針の変化によっ
ては閉校を迫られることもあった。我々がハタイ県クルクハン郡において、
シリア難民とともに立ち上げた学校も、クルクハン郡長が交替した際に閉校
を命ぜられた。このように初期のシリア人学校は経済的にも制度的にも非常
に不安定な存在であった。

5　制度は充実するものの追い付かない現実

　2016年1月時点ではシリア難民がトルコで教育を受けるには大きく分けて2つの方法がある。1つ目はTemporary Education Centers（TECs：一時的教育センター）に入学することである。上記のシリア人学校は現在ここに分類されるようになっている。シリア難民が自らの手で学校を開校した時には、トルコ行政の関与は限定的であったが、2014年秋以降、トルコ教育省がシリア人学校を管轄下に置くべく、登録作業を開始した。難民キャンプ内に設置されたシリア人学校や、難民キャンプ外にトルコ行政が設置したシリア人学校も含めて、シリアのカリキュラムに沿ってアラビア語で教えている学校は、TECsと呼ばれるようになった。こうした制度の整備は、トルコ教育省、UNICEF（United Nations Children's Fund：国連児童基金）、UNHCRの連携によるものである。それに伴い、トルコ教育省は、シリア人が開校したシリア人学校にも監督官を派遣し、UNICEFが教員給与などの支援を行うこととなった（Human Rights Watch 2015）。初期のシリア人学校が恒常的に抱えていた制度的、経済的な脆弱性がある程度解消されたと言える。2015年時点で、TECsは難民キャンプ内に34校、難民キャンプ外に232校存在する。就学者数は難民キャンプ内で74,097人、難民キャンプ外で101,257人である（Human Rights Watch 2015）。しかし、UNICEFの支援によって資金が十分になったわけではなく、多くの学校で授業料や通学バス代を徴収している。1年間の学費が440〜650トルコリラ（約18,000〜27,000円）であり、通学バス代が月に60〜120トルコリラ（約2,500〜5,000円）である（Human Rights Watch 2015）。先述のシリア人世帯の平均的な月収（500〜1,000トルコリラ＝約21,000〜42,000円）を考えると、この負担は小さくない。

　シリア難民が教育を受ける2つ目の方法は、トルコの公立学校に入学することである。教育省は2014年9月に、一時的保護のための登録を完了している学齢期の子どもを公立の小中学校に受け入れる方針を明らかにした（Human Rights Watch 2015）。その以前から地域や学校によっては、公立学校にシリア人が通うというケースはあったものの（山本・景平・澤村 2013）、教育省が正式に方針を明らかにしたことによって、公立学校のシリア人就学

者数が前年の7,875人から36,655人に急増した（Human Rights Watch 2015）。シリア難民にとっては学校の選択肢が増える施策であるものの、現実にはシリア人の子どもがトルコの公立学校で学ぶことは言語の壁により容易ではない。トルコ語を日常会話の言語とする家庭に育ったシリア人の子どもでも、トルコの公立学校の勉強について行くことが難しいというケースを私自身見たことがある。シリア人を受け入れるための追加の教員などは派遣されていないため、学校側としてもシリア人の子どもを受け入れることは負担となるのが現状であろう。

　シリア人の子どもに対する教育を提供する制度は出来上がりつつあるものの、現実に学校に通っている子どもたちは約21万人にとどまっている。トルコにおける学齢期のシリア人の数は、708,000人と推計されている（Human Rights Watch 2015）ため、就学率は約30％である。21万人のうち、難民キャンプ内で就学している子どもが3分の1を占めている。シリア人の学齢期の子どもの全体の90％近くが難民キャンプの外に住んでいることを考えると、難民キャンプ外の子どもたちの就学率は20％前半にとどまっていることになる。2012年や2013年と比較するとシリア難民の就学状況は格段に改善しているが、依然として不就学の子どもが大多数を占めている状況に変わりはない。

第3節　シリア難民の教育はどこへ向かうのか

1　問題のさらなる長期化

　シリア内戦には終結の気配が見られず、シリア難民がシリアに帰ることができる日は当分訪れそうにない。たとえ内戦が近い将来に終わったとしても、すべての難民がシリアに帰ることはないだろう。シリアは戦争により荒廃しており、難民はシリアに戻っても家がなく、仕事を見つけるのも困難であるため、シリアに戻らずトルコにとどまり続ける難民が多数生まれることが予想される[8]。内戦が終わることによって解決されるシリア難民の問題はあくまで一部にとどまる。シリア難民支援は今後長きにわたって取り組んでいか

なければならない課題であることは明白である。言い換えると、シリア難民支援は緊急支援の枠を超えており、長期的な視野に立って支援をしていかなければならないのである。教育分野で言うと、シリア難民がシリアに戻るまでの間、一時的に彼らに教育を提供すればよいという段階は終わっており、いかにして恒久的にシリア難民に教育を提供していくのかを考えなければならない段階に達している。トルコ政府もそのことを認識しており、シリア難民を担当するトルコ政府の行政官と話していると、シリア難民が長くトルコにとどまることを前提として今後の施策の検討を始めている。

2　教育を保障する主体は誰なのか

　教育、特に学校教育は国家が主体となって国民に対して提供されるものである。教育をその本質論で語るならば、それを提供する主体は国家である必要はないが、現実には学校教育と国家は不可分である。国家は国民に対して教育を提供し、国民は国家に対して貢献する、という関係が想定されている。しかし、シリア政府はもはや破綻していると言ってよく、シリア国内においてすら教育を提供することはままならず、ましてやシリア国外に逃れた難民に対して教育を提供することなどできていない。

　となると、シリア難民に教育を提供する主体はトルコ政府となるのだろうか。先述の通り、トルコ政府はトルコの公立学校にシリア難民を受け入れているものの、その受け入れが問題なく進んでいるわけではなく、今後様々な予算措置が必要になる。200万人を超えるシリア難民の存在がトルコ政府にとって既に大きな負担になっている現状において、トルコ政府が新たな予算措置をしてまで、自国民ではないシリア難民の教育を保障していくのかは疑問である。

　では、UNICEFやUNHCRなどの国際機関がその役割を担うのであろうか。TECsはトルコ政府の監督下にあるものの、実質的にはUNICEFなどの資金援助によって成立していることから、国際機関は既にその役割を担っている。しかし、TECsに通学しているシリア人の子どもたちはあくまで一部であり、この方法を継続するとしても、さらにその規模を拡大していかなければなら

ない。

　トルコ政府や国際機関が十分な予算を確保できるかどうかは、欧米や日本などのドナー国の動向にかかっている。これらの国は二国間援助の枠組みを通じてトルコ政府に直接的な資金援助を行うとともに、多国間援助の枠組みを通じて国際機関を介す形で間接的な資金援助を行っている。ヨーロッパへの大量の難民の流入が起きた後、ドイツなどヨーロッパ各国はトルコ政府を支援することが重要であるという認識に至り、大規模な資金援助を開始している。それにより今後、教育分野も含めてトルコ国内でのシリア難民向けの施策が充実していくことが予想される。こうした大規模な資金援助が長期間継続することが期待されるが、しかし、それもまた不透明と言ってよい。

3　始まりなのか限界なのか

　前節で述べたように、トルコ政府や国連によって制度が出来上がりつつあり、シリア人の子どもたちが学校に通うことができる環境整備が進んでいる。ここだけを切り取ると、今後シリア人の就学が拡大していくことの始まりのようにも見える。しかし、今後の課題も明らかである。その課題から見ると、シリア人の就学の拡大は容易ではなく、既に限界に近いようにも見える。悲観的に過ぎるかもしれない。しかし、教育には大きな資金が必要となるため、その資金が長期間にわたって確保できるとは想定しがたい。また、制度も出来上がりつつあるとは言え、シリア難民をトルコのカリキュラムに完全に統合するだけでよいのか、TECsをトルコの学校制度の中にどのように位置付けていくのか、という課題も残されている。

　これらの課題を解決していくためには、トルコ政府、国際機関、ドナー国、NGOなどの民間組織などがそれぞれの領域で、今後継続的に支援を行っていく必要がある。NGOの立場から具体策を提示するならば、トルコの公立学校で授業について行くことができない子どもたちを対象に補習授業を行うこと、トルコの公立学校のカリキュラムを補完する形で、アラビア語などの授業を提供することすることが考えられるだろう。制度が充実しても、そこからこぼれ落ちる人たちは必ず生まれる。NGOなどの民間組織はそうした

人たちを支援し制度の穴を埋めていくことが求められる。こうした支援活動を続けていくことで、現在見えている限界を少しずつ押し広げる努力を続けていかなければなるまい。

　シリア人がトルコでの生活をあきらめてヨーロッパに向かう背景には、このように目の前に見えている限界を悲観的に捉えているからではないかと感じる。トルコ政府のシリア難民に対する施策は非常に寛容なものであるが、彼らの法的な地位は保障されず、不安定なままに置かれている。そして、将来政権が代わると、シリア難民に対する寛容な政策が180度転換する可能性は十分にある。このようにトルコでの避難生活の将来が不透明な中で、ヨーロッパに行けば「難民」として認定され、定住権や教育の権利が保障されることに大きな魅力を感じるのは、極めて自然の流れであるように思われる。国家の狭間にいる人たちの不安感・絶望感は我々の想像をはるかに超えているのだろう。こうした人々が危険を冒してヨーロッパに向かうという選択肢を選ぶことなく、トルコにおいて避難生活を続けていくことを選択するには、彼らの将来を明るく照らす何かがなければならず、その重要な要素の一つが教育であることは間違いない。

おわりに ―― 「国家」の枠組みを超えることができるのか

　2011年に始まったシリア危機は、第二次世界大戦後最大の人道危機と言われるように、その規模そして地理的広がりは世界がかつて経験したことのないようなものになっている。そのため、これまで国際社会が積み上げてきた支援の枠組みだけでは十分に対応できない事態となっている。例えば、UNHCRは難民問題の恒久的解決として、(1) 自発的帰還、(2) 受入国への統合、(3) 第三国定住、という3つの解決方法を掲げてきたが、シリア危機においては、あまりにその規模が大きく、また紛争が終結する目途がつかないため、これらの3つの解決方法が有効に機能しないことは明らかである。ヨーロッパに向かう難民の流れというのは、言い換えると、難民自身が"自主的にヨーロッパに定住先を求める"という新たな4つ目の解決策を見出し

た、ということでもある。それをさらに解釈すると、自らを庇護する国家を
探し求める動きと言ってもよいかもしれない。しかし、そのように自らの力
で動くことができる難民はあくまで少数派であり、庇護を必要としている
人々は、トルコなどの周辺国に残されている。そして本章では触れなかった
がシリアの中にも避難生活を送っている国内避難民が650万人（ECHO 2016)
も存在するのである。

　現在の世界の枠組みは国家を中心として成り立っており、難民はその狭間
を漂っている。自分たちの権利を保障してくれる国家の不在は、難民にとっ
て大きな苦痛であるに違いない。人道的な観点から受け入れ先の国、国際機
関、ドナー国、NGOなどの民間組織が難民を支援しているが、その支援に
は常に制度的・資金的制約が伴っており、恒久的に支援を継続できる体制に
はなりづらい。しかし、戦争によって破綻してしまった国家が自国民の権利
を保障できない以上、国際社会が彼らの権利を保障していく枠組みを作って
いかなければならない。「難民支援」の枠組みで考えると実現困難なことが、
その枠を取り払って考えると意外と簡単に実現できることがあるように思わ
れる。シリア難民の日本への第三国定住が議論になると、受け入れに伴う不
利益の数々が挙げられ、実現は困難なように思えてくる。しかし、必ずしも
シリア人を「難民」として日本に受け入れる必要ないのではないだろうか。
技能を持ったシリア人が日本の企業に就職すれば、日本における諸権利は保
障されるのである。あるいは、「留学生」として日本の高等教育機関で受け
入れればよいのである。ビザの発給などに国家は介在するものの、国家が主
とならずとも民間でできることは多いのではないかと感じる。それはもはや
「枠組み」というものではなく、自然発生的に生まれる取り組みを積み上げ
た集合体なのかもしれない。そうして積み上げられた既成事実が、近代国家
の枠組みを超えていき、国家の狭間にある人たちの権利を保障していく未来
を想像するのは行き過ぎだろうか。

　本章ではシリア難民についてのみ取り上げたが、シリア難民以外にも世界
には多くの難民が存在する。そして、これからもどこかで紛争や自然災害な
どによって難民が発生することは間違いない。世界はEFAに向けて大きな努

力を費やしてきたが、国家が破綻してしまうと、それまで人々が積み上げて
きた努力は失われてしまう。そして、シリア難民と同じように、本来保障さ
れるはずの権利を享受することができなくなってしまう。このシリア危機を
契機として、国家の狭間に置かれた人々をどのようにして支えていくのかと
いう重い課題に対して、世界は向き合っていかなければならない。

注

1　ヨーロッパに向かうシリア難民が大きくメディアで取り上げられているが、
　大多数のシリア難民はトルコなどの周辺国にとどまっており、またシリア国
　内で避難生活を送る国内避難民が650万人存在することからも、あくまでシリ
　ア人の一部の動きでしかないことが言える。

2　トルコ政府によると、2011年から2015年初めまでに、難民キャンプの運営
　を中心としたシリア難民支援に7,000億円を支出している。

3　トルコの難民キャンプは援助関係者の間で「5つ星キャンプ」と呼ばれるほ
　ど充実した設備を持っている。

4　労働許可申請の前提として滞在許可が必要であり、滞在許可申請のためには
　入国スタンプが押されたパスポートが必要であった。シリア難民の多くはパ
　スポートを持たずにトルコに入国しており、新たにパスポートを入手する必
　要があった。パスポートの取得には数百USドルが必要となるとともに、入手
　したパスポートに入国スタンプをもらうために北キプロスやイラクの国境に
　行く必要があった。滞在許可を取得して初めて、労働許可を申請することが
　できるようになる、というものであった。一連の手続きを完了するためには
　半年から1年間を要した。また、パスポートの取得、入国スタンプ取得のため
　の旅費、申請費用などを合わせると最低1,000USドルを必要とした。

5　トルコ政府に一時的保護の申請をした後6ヵ月が経過すれば、誰もが労働許
　可申請をできるようになった。パスポートや滞在許可は要件から外された。

6　シリア人はトルコの労働法上の最低賃金を保障されないため、最低賃金より
　も安い賃金で働いているケースが多い。

7　人道支援における「プロテクション（保護）」は、被災した人たちの権利を
　保護することである。その射程は広く、実際になされる支援は多岐にわたる。
　具体的には、子どもを紛争や暴力から保護するための施設を作ることや、女
　性を性的搾取から守るための活動などがその例である。

8　アフガニスタンにおいて2001年に一旦紛争が終結した後も、パキスタンやイ
　ランで避難生活を送る難民の多くがアフガニスタンに帰還せず避難先の国に
　とどまった事例を考えると、シリア難民にも同じことが起こることはほぼ確
　実であろう。

参考文献

AFAD, 2016, "Current Status in AFAD Temporary Protection Centres", (Retrieved 25th Jan, 2016, https://www.afad.gov.tr/en/IcerikDetayl.aspx?IcerikID= 848&ID=16).

ECHO, 2016, *"Syria- IDPs and Refugees in Neighbouring Countries- ECHO Daily Map 27/01/2016"*, Brussel: ECHO.

Human Rights Watch, 2015, *"When I Picture My Future, I See Nothing" Barriers to Education for Syrian Refugee Children in Turkey*, New York: Human Rights Watch.

IMC (International Medical Corps), 2015, *Rapid Need Assessment of Gaziantep Based Syrian Refugees Survey Results 23-30 July 2015*, Los Angeles: International Medical Corps.

Ineli-Ciger, Meltem, 2014, "Implications of the New Turkish Law on Foreigners and International Protection and Regulation no. 29153 on Temporary Protection for Syrians Seeking Protection in Turkey", *Oxford Monitor of Forced Migration,* 4 (2): 28-36.

Save the Children, 2015, *Needs Assessment of Hatay's Temporary Education Centers for Syrians under Temporary Protection*, Antakya: Save the Children.

UNESCO, 2000, *The Dakar Framework for Action. Education for All: Meeting our Collective Commitments,* Paris: UNESCO.

――――, 2015, "UNESCO Institute for Statistics" (Retrieved 9th Dec, 2015, http://data.uis.unesco.org/Index.aspx?DataSetCode=EDULIT_DS#).

UNHCR, 2009, *Refugee Education in Urban Setting*, Geneva: UNHCR.

――――, 2011, *Refugee Education: A Global Review*, Geneva: UNHCR.

――――, 2015, *UNHCR Global Trends: Forced Displacement in 2014*, Geneva: UNHCR.

UNICEF, 2015, *Education under Fire: How Conflict in the Middle East is Depriving Children of Their Schooling*, New York: UNICEF.

山本香・景平義文・澤村信英、2013、「シリア難民による学校運営とNGOの支援活動―トルコ・ハタイ県の事例―」『国際教育協力論集』16 (1): 43-58頁。

第3章　教育におけるインクルージョンと不就学児童の教育戦略

川口　純

第1節　インクルージョンをめぐる概念の整理

　本章では、SDGsにおいてキーワードの1つとなった教育における「インクルージョン（Inclusion）」について考えていきたい。

　「インクルージョン」を日本語に訳すると「包摂」や「共生」という言葉が該当するが、教育場面での包摂とは如何なる状態を指すのであろうか。OECD（経済協力開発機構）は衡平でインクルーシブな教育状態を「子どもの社会経済的要因にかかわらず、すべての個人が少なくとも基礎的な技能水準に到達すること」(Schleicher 2014) としている。つまり、障害、少数民族、言語、貧困、女子、低カーストなどの社会的、経済的状況とは関係なく、すべての子どもが基本的な学力を習得できる状況を目指したものである。何が「基本的な学力」か、という議論にはここでは深入りしないが、「教育のインクルージョン」とは学校に通っているか否かの「就学」を指すのではなく、何をどの程度学んだか、という「学習（Learning）」に焦点化している特徴がある。このような教育のインクルージョンを達成するために、近年、「インクルーシブ教育（Inclusive Education）」が注目されている。だが、「教育のインクルージョン」と「インクルーシブ教育」は必ずしも同じ内容を指すわけではない。

　両者の差異を示すために、まずインクルーシブ教育について確認しておく。日本でも、近年、障害児教育の文脈などで「インクルーシブ教育」という言葉を耳にする機会は多いだろう。特別なニーズを有する子どもを他の子どもと異なる場所で教育する「特殊教育（Special Education）」とは異なり、同じ

場所で教員や学校全体が子どもの特別なニーズに対応しようとする教育が「インクルーシブ教育」である。「統合教育（Integrated Education）」とインクルーシブ教育は、どちらも子どもを同じ場所で教育しようと試みるものであるが、実質は大きく異なる。統合教育が特別な支援を必要とする子どもを通常学級へ吸収（メインストリーム化）するのに対して、インクルーシブ教育は教師や学校の方が子どものニーズに対応し、カリキュラムや教材など、教育システム全体の変容を迫るという特徴がある。つまり、教育の需要側（子ども、保護者）ではなく、教育の供給側（教員、カリキュラム、教育設備等）が特別なニーズに対応するという特徴がある。分かりやすい例を挙げると、聴覚障害児が通常学級で勉強しようとした際に、「補聴器を付けるように」と指示する方法が統合教育寄りで、教師が手話を用いて授業する方法がインクルーシブ教育寄りである。"寄り"と曖昧な表現を用いざるを得ないのは、途上国の学校現場ではインクルーシブ教育を志向していても、教育の供給側が未整備なため、実質的には子どもや保護者側（需要側）が、既存の教育に適合しなければならない場合が多く、統合教育との線引きが難しいためである。実際に、ほとんどの学校現場では、インクルーシブ教育を志向しても、完全なインクルージョンは不可能で、部分的に包摂しているのが現実である。

　このような実状は、途上国に限ったことではなく、インクルーシブ教育の成功国と言われるイタリアにおいても当てはまる。イタリアでは1クラスの児童数は20人までとされ、その内、特別なニーズを有する子どもは2人までしか入れない。さらに、その2人は同種類のニーズを有する子どもでなければならない、というような部分的なインクルーシブ教育が実施されている（Chris, et al. 2012）。つまり、イタリアにおいて視覚障害児と聴覚障害者が同じ教室で学習することはあり得ないのである。イタリアがインクルーシブ教育の成功国と言われるのは、こうした現実的な対応のためである。

　その他、インクルーシブ教育には多様性を歓迎し、教育の結果（学習成果など）ではなく、教育の過程を重視しようとする特徴がある。また、教員だけでなく、子どもたち同士や地域においても、特別なニーズを有する子どもたちを包摂する態度を醸成していこうと試みることが重要な点である。つま

り、「教育のインクルージョン」は、学校で何をどの程度学んだか、という「学習の結果」を主に照射している一方、「インクルーシブ教育」は、教育システム全体を如何にして学習者の多様性に対応するように変容させていくかを模索する方向性に重きを置いていると言える。

　以上のように、「インクルージョン」は今後の教育開発のキーワードになるが、インクルーシブ教育が教育のインクルージョンをもたらすことに、必ずしも直結するわけではない。さらに、そもそも包摂されようとする本人（当事者）たちが教育に何を期待しているのか、如何なる学習成果を期待しているのかを今一度、確認する必要がある。そこで、本章では特に包摂される側の視点から、教育における「インクルージョン」について考察していく。そして、当該議論を踏まえて、第一部のテーマである「誰が教育すべきか」という教育主体についても、包摂される側の視点から検討していく。

第2節　なぜ、「インクルーシブ教育」が国際的潮流になったのか

　本節では、教育開発において、インクルーシブ教育が現在、国際的な注目を集めている背景について整理しておきたい。1990年のEFA（Education for All：万人のための教育）世界会議から4年後の1994年に、スペインのサラマンカで「特別なニーズ教育に関する世界会議」が開催された。本会議において、「特別なニーズ教育における原則、政策、実践に関するサラマンカ声明並びに行動の枠組み」（以下：サラマンカ声明）が採択され、「インクルーシブ教育こそがEFA達成のために最も効果的な教育形態である」と宣言された。しかしながら90年代はそれ程、インクルーシブ教育に関心が集まったわけではない。2000年代に入り、2015年までに多くの途上国においてEFA達成が困難であると各国際機関から報告されるにつれ、その注目度は高まっていった。

　例えば、世界銀行が「世界の不就学児童1億1,500万人の内、4,000万人が障害児である。そして、その内、5%しか初等教育を修了できない」（Peters 2003）という衝撃的な報告をした。また、UNESCOは「世界には7,200万の不就学者[1]が存在し、その内、5,700万人が障害児である」（UNESCO 2005）と

報告している。このような報告を受け、不就学児童を如何にして通学・就学させるか、という点が徐々に国際社会において重要視されるようになった。また、初等教育の就学率を80%程まで上昇させるのは、無償化政策の導入等で比較的、容易に達成できるが、そこから残された最後の5%、10%となるとかなりの困難が生じるということも共通の認識となっていった。上記の報告にあるように、不就学児童に占める障害児をはじめとする疎外されやすい子どもの割合が高くなっていったことも後押しし、徐々にインクルーシブ教育に注目が集まっていった。

　また、インクルーシブ教育が単に不就学児童を学校に取り込むための方法として喧伝されたのではなく、すべての児童に対して質の高い教育を提供し、かつ費用対効果が高いことが謳われたことも途上国にインクルーシブ教育を導入する動機を与えた。例えば、「サラマンカ声明」では以下のように実に理想的な教育としてインクルーシブ教育が語られている。

　　すべての子どもは誰であれ、教育を受ける基本的権利をもち、また、受容できる学習レベルに到達し、かつ維持する機会が与えられなければならず、すべての子どもは、ユニークな特性、関心、能力および学習のニーズをもっており、教育システムはきわめて多様なこうした特性やニーズを考慮にいれて計画・立案され、教育計画が実施されなければならず、特別な教育的ニーズを持つ子どもたちは、彼らのニーズに合致できる児童中心の教育学の枠内で調整する、通常の学校にアクセスしなければならず、このインクルーシブ志向をもつ通常の学校こそ、差別的態度と戦い、すべての人を喜んで受け入れる地域社会をつくり上げ、インクルーシブ社会を築き上げ、万人のための教育を達成する最も効果的な手段であり、さらにそれらは、大多数の子どもたちに効果的な教育を提供し、全教育システムの効率を高め、ついには費用対効果の高いものとする。

出所：国立特殊教育総合研究所（下線は引用者）

　つまり、簡潔に言えば、インクルーシブ教育を導入すれば、すべての子ど

もの教育を受ける権利が保障され、社会的にも格差是正をもたらし、EFA達成のために最もコストがかからず、かつ質を高めることにつながると国際的に宣言されたのである。そして、あたかもインクルーシブ教育が、途上国の教育課題に対する万能薬のように喧伝されたのである。途上国だけでなく、国際援助機関にとっても徐々に援助の説明責任が問われる時代になり、援助資金も潤沢にあるわけではなくなった。そのため、国際社会としても、EFA達成に向け、如何に残された5%、10％の子どもたちを就学させるか、かつ、そのコストを如何に抑えられるかということは、年々、重要になっていった。このような背景があり、インクルーシブ教育は徐々に国際的な関心を高めていったのである。2020年現在、160カ国が批准している国連の「障害者権利条約」においても、教育の条項においてそれまでの「選択」から「原則としてインクルーシブ教育」を志向することが定められている。

　しかしながら、インクルーシブ教育が国際的な関心を高めていった一方で、現実的には「サラマンカ声明」の理念通りの教育が、途上国の教育現場で実践されていたわけではない。インクルーシブ教育を導入しても、「教育の供給側が如何なる教育を実施するのか」により、その成果は大きく異なる。実際に、途上国ではインクルーシブ教育の掛け声の下、特別なニーズを有する子どもを入学させても、何ら特別な用意をせずに教員が通常通り教えるだけ、というケースが多い。結果的に、授業についていけない子どもは教員から見捨てられ、何も学ぶことができない「投げ捨て教育（Dumping Education）」に陥るとの批判は多い（Armstrong, *et al.* 2010）。特に、インクルーシブ教育の鍵を握るのは、学習者や保護者側ではなく、教育の供給側である。中でも教育を実践する「教員」が如何なる態度、教授法をもって教育に取り組むかが、重要になる。しかし、ポスト2015の議論においては、その重要な「準備（教員養成）」に十分な注意や関心が払われず、"インクルージョン"という言葉が独り歩きしている側面がある。そして、何より、包摂されようとする不就学者（当事者）たちの意図や考えが十分に忖度されずに、不就学者数を減らす事が最大の目的として、これまで議論が進んできた。

第3節　不就学児童の「教育戦略」

　本節では、不就学児童側の観点からインクルーシブ教育をみていく。筆者が実施してきたインクルーシブ教育の現地調査（ケニア、マラウイ、インド、モルディブ、タイ）の結果を事例に、ミクロの視点からインクルーシブ教育政策の受容実態をみていきたい。

　教育戦略とは志水らによれば「各社会集団の再生産機能の一環をなすもので、意図的のみならず、無意図的な態度や行動をも含み込む幅広い概念」（志水・清水編2001）である。途上国においては、本人よりもむしろ、家族の意向や事情が子どもの教育戦略に影響を与えているとされる。そして、宮島によると「富裕層だけでなく、マイノリティの家族においても、より有利な資本形成による再生産戦略を常に探っている」（宮島2003）とされる。「不就学児童の教育戦略」というと少し矛盾しているように聞こえるかもしれないが、これまでの筆者の調査でも、途上国においては、不就学児童の保護者は周到に自身の子どもの人生計画を立て、その中に学校教育を位置づけていることが示唆された。

　例えば、マラウイの農村部の母親（P. Y.）は、知的障害を有する息子をあえて学校には通わせずに、木造ベッドを製作・販売している親戚の家で小さい頃から住み込みで手伝いをさせている。その戦略の理由を母親は、以下のように述べている。

　　マラウイでは学校教育の質が低く、学校に通っても何も得するわけではない。それにマラウイは経済状況が良くなく、セカンダリースクール（高校レベル）を卒業しても、現金収入を得られる仕事に就ける人は僅かである。特に息子は頭が良くないため、学校で無駄な時間を使っている余裕はない。

　また、タイの地方に住む保護者（T家）は、視覚障害の娘にまず家事の方法をすべてマスターさせ、家庭内で家族の生活を支える役割を与えた。その

後、10歳になってようやく初等学校に娘を送り始めている。その戦略について母親は、以下のように述べている。

　彼女にとって最も重要なことは、一人で生きていける生活技術を修得することだった。私が生きている間は彼女をずっとサポートしてあげられるが、私がいなくなっても、彼女が大丈夫なようにしてあげる必要があった。それに、家事がきちんとできれば、（お手伝いとして）就職できる可能性が高くなるし、できれば家事が完璧にできるということをセールスポイントにして、将来、誰かと結婚して欲しい。

　また、モルディブの地方の島に住む家族は、自分の子どもが聴覚に障害を持つと分かった時から、その子を首都にある特別学校に通わせ、まず個別指導を受けて話せるようにした後に、地元の普通学校に通わせようと計画している（**写真3-1**）。そのように考える親は多いようで、その理由をモルディブの教員（A.M.）は以下のように述べている。

　聴覚障害者は、小さい時に話せるようにしておかないと、大きくなっ

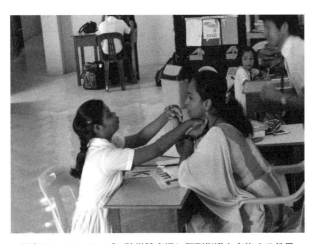

写真3-1　モルディブで聴覚障害児に個別指導を実施する教員

てから訓練しても、話せるようになりません。手話をマスターすると手
話だけで会話をしようとします。特別学校に通い、個人指導をすれば3〜
5年で話せるようになります。

　上記のように、各保護者が指摘する事由（戦略）が適切かどうかはさてお
き、少なくとも、彼らは現時点で"合理的な選択"だと考えて、このような
教育戦略を取っている。特別なニーズを持つ子どもを抱える家庭では、その
子どもが人生全体に渡り、如何に生きていくか（生活をしていくか）、という
ことを念頭において子どもの教育戦略を立てている。つまり、障害児にとっ
ては、通学が最上位の目標にはならず、社会で如何に生きていくか、が最も
重要な目的となる。そして、社会で生き抜くために、如何に学校を活用する
か、という手段的に教育を捉えている側面は少なからずあるだろう。途上国
で特別なニーズを有した上で生き延びていくということは我々が想像する以
上に、厳しく、過酷なものである。
　そこには、EFAの達成や差別の無い社会形成に向けた教育システムの構築
とは、全く異なる論理が働いている。耳の聞こえない自分の子どもを質の低
いインクルーシブ学校に入れてしまえば、一生、言葉を喋ることができない
まま人生を過ごすことになるかもしれない。聴覚障害児がアフリカの農村部
で生きていくためには、学歴よりも手に職をつけることが優先されるだろう。
タイの田舎では、女性の視覚障害者は家事を完璧にできる事が因数分解を理
解することよりも有益だと認識されるかもしれない。そのような個別の戦略
を無視して画一的に"全員が学校教育を受けること"が最も重要だとは、言
い切れない。
　とは言え、不就学を推進するべき、というわけではない。当然ながら、特
別なニーズを有する人たちが希望する教育を受けられ、希望する職に就ける
ような社会を目指すべきであろう。社会の方を特別なニーズに適合するよう
に変革しなければならない。また、我々、教育開発に携わる者も、長期的観
点からすると学校を重視するが、現実的には途上国の保護者は自分の子ども
が"自分が死んだ後に、如何に生きていけるか"ということを最優先で考え

写真3-2　インドの初等学校でタオル作成の技術を習得する視覚障害者

ている。保護者の教育戦略に照らすならEFA政策は却って邪魔になり、イン
クルーシブ教育の拡充は特殊教育の拡充を疎外するのかもしれない。マラウ
イの地方では、EFAは"Enclosure for All（子どもを学校に詰め込むだけ）"と揶
揄されている。

　インドの初等学校では、公立学校よりもNGOが運営する学校が積極的に
障害者を受け入れている。公立学校では、障害児を受け入れても拒否しても
教員の給与は変わらないが、NGOや私立校にとっては学校経営上、障害児
も重要な"顧客"である。**写真3-2**の男性（視覚障害者）は、公立の初等学校
を修了しても何も手に職を得られなかったとして、NGOが運営する初等学
校に再入学している。

　途上国の社会においては、初等学校に通うことの"リスク"が先進国以上
に大きいということも考慮されなければならない。通学路で動物に襲われる、
学校で教員や児童に虐められるといった直接的なリスクもあるが、学校に通
うことは、日々、貴重な機会費用（Opportunity Cost）を払うことになる。こ
の機会費用の支払いは、特別なニーズを有する子どもたちにとって、非常に
重要になる。聴覚障害児は子どもの頃に話法を習得しなければ一生話せるよ
うにならないし、知的障害児は生活の術を習得し、保護者の庇護無しで生き

ていくことが求められるかもしない。障害児たちはいずれ一人で生きていか
なければならないかもしれない。子どもの頃に学校でただ座っているだけの
"時間の無駄遣い"ができる余裕は、途上国の貧困層の特別なニーズを有す
る子どもたちには、無いのである。

　その一方で、特別なニーズを有する子ども程、教育を受けなければいけな
いと思う親も多く存在する。マラウイでは視覚障害者を地域社会が優先的に
教会の牧師や教員に就職させる事例が少なくない（現在は教員養成制度が近代
化され、資格を持っていないと教員には就き難くなった）。そのためには、学校
に通い、他の人以上に教養と学歴を身に付けなければならなかった。ケニア
のサバンナのど真ん中でも、障害児には大学まで進学し、ナイロビで事務職
に就いて欲しいと考えている保護者も多数、存在する。つまり、不就学児童
には、現在の学校に無理矢理通えとは言えない一方で、当然ながら学校教育
が不要だとも言い切れない。人生において何かしら役に立つ教育を受けるこ
とが必要なのである。

　本節では、不就学児童の教育戦略について議論してきたが、「学校に通わ
ない」ということも1つの戦略であり、家庭でどこまで教育し、いつ、どの
学校に通うか、ということも踏まえて総合的な生存戦略が優先されているこ
とを確認しておきたい。そして、残念ながら、ポスト2015の議論において
も「インクルージョン」が重要なキーワードにはなっているが、その中身は
政府や学校（教育の供給側）が如何に子どもたちを包摂するか、という議論
が中心であり、包摂される側の観点からはほとんど議論されてこなかった。
さらに極論すれば、国際的にはEFAを絶対善とし、EFA達成のための費用対
効果を如何に高めるかという議論が、このようなミクロの文脈よりも優先的
になされてきたのではないだろうか。穿った見方をすれば、「インクルー
ジョン」という耳あたりの良い言葉が、これまで政策者側にうまく利用され
てきたとも言える。

第4節　誰が誰を「包摂」していくのか

　本節では、第1部のテーマである「教育主体」について、中でも「学校」
と「教員」の2点から議論を進めていく。

1　「学校」── 義務教育の民営化と障害児教育

　本書の他の章でも確認してきたように、近年、途上国においては、私立校
や非正規課程の教育形態に多くの児童が集まっている。ケニアのスラムでも、
インドの町中でも「より質の高い教育」を求めて保護者は教育戦略を立てて
いる。単純に家から一番近いからとか、学費が安いからという理由だけで、
子どもの学校選択をするような保護者は減少傾向にある。

　本書の第1章で述べられているように、あえて非正規の学校に通う児童も
急増している。これは公立学校が十分な質の教育を提供できていない証左で
もある。公立校が保護者の満足いく教育を提供できないのであれば、地域社
会や民間が政府に代わり、教育提供の担い手になるのは自然な現象でもある。
だが、このような現象は保護者の教育戦略に見合うもので、教育機会の拡大
につながるものとして諸手を挙げて歓迎されるべき事象なのか。**表3-1**は新
自由主義的な発想に基づく、学校教育の民営化を促進した際の長所、短所を
簡潔にまとめたものである。

　上記のように私立校急増の結果、生じる「選択肢増加、競争原理に伴う質
の上昇」といったメリットや「貧富の格差による学力格差の助長、公教育の
影響力低下」などのデメリットについては各国の文脈に沿った慎重な検証が
必要となる。

　では上記の議論が、障害児を中心とした「教育のインクルージョン」に特
化した際に如何に影響するのか。一見すると私立校や非正規の学校が増加す
ると、不就学児童の受け皿としてはメリットの方が大きい。実際に選択肢が
拡がり、就学できる児童が増え、より質の高い教育を受けられる児童が増え
るであろう。しかし、同時に生じ得る課題もあり、如何に克服するかを考慮
しなければならない。例えば、学校経営を重要視する私立校では、「受け入

表3-1　学校教育の民営化による長所と短所

	長所	短所
学校運営と学校選択	・保護者や地域の大人の学校運営への積極的な参画を促進する ・学校の自律性と説明責任が強調される ・多様な主体による学校運営によって社会の様々なニーズに対応することができる ・特色のある学校づくりが可能となる	・幼い時期から序列化を発生させる ・親の経済力や教育意識による、格差の拡大と固定化の懸念が生じる ・保護者や個人に自己責任を生じさせる ・選択の余地が縮小する階層が発生する
教育の質	・学校や教員が質の高い教育を目指してお互いを高め合う ・自己点検や評価の実施によって教育内容の改善が見込まれる	・数値化困難な教育指標が軽視される ・競争と序列が過度に強調される ・教員評価が学校評価の中心になり、教員同士の協力が減退する
政府の関与	・画一的な規範に基づく制度的強制ではなく、多様性を許容する価値観とそれに対応した社会システムの要求が可能になる ・公的支出の抑制につながる	・カリキュラムや評価などの学校教育に対する政府のコントロールが効きにくくなる

出所：村田 2006、穂坂 2012を基に筆者作成。

れ易い子ども」を優先的に受け入れるだろう。そうなると、特別なニーズの有無による格差是正にはつながるだろうが、特別なニーズを有する子どもの間の格差を助長する恐れがある。障害児で言えば、軽度な障害を有する子どもや対応しやすい障害種別の子どもが、優先的に教育にアクセスできることになるのではないか。例えば、聴覚障害児よりも視覚障害児の方が特殊技術が不要で、比較的容易に包摂できる。知的障害が絡む重複障害児は、最も包摂し難いと言われている。このような「障害種別」や「障害の程度」の問題を如何に解決していくのか、慎重な議論が必要になるだろう。

　また、「利益の追求」と「教育の質」の関係も懸念される。私立学校が障害児を受け入れることに関しては授業料の確保のために必要であっても、高い質の教育を提供するにはコストもかかり、消極的になるのではないか。基本的人権としての義務教育を考慮すると如何に教育機会をすべての子どもに保障するか、ということも重要であろう。このように考えると、やはり、就学に対して脆弱な児童の中でも、最も脆弱な児童は政府が責任を持たなければならないのだろうか。途上国においては、財政的にも人材的にも政府に余

裕は無く、最も費用がかかる部分を如何に保障していくかは大きな課題である。公教育の中に民間のリソースを取り入れる事例や、保護者、家族などが参画する仕組み作りが、既に、途上国でも確認されるが、このような試みはさらに促進されるべきだろう。

　タイ北部のチェンマイでは、大学生が放課後に公教育の補助教員として支援する事例やクラスの中の学習進度の早い児童と遅い児童をペアにして学習支援をするなどの工夫が確認された（**写真3-3、3-4**）。このような取り組みにはコストはかからず、公教育の中での良い工夫と言えるだろう。

写真3-3　チェンマイの初等学校で知的障害児を教える大学生

**写真3-4　チェンマイの初等学校で学習困難児の学習
　　　　　支援をする女子児童**

2　「教員」── インクルージョンの鍵を握る教育主体

　前節では、教育主体の中でも「学校」に焦点化して議論してきたが、本節では、「教室内部」に焦点化して、議論していく。上述したように、インクルージョンの鍵を握るのは、教育の供給側である。その供給側の中でも最重要になるのは「教員」である。

　では、具体的にインクルージョンに資する「教員養成」を如何に実施するべきなのか。結論から言えば、教育の実施は私立校や非正規教育課程に代替できる範囲が多いが、「教員養成」については政府が責任を持って実施すべきであろう。特に、特別なニーズを有する児童の教育に関しては、教員の方も特別なスキルを有する必要性が高い。例えば、聴覚障害児を話せるように訓練する技術や重複障害児への生活技術指導などは、専門の訓練を受けた特別な教員でないと困難である。「子どものニーズに応じた教育を実施」と簡単に言っても、ニーズには簡単に応えられるものではないだろう。手話ができない教員がいくら包摂的な態度を有していても、手話無しで聴覚障害児を教える事は困難であろう。関連して、教員配置の課題もある。途上国では、そもそも障害児教育の専門性を有した教員の絶対数が限られている状況下において、私立校が彼らを高い給与で取り込んでしまえば、公立校には配属されなくなる恐れもあるだろう。例えば、マラウイでは特殊教育の専門性を有した教員数が絶対的に不足しているが、彼らは障害児を教えることに集中せず、複数の公立校を巡回し、一般教員を指導する役目を担っている。このような人材が私立校に取り込まれ、当該校のみで教育を実施することはマクロの視点からすると望ましいとは言えない。

　また、現在、公立校のインクルーシブ教育の拡充のために、インクルーシブ教育を専門とする教員養成を実施しようとする動きが途上国の一部で確認される。しかし、特殊教育が発展した後にインクルーシブ教育を導入した先進国と異なり、多くの途上国では特殊教育の発展という土台が無い上にインクルーシブ教育を導入しようとしている。そのような国においては、特別なニーズに対応できる教員が少ない。まずは特別なニーズに対応できる専門性を有した教員のさらなる輩出が、教員養成課程に求められている。そのため、

インクルーシブ教育の導入が却って教員不足の課題を困難にする側面もある。

　このように、私立校の増加や非正規課程の教育形態の隆盛を手放しで歓迎するわけにはいかない。だが、公立校がすべての子どもを包摂しなければいけないという考えも、もはや限界に来ているだろう。政府がすべての国民を包摂する絶対的な主体である時代は終わり、地域や民間が教育主体となり、子どもを包摂していく中で、ポストEFA期の教育開発としてもこのような現象を如何に捉えるべきなのか、今後、さらなる議論が必要であろう。

おわりに

　本章では、ポスト2015の議論においてキーワードの1つとなっている「インクルージョン」について、主に包摂される側（当事者）の観点から議論してきた。そもそも、不就学児童は、政府や公立校に「包摂されたいのか」という点に疑義がある。確かに、社会やコミュニティには包摂されることを望んでいる保護者が多く、如何に生活していくか、を念頭に置き、子どもたちの教育を考えている。しかし、それは地域や社会に包摂されたいのであって、必ずしも学校ではない。少なくとも公立校に包摂される必要性を高く認識してはいないのではないだろうか。もちろん、如何なる状況を地域や社会に包摂されていると定義するのかについては、また別の議論が必要になろう。しかしながら、教育開発に携わる者は往々にして、教育を中心に考える。学校に通うこと自体を目標に置いてしまい、不十分な準備のまま、見かけの「包摂」教育のために、結局は「統合」教育に陥ることに留意する必要があろう。

　本章では、筆者がこれまで調査を実施してきた障害児教育政策を主に照射してきたが、その他の様々な特別なニーズを抱える子どもたちも同様なのではないだろうか。極論を言えば、社会にすら包摂されたいと思っていない当事者も多いかもしれない。例えば、少数民族の子どもたちは、如何に社会に包摂されたいのだろうか。少なくともされたいと考える人は少ないだろう。公立校に通うことが自分たちの生きる術を守ることではなく、かえって阻害される場合に、公立学校に通わせる意義を如何に説明できるのだろうか。

　国際的な定義では、教育のインクルージョンが達成された状態を「子ども
の社会経済的要因にかかわらず、すべての個人が少なくとも基礎的な技能水
準に到達すること」としているが、それは誰が規定した水準なのか、それは
誰がなぜ、望んでいるのかという根本的な点から再考されるべきであろう。

注

1　なお、ユネスコは2015年には「不就学児は5,800万人存在する」とし、「障
　害児は9,300万〜1億5,000万人存在し、このような子どもたちが教育から排除
　されるリスクが高まっている」(UNESCO 2015)と報告している。

参考文献

Armstrong. A. C., Armstrong, Spandagou. I., 2010, *Inclusive Education International Policy & Practice*. SAGE publishing.

Chris. B., and Keith. T, 2012, *What Works In Inclusion?* Open University Press: Illustrated ed.

Peters, S., 2003, *Education for All: Including Children with Disabilities*. Washington. D.C.: The World Bank.

Schleicher, A, 2014, *Equity, Excellence and Inclusiveness in Education: Policy Lessons from Around the World*, International Summit on the Teaching Profession, OECD Publishing.

UNESCO, 2005, *Guidelines for Inclusion: Ensuring Access to Education for All*. Paris: UNESCO.

国立特殊教育総合研究所国立特殊教育総合研究所「サラマンカ声明」http://www.nise.go.jp/blog/2000/05/b1_h060600_01.html (2015年5月閲覧)。

志水宏吉・清水睦美編、2001、『ニューカマーと教育 —— 学校文化とエスニシティの葛藤をめぐって ——』明石書店。

穂坂明徳、2012、「世界、アジア、日本の教育改革」陣内靖彦・穂坂明徳・木村敬子編著『教育と社会 —— 子ども・学校・教師 ——』。

宮島喬、2003、『共に生きられる日本へ：外国人施策とその課題』有斐閣。

村田俊明、2006、「現代教育改革と学校評価の諸問題」『摂南大学教育学研究』2巻、21-34頁。

コラム①　北村友人先生に聞く

───研究者としての姿勢、今後の研究についてお聞かせください

　これまでは現実的な実務上のニーズがあって、それに応答する研究が多くならざるをえなかったというところがあります。僕自身、1つのテーマをじっくり考えるということがなかなかできていない。現実の中からどんどん要請があって、それに応答するための研究をやっているからですね。もちろんそれはすごく意味があるし、おもしろいです。だからやってしまうのだけど、もう少し自分の中で掘り下げていくような研究をしたい。しかもそれは教育開発というより、もっと広く"教育と社会"ですね。たとえば「市民性の教育」を「持続可能な社会」や「持続可能な開発のための教育（ESD）」という世界全体の課題との関わりで考えていきたいし、教育の公共性について国際的な視点から論じてみたいですね。

　自分の研究の方向性としては、高等教育が1つの大きな柱です。研究のはじまりはバングラデシュの学生運動ですし、カンボジア研究も高等教育が軸だし、東南アジアの高等教育連携には実務的にも関わっています。僕自身は純粋に高等教育がおもしろいと思ってやってきたんですけど、実は国際協力が絡むからおもしろいのだと途中で気づきました。単に高等教育の国際化に興味があるのではなくて、国を超えて大学や政府が連携したり、対立が起こったり葛藤が生じたり。

───そういう国際協力、国を超えて連携し合おうというのが好きなんですね

　こういった研究と実務に取り組む上で、「コミットメント」が大事だと考えています。途上国の現場では動いている人がいて、そこにこちらから押し掛けていって、ときに反発されて、それでもコミットしていくという、そこにおもしろさを感じます。比較教育学の中では、研究から政策的含意を導いてよいかどうかといった議論がありましたが、

僕は導けるのなら導けばよいと思っています。その国の人が見て、「あっ、なるほど」と思えるような研究をすることが大事だと思います。

───教育学者として国際教育開発研究と教育学との関係をどうお考えですか？

　教育開発研究に限らず、知的活動を営む上では"共通言語"というものがあって、それはみんなが身に付けておく必要があります。知的貢献をしようと思えば、今ある知の体系をきちんと俯瞰できていることが大事です。俯瞰できていないとどこに貢献できるのかもわからない。教育開発研究の今の1番の課題は、教育学全体を俯瞰することです。その上で、たとえばアジアやアフリカにおける教育のありようを提示して、近代教育や先進国型モデルの教育を問い直していくというのは、教育開発研究だからこそできるものだと思っています。

　今、教育開発では教育の「質」とか「公正さ」、「学び」などが課題となっていますが、これらは教育学の中でも重要で、教育学全体で考えていかないといけないテーマです。教育学の共通言語で語りつつ、自分たちの持っているものを提示していくという作業がもっとないといけない。

───若手にはどんなことを期待していますか？

　叱られることもあるかもしれませんが、好きなことをどんどんしてほしいですね。若手であればあるほどやりたいことを思いきりやることが大事です。知りたいとかおもしろいとか、心の中から湧き上がってくることをやるというのが大事で、とくに研究では"これをやることが役に立つ"と思ってやらなくていいと思います。自分にとっての「ミッション」、「使命」って何だろうって考えてほしいですね。正しいからとか、やらなくてはいけないからとかではなくて、もう心の中から沸き起こってくる、それをやろうとする自分を止められないというのがミッションなんですね。研究においては、世の中の役に立つこと

よりも、自分が知りたいという気持ちを第一に考えれば良いと思います。

　あとは、やっぱり本、特に古典をいっぱい読んでほしいですね。さっきの共通言語にも関わります。教育開発の共通言語はフィールドで培われるもの、養われるものがやはり大きいですが、教育開発の人はフィールド重視になりがちですね。フィールドと書斎のバランスが大事です。古典を抱えてフィールドへ行って、夜はそれを読む。そういう時間が若い頃にしっかりあるといいですね。

　その上で若い皆さんに最も期待している点は、国境を意識しない教育開発研究ですね。日本で通用するだけではなくて、世界で通用する教育開発研究をどんどんやっていってほしいです。それは、単に論文を英語で書くということではありません。日本語できちんと質の高いものを書く人がいて、英語で質の高いものを書く人もいて、というふうにその人の得意なところで勝負していけばいい。途上国で出版していく、現地語で書いていく —— そんな人が出てきてもいいと思う。「国境を意識しない」というのはそういう意味です。世界でいろんなかたちで展開していく教育開発研究者が、これからたくさん出てきてほしいですし、僕も負けずにがんばります。

コラム②　黒田一雄先生に聞く

**———まず、今後の国際教育協力の国際的潮流について先生のお考え
をお聞かせ下さい**

　まず、教育の質の話が当然、重要になります。その上で、国際社会
における国際協力のガバナンスが今まで以上に重要になるのではない
でしょうか。これまでの垂直的な援助の形から、水平的な協力体制を
構築していく必要があります。グローバルガバナンス、リージョナル
ガバナンスが生成していく中で、大学間連携や民間連携を含めた水平
的な国際協力が今後の大きな方向性になると思います。上から下にリ
ソースを流していく援助が必要なくなるとは思いませんが、チャリ
ティー的な国際支援も新たなガバナンスの中での新しい形を模索して
いくべきではないかと思います。

　そして、現状だと本当に難しいことですが、日本が新興国と、特に
中国や韓国と協力して、垂直的ではなくて水平的な国際協力の世界を
作っていくことが必要だと考えます。

———水平的な協力に転換していくためには何が必要なりますか

　グローバルガバナンスの枠組みが必要になります。それも先進国が
途上国に押しつけるのではなく、一緒に作っていくというプロセスが
必要です。グローバルな枠組みだけでなく、リージョナルなガバナン
スも重要です。アフリカ、ASEAN、ASEAN+3、日中韓のような多層的
なガバナンスのフレームワークを作っていくことが重要だと思います。
このようなリージョナルガバナンスの形成は、高等教育では進んでい
ますが、初中等教育でも今後は可能性があるのではないでしょうか。
指標開発も重要になると思います。決して正当性（Legitimacy）がある
と言えませんが、世界大学ランキングは様々な国で使われていますよ
ね。非認知的な能力を測るインディケータを開発していくようなこと
が、今後、大きなインパクトを持つし、それは水平的なグローバル・

リージョナルなガバナンス体制に対して、サステイナブルなインプットになると思います。

───ポスト2015の世界で教育開発が果たすべき役割について教えて下さい

　教育のコンテンツの議論をしていくことが重要だと思います。本来の教育の役割、人間が人間として成長していく、人間形成ということを考えていくことは教育開発の役割であると思っています。そして、ポスト2015においては、平和と持続可能な社会を作るために教育が果たすべき役割ということが、国際的に重要になるかと思います。平和な社会を作っていくことや持続可能な社会を作っていくということは、一国だけではできない国際的に対応すべき課題です。教育が国内問題であったのが、グローバルなイシューになってきている意味がそこにあると思います。個々人が異文化間理解や寛容さをどのように学んでいくのか、持続可能な社会を常に意識しながら行動も変えていくのか、この辺りが今後の教育開発に求められていると思います。そして、差別のない、共生できる持続可能な社会を作っていくという観点からインクルーシブ教育も重要になります。

───教育開発と比較教育の関係性についてお考えをお聞かせ下さい

　CIES（国際比較教育学会）は毎年、会長が交代して、会長演説でいろんな議論をするわけですよね。毎年、比較教育学とは何かっていうことを考える機会があるという事です。それをやらないと、比較教育学という学問は存立できないわけです。本当は日本でももっと意識的に、比較教育学の学問論をやるべきだと思います。以前ある本に書いたことがありますが、教育開発研究と比較教育学の関係については、結局は不可分の関係だと思っています。アメリカは実践対理論で、もしくは近代化論対従属論みたいなところがあったわけですが、日本はアカデミックな地域研究対実践的な教育開発という構造がありました。教

育開発研究の体系は何か、ということを考える時に、他の学問や分析手法との関係性で見ていく必要と、サブセクターごとの専門性、そして地域や国の専門性があります。つまり、経済学や社会学からアプローチするのか、女子教育とか理数科教育というサブセクターからアプローチするのか、それとも、イスラム世界や、中国といった国や地域の特性からアプローチするのかです。どこに重きを置くかというのは、人により異なります。だから教育開発は、独立した学問体系としてというよりは学際的な分野として見ていくということの方が正しいのかなと思います。

───教育学と教育開発の関係性について

アメリカとかイギリスには、教育学部の中に教育開発学のプログラムがあります。それにも関わらず、教育開発研究が教育学との親和性がそれ程ない印象があります。日本は反対に、教育開発研究の研究者は国際協力や国際開発の大学院にいますが、これから教育学との掛け橋がもっとできるのではないかと思っています。日本の教育開発研究が世界に対して独自の貢献ができるとすれば、教育学の知見をいかに教育開発研究に入れられるかということだと思います。

───若手の教育開発研究者、実践者に期待することをお聞かせ下さい

世界に貢献する研究をして欲しいということです。自分が十分にできなかった反省から申し上げれば、きちんと英語で国際社会に、日本の教育開発研究の成果を提示していくよう、頑張って欲しいです。教育開発研究は、これからもさらにダイナミックに発展していく分野です。日本の若い研究者が、理論的にも、実践的にも、世界・途上国の教育開発に貢献するように育っていくことを、心から祈り、応援しています。

第2部　どう具現化するか

インドの公立寄宿学校で授業を受ける貧困世帯出身の女子生徒（撮影：世界銀行／荘所真理）

第4章 修学状況の変遷を捉える
── 横断的データおよび縦断的データ双方の視点から

芦田　明美

写真4-1　学校の教室の様子

第1節　はじめに ── 2つの視点、2つの立場から教育開発に携わる

　今日、教育の重要性は世界的に共有され、「持続可能な開発目標(Sustainable Development Goals: SDGs)」においても、教育は他分野のゴールの達成にもつながるものとして認識されている。これまで、世界における教育普及の進捗状況、課題については、国際機関や政府機関、研究者によって主として横断的なデータをもとにした分析や報告がなされてきた。「ミレニアム開発目標(Millennium Development Goals: MDGs)」の達成期限であった2015年を前に、UNESCOから発行された『EFAグローバルモニタリングレポート2013/4』では、これまで疎外された立場にいる人々への教育機会の提供が適切になされてこなかったことから、教育を受ける機会の格差が生じていることが述べられている。また、教育の質向上への取り組みが不十分であったことも指摘

され、このような現状を踏まえて、2030年を目標達成年と位置づけた世界共通の教育目標である「教育2030」が、2015年5月にインチョン宣言として採択されるに至った。そして、2015年9月にニューヨークの国連本部で採択された国際社会共通の目標であるSDGsでは、特に教育分野においては「アクセス」から「質」へと焦点が移り、「すべての人々に包摂的かつ公平で質の高い教育を提供し、生涯学習の機会を促進する」ことが、世界共通のコンセンサスとして捉えられている。

　現在、2030年までの目標の達成を目指して、国際社会が様々な活動に取り組んでおり、それと並行して、進捗把握のため17のゴールに対して167のターゲットが定められ、モニタリングも実施されている。これまで、このような世界の教育状況を捉えることを目的に、UNESCOをはじめとする国際機関等によって横断的データが広く用いられてきた。横断的データとは、ある時点における複数の研究対象の特性や状態を観察し、それらを横断的に比較調査する際に主として用いられる。この横断的データを活用する方法は、1969年にUNESCO国際統計局が再構成コーホート法（Reconstructed Cohort Method）を用いて、アフリカやラテンアメリカにおける驚くべき留年や退学の実体を明らかにして以降（Berstecher 1971; UNESCO 1970）、一般的に用いられるようになった。援助実施機関によるプロジェクトや国家による政策の企画・立案にあたっては、このような横断的データを用いて簡便に全体の傾向把握を行う手法が有効である。しかしながら、横断的データは様々に異なる個々人のケースの融合であり、総体として見える姿であって、そこから遡って個々人を特定することはできない。したがって、マクロを構成するミクロな実態を踏まえていない場合には具体的な問題を解決できない事態になり得る（Sekiya 2014）。また、横断的なデータを基に立案された政策は、策定時に想定された目的通りに機能しない可能性をも含み得る。

　このような問題意識の下、筆者はこれまで、個々の実態を捉えることが可能な縦断的データを用いて、中米5カ国の中でも最貧国とされるホンジュラス共和国を対象に、個々の子どもたちの修学実態[1]に関する研究を進めてきた。縦断的データは、同一の研究対象を継続して追跡することで収集される

ものであり、研究対象の時間経過に伴う変化や成長を明らかにすることができる。また、個々の実態把握やある事象の因果関係を解明することにも適している。この縦断的データを用いることによって、横断的データによるマクロな視点では見落とす可能性のあるものを、ミクロの視点から拾い上げることを試みた。

　また、筆者はかつて、教育、科学、文化等の活動を通じて世界平和を実現することを目的とした国連の専門機関の一つであるUNESCOに勤務し、アジア太平洋地域を対象とした教育政策やプロジェクトの立案や策定、実施の業務の現場を体感してきた。その経験を通して、研究者としてのアイデンティティを持ちながら、両者においていかなる連携や協働が可能であるか、今も考えを巡らせている。

　本章では、2030年までの目標達成まであと10年となった2020年現在において、今日までにいかなる報告がなされ、未だ課題として残るものは何か、国際機関によるマクロなデータを用いた報告と個々人に着目したミクロなデータによる分析の2つの視点から検討する。対象地域としては、多くの国が初等教育のユニバーサル段階に到達しつつも、一部の国では初等教育の完全修了、中等教育の普及・修了に問題を抱えるラテンアメリカ・カリブ海地域に焦点を当てる。同地域ではこれまで、国際援助協力において算数指導力向上プロジェクト等、教育分野に対する日本の技術協力が盛んに行われてきた[2]。まず、同地域における1990年以降の国際的な教育開発目標によってもたらされた初等教育課程の子どもたちの修学状況の変化を概観し、その成果をまとめる。次に、特定の国を対象とした縦断的データによる個々の修学実態の分析結果を提示する。そして、横断的データおよび縦断的データを用いて、マクロおよびミクロの視点の双方から検証した結果をもとに、これまで当たり前のものとして認識されてきた事象に対する新たな解釈の方法を提示し、ラテンアメリカ・カリブ海地域におけるSDG4達成に向けた今後の展望を述べる。

　また、2020年現在、世界中で猛威を振るう新型のウイルス感染症、COVID-19によって教育現場において生じている現状についても示す。SDGsでは

「誰も取り残さない（No one will be left behind）」をキーワードとするなかで、今まさに誰が取り残されているのか、いかなる対処が求められるのか、喫緊の課題を取り上げる。最後に、自身の振り返りも含めて、研究者および実務者のそれぞれの役割や今後の連携の在り方についても検討を試みる。

第2節　公式統計から見る修学状況の変遷

　世界における教育の状況を把握するにあたっては、現在、横断的データが広く用いられている。しかしながら、1990年代には定期的なモニタリングが実施されておらず、国際社会が教育の状況を具体的に把握することができていなかった。このような状況を受けて、モニタリング体制の構築およびモニタリング実施の必要性が叫ばれ、2002年からUNESCOによって定期的にグローバル教育モニタリングレポート（旧グローバルモニタリングレポート）が発行されるようになる。本レポートのシリーズは現在も継続して発行されており、近年は特定のテーマについての特集が組まれ、SDG4のターゲット指標ごとの進捗状況についての報告がなされる形が採用されている[3]。本節においては、ラテンアメリカ・カリブ海地域を取り上げ、Education for Allの声かけが始まった1990年代から現在にいたるまで、子どもたちの修学状況にいかなる変化が見られたのか、ユネスコから提供されているデータや上述したレポートを用いて振り返りを行う。

　2000年以降、ラテンアメリカ・カリブ海地域においては初等教育課程へのアクセスは顕著に拡大し、その状況が改善されたと報告されてきた。教育へのアクセス状況を表す総就学率は1999年に120%近くまで上昇した後、2018年には109%へと適正値に近い値まで改善し、純就学率は95%に到達している（UNESCO 2020）。このことから、初等教育課程においてはユニバーサル段階に達しているとの評価がなされてきた。

　他方、教育の内部効率を表す留年率[4]は、同地域において特に対処すべき課題として取り上げられてきた指標の一つである。1990年にEFAが提唱された当初から、ラテンアメリカ・カリブ海地域における教育の内部効率の問題

が指摘されており、留年率や退学率の高さは他地域と比較しても顕著であった。その傾向は2000年代に入っても改善されず、初等教育課程の児童の40％が5年生まで修学を継続せずに学校教育から離れてしまう状況が指摘されていた（UNESCO 2000）。それ以降、同地域における留年率推移を確認すると、2000年の7.2%から2012年には4.8%[5]へと減少し、改善が見られる。しかしながら、他の地域と比較すると未だその数値は高く、2015年時点でも多くの子どもたちが留年を経験する状況にあった（UNESCO 2014）。

　学習内容の充分な理解や教育の質保証の観点を考慮すると、留年をすること自体が適切か否かは議論の分かれるところであるが、留年は最小限に抑えたほうが望ましい[6]。そして、留年が生じた結果、起こり得る事態として指摘されているのは、学校教育課程から完全に離れてしまう「退学」の現象である。ラテンアメリカ・カリブ海地域においては、留年を経験した子どもは最終学年までの残存率が低い傾向にあり、留年経験のある子どもほど退学に至りやすいことが指摘され、これまでさまざまにその対処についての検討がなされてきた。その結果、同地域における退学率は、2000年から2012年にかけて21.5%から11.8%へと改善が見られ（UNESCO 2014）、さらには最終学年までの残存率[7]が2011年には77%に至ったと報告されているが、これは1999年における値から変化していない。また、チリやキューバ、メキシコではほぼすべての児童が最終学年まで到達しているのに対し、ブラジル、ホンジュラスを含む7カ国においては、最終学年までの残存率が80%を下回っており、1/5の児童が入学後に早期に退学をしている状況にあった（UNESCO 2015）。UNESCO統計局の提供する近年の同地域における残存率推計値を参照すると、2017年において86%（UNESCO 2020a）と報告されているが、いまだ入学したすべての児童が初等教育を終えることのできる状態には至っていない。

　このように、一部の国においては初等教育課程における修学継続の問題は残りつつも、ラテンアメリカ・カリブ海地域全体では、初等教育段階におけるアクセスはユニバーサル段階に達し、留年等の内部効率の問題も改善されつつある。しかしながら、人口や経済成長の規模の割に、残存率の改善を含

む教育の成果については、他地域と比較していまだ遅れを取る傾向にある（Adelman and Székely 2016）ことが指摘される。

第3節　個々の修学実態への影響

1　縦断的データから修学状況の変遷を捉える

MDGs達成期限とされた2015年を前に、横断的データを用いて諸政策の影響を検討する試みは、ユネスコをはじめとする国際機関や政府機関、研究者によってさまざまになされてきた。しかしながら、個々の修学実態と国際教育開発に関連する諸政策とをつきあわせて検討するといった、政策の妥当性の検証は十分になされてこなかった。

　そこで、筆者はラテンアメリカ地域に位置するホンジュラス共和国を対象に、国際的な教育開発目標およびそれに基づいて策定された政策や、実際の活動部分として実施されたプロジェクトが、個々の子どもたちの修学実態に対していかなる影響をもたらしたのかを明らかにすることを試みた。この検討においては、個々の子どもたちの修学に着目した關谷（Sekiya 2014）の手法をベースに、約15年間にわたる連続した縦断的データを用いて、個々の子どもたちの修学実態の経年変化をパターンで捉え、検討を行った。

　先行研究である關谷（Sekiya 2014）は、子どもたちが一度学校に入学した後、どのようにして進級や留年をし、卒業あるいは退学へ至るのか、一人ひとりを追跡することで修学軌跡をパターンとして捉え、修学実態の解明を試みた。縦断的データは、同一の実験群を一定以上の期間にわたって継続的に調査し、その実験群の時間経過に伴う変化や成長を明らかにする目的に適しており、このような縦断的データを用いた研究は、長く先進国を対象としてなされてきた。しかしながら、先進国と比べて教育システムが十分に機能していない開発途上国においては、縦断的なデータを用いた研究が限られる。わずかな研究例は確認できるが、それらは短期間の縦断的データ（Siddhu, G. 2011; Sabates et al. 2013）や保健分野のデータを代用したもの（Glewwe et al. 2001）にすぎない。

2　パターンからみる個々の子どもたちの修学実態

　まずは、個々の子どもたちの修学実態の経年変化を修学パターンで捉えた分析例を示す。調査対象が偏ったものとなることを避けるため、社会的・教育的な指数（PNUD 1998）がホンジュラス国内の中位程度にあるエル・パライソ県を選定し、同県の中規模都市であるA市およびその近郊郡部に位置する6つの小学校を対象とした。1986年から2000年までに入学した子どもたちを1980年代後半から年代別に3つの集団に分け、個々の子どもたちの修学軌跡をパターンとして捉えて、頻出順に並べ、年代間における推移の変化について検討を行なった（**表4-1**）。

　その結果、1980年代後半入学グループにおける最頻出の修学パターンは、入学から卒業まで1度も留年をせずにストレートで卒業に至るパターン（1P2P3P4P5P6P）であった。これは修学パターン全体における26.6%を占める。そして、2番目に多い修学パターンは、入学後1年未満で退学をしてしまうパターン（1D）であった（7.8%）。これは、先の最頻出の卒業パターンと正反対とも言える退学のパターンである。3番目に出現数の多いパターンは入学1年目に1度だけ留年を経験し、その後はストレートに進級して卒業するパターン（1R1P2P3P4P5P6P）であった。しかし、それに続く4番目は、入学後1年目は学年末の総合評価に合格し翌年に2年生に進級するも、その後退学してしまうパターン（1P2D）である。このように、1980年代後半入学グループからは、順調に卒業に至るパターンと入学後早期に退学に至るパターンといった両極端なケースが、頻出パターンとして順に出現していることが確認できた。

　続いて1990年代前半に入学したグループ、1990年代後半に入学したグループとそれぞれの頻出順位を参照すると、入学年度が2000年に近づくほど退学パターンの順位が下がり、卒業パターンが頻出パターン上位を占めていく状況が確認できる。しかしながら、順調に卒業に至るパターンと入学後早期に退学に至るパターンといった両極端なケースがほぼ交互に出現する傾向は、未だ解消されずに残っていた（Ashida and Sekiya 2016）。

表4-1　頻出修学パターンの年代推移

1980年代後半入学グループ

順位	修学パターン	修了学年	該当人数	%
1	1P2P3P4P5P6P	6	160	26.6
2	1D	0	47	7.8
3	1R1P2P3P4P5P6P	6	36	6
4	1P2D	1	23	3.8
5	1R1D	0	20	3.3
6	1P2R2P3P4P5P6P	6	15	2.5
7	1P2P3R3P4P5P6P	6	14	2.3
8	1P2P3P4R4P5P6P	6	13	2.2
9	1P1P2P3P4P5P6P	6	9	1.5
9	1P2P3P4P5R5P6P	6	9	1.5
9	1P2P3D	2	9	1.5
		児童数	601	
		パターン数	191	

1990年代前半入学グループ

順位	修学パターン	修了学年	該当人数	%
1	1P2P3P4P5P6P	6	234	37.7
2	1R1P2P3P4P5P6P	6	52	8.4
2	1D	0	52	8.4
4	1R1D	0	17	2.7
5	1P2R2P3P4P5P6P	6	16	2.6
6	1P2P3D	2	14	2.3
7	1P2D	1	13	2.1
8	1P2P3R3P4P5P6P	6	12	1.9
9	1P2P3P4D	3	10	1.6
10	1R1R1P2P3P4P5P6P	6	8	1.3
		児童数	621	
		パターン数	122	

1990年代後半入学グループ

順位	修学パターン	修了学年	該当人数	%
1	1P2P3P4P5P6P	6	196	42
2	1R1P2P3P4P5P6P	6	41	8.8
3	1D	0	26	5.6
4	1P2P3R3P4P5P6P	6	11	2.4
5	1P2R2P3P4P5P6P	6	8	1.7
6	1P2P3P4P5R5P6P	6	7	1.5
6	1P1P2P3P4P5P6P	6	7	1.5
8	1R1R1P2P3P4P5P6P	6	6	1.3
8	1R1D	0	6	1.3
10	1R1P2R2P3P4P5P6P	6	5	1.1
10	1P2P3P4R4P5P6P	6	5	1.1
10	1P2D	1	5	1.1
		児童数	467	
		パターン数	116	

注：＊修学パターンの数字は学年を表す。
　　＊P＝合格、D＝退学、R＝留年、を示す。
　　＊退学パターンは網かけされている。
出所：Ashida and Sekiya（2016）に基づき、筆者が本稿に合わせて修正した。

　では、小学校を修了せずに退学してしまった子どもたちは、どのようにして退学に至ったのであろうか。一般的に横断的データをもとにした報告では、留年と退学には相関があり、留年が退学をもたらすと考えられている（McGinn et al. 1992他）。しかしながら、留年と退学の因果関係を把握するのに適した縦断的データから見た場合、留年を介さず退学するパターンが多数存在していたことが確認された。

　そこで、退学に至ったケースのみを取り出してその退学パターンを頻出順

表4-2　頻出退学パターン

順位	修学パターン	児童数	留年回数
1	1D	110	0
2	1P2D	47	0
3	1F1D	42	1
4	1P2P3D	24	0
5	1P2P3P4D	16	0
6	1F1P2P3D	13	1

注：＊D＝退学、PおよびFは学年末評価における「合格」
　　 と「不合格」を表す。
　　 ＊留年を含むパターンは網かけされている。
出所：Sekiya and Ashida（2017）に基づき、筆者が本稿に合
　　 わせて一部修正した。

に示し（**表4-2**）、退学に至る状況を分析した（Sekiya and Ashida 2017）。これを見ると、退学パターンの中で最頻出のパターンは「入学した年の学年末までに中途退学（1D）」したもの（110人）であることが確認できる。対して、6つの頻出退学パターンの中で退学に至るまでに留年を含むのは、3番目の「1年生を不合格後、翌年1年生に再登録した（留年）後に中途退学」したパターン（1F1D）と、6番目の「1年生を不合格後、翌年1年生に再登録し（留年）、3年生までは進級したが、3年生で中途退学」したパターン（1F1P2P3D）の2つのみであった。しかしながら、これら2つのパターンを示す児童数を足し合わせても55人であり、最頻出のパターンである「入学した年の学年末までに中途退学（1D）」した110人の半分に過ぎない。つまり、修学の軌跡を示すパターンで見た場合、留年を経験していない退学者が頻出上位を占めていることが確認できた。この結果は、これまでの一般的な認識とは異なり、留年を経験せずに、それも比較的早い段階で退学に至るパターンが多く見られたことを示す。

3　個々の子どもたちの修学実態とその背景

ここまで、個々の子どもたちの修学実態をパターンで捉えた結果から、ストレートでの卒業者が増え、一度学校に就学した子どもたちの中で卒業パターンが大きな割合を占めるようになったことが確認できた。その一方で、入学直後に退学してしまうパターンが頻出上位に残っている。そこで、

Education for Allが世界的に打ち出された時期から2014年までに、実際に学校現場において見られた現象について、学校長ら教育関係者に対する半構造化インタビューを実施した。その結果、教育関係者からは入学公式年齢の6歳で入学し、12歳で卒業できる者が増加したとする回答が得られた。このことから、卒業に至るパターンの増加は、教育へのアクセスの問題が改善されたことの表れであると解釈することができる（Ashida and Sekiya 2016）。

　一方、退学の問題に対しては、諸政策の中で個々に触れられてはいるものの、政策において想定されてきたのは、留年を繰り返して退学に至る子どもたちの存在であった。しかしながら、留年を繰り返すことにより退学してしまう子どもたちの存在は、修学パターンの分析からはどの入学年代グループにおいても頻出上位には見られない。留年が退学の引き金になった可能性のある退学パターンを経験した子どもの人数は、最頻出の退学パターンの半分でしかなかった。この背景を探るべく、筆者は個人を特定可能な縦断的データの特性を生かして、子どもたち一人一人についての個別分析のための家庭訪問調査を実施した（**写真4-2**）。対象者の教育達成と現在の状況を、本人または家族への聞き取りに基づいて比較した結果、中等教育への進学者であっても、初等教育未修了または修了レベルの者と就職できる職種に差が見られない状況が確認された。また、国勢調査をもとにした調査対象地域における

写真4-2　家庭訪問調査の様子

職業分布を見ても、対象地域における職種には多様性が無く、子どもに初等教育を修了させるインセンティブが働きにくい環境であることが示唆された（Ashida 2015）。

　退学した子どもの中には、修学継続のための奨学金を受給できる機会があったにもかかわらず学校に通学せず、奨学金の受給自体が取り消しになったケースがあった。その児童の保護者は両親とも学校教育を受けた経験は無く、農業によって生計を立てており、インタビュー時における彼らの回答からは学校教育の必要性を感じていない様子が読み取れた（Ashida 2015）。

　本節では、縦断的データを用いて子どもたちの対象校内における修学の軌跡に着目し、分析した事例を取り扱った。このような修学の軌跡に着目することにより、これまでのマクロなデータによる報告から想定されていた、留年を繰り返すことにより退学をしてしまうのではない、留年を経験せずに入学直後に退学してしまう子どもたちの存在が明らかになった。これは、留年率や退学率、修了率といった結果のみでなく、そこに至るまでのプロセスに着目をしたからこそ見えてきた点であると言えよう。

第4節　新たな目標SDG4の達成に向けて

1　ラテンアメリカ・カリブ海地域における今後の課題

　本節では、2030年を達成期限としたSDG4の実現を見据えて、ラテンアメリカ・カリブ海地域において今後対処していかなければならない課題について検討したい。

　一つ目には、同地域における不就学の子どもたちの存在（Out of school children）である。UNESCOの報告によれば、初等教育レベルにおいて、1999年には約400万人いたとされる不就学者数は、2012年には約370万人、2018年には約226万人へと減少した（UNESCO 2015; UNESCO 2020a）。しかしながら、同地域をラテンアメリカ地域、カリブ海地域の二つに分けると、2012年時点においてラテンアメリカ地域では不就学の子どもたちが8.9%減少したとされる一方、カリブ海地域では11.4%増加したと報告されていた

(UNESCO 2015)。同地域全体においては、教育へのアクセスが改善され、純就学率も適正値に近付きつつあるが、教育へのアクセス自体が実現できていない不就学の問題は、未だ課題として残る。

　二つ目には、一度は就学するものの課程途中で辞めてしまう、中途退学の問題である。同地域における多くの国では、初等教育におけるアクセスはユニバーサル段階に達し、修了率も改善しつつある。他方、一部の国では初等教育課程における退学の問題が残る。また、初等教育から前期中等教育、前期中等教育から後期中等教育への移行時において、退学は特に発生しやすく、いまだ頻繁に見られる。現時点において、この移行時および中等教育課程における退学の要因を分析し、いかに防ぐか、その方策についての検討が様々になされている（Adelman and Székely 2017; Adelman, Haimovich, Ham and Vazquez 2018）。

　三つ目には、学習成果の不振である。同地域においては、学校教育が普及している割に、国際学力テストにおける子どもたちの得点スコアが低いことが、以前より指摘されてきた（Breton and Canavire-Bacarreza 2018）。質の高い教育という観点から、SDG4のターゲット4.1では読解力、算数における最低限の習熟度を測るためのモニタリングが組み込まれている。このことを考慮すると、低い学業達成の問題は、同地域においては無視できない課題である。

　そして、上記の三点に関わる課題として挙げられる四つ目の課題は、ラテンアメリカ・カリブ海地域における地域内の格差である。国際的な比較において同地域はラテンアメリカ・カリブ海地域と一つにまとめられて記載されることが多いが、この地域内においては国家間の格差が顕著に見られる。特にラテンアメリカ諸国と比較して、カリブ海地域の国々における就学率や退学率、学業成績は芳しくない。このように、いまだ残る不就学、退学、学業達成の低さ、地域内格差の問題に対処していくことが、同地域における喫緊の課題である。

　これらの課題は、横断的データをもとにしたマクロな視点に限らず、個々のレベルにまで着目したミクロな視点も含めて、総合的に検討していくこと

が重要であると考える。今後は定量か定性かといった分析方法に限らず、データも含めて様々なレベルで教育に関わる事象を捉えていくべきであろう。

2　COVID-19がもたらし得る影響

　COVID-19の世界的な感染拡大により、2020年7月現在143カ国において、世界規模での学校閉鎖が生じており、また就学者人口の67.6%がその影響を受けている（UNESCO 2020b）。本章で取り扱ったラテンアメリカ・カリブ海地域もその例に漏れず、パンデミックを防ぐための対策の一つとして、各国において学校閉鎖という形が取られている。これらの情報は、同地域を管轄するUNESCO Santiagoがとりまとめ、公式サイト上で公開している（UNESCO Santiago Office 2020）。それによれば、4月以降、一ヶ月に5回程度の頻度においてウェビナーが開催され、このコロナ禍において地域として教育の諸問題にいかに対処していくか、種々のテーマに基づいて議論がなされている。

　前節で取り挙げたホンジュラスにおいても、就学前教育から高等教育にいたるすべての教育段階において、全国規模で学校閉鎖の措置が取られている。その結果、同国においては約230万人もの学習者がその影響を受けている（UNESCO 2020b）。2020年3月23日付にて、同国教育省によってコロナ禍における教育についての公式な声明が出された（Secretaría de Educación 2020）。その声明によれば、就学前教育、初等教育、中等教育の3つの教育段階を対象に、国家カリキュラムの主要なトピックをカバーする学習ビデオの配信が開始され、現在テレビでの放映のほか、Youtubeの公式チャンネルにも学習ビデオがアップロードされている。その内容を確認すると、それぞれのビデオは約10分程度の視聴時間で構成されており、2020年7月現在におけるチャンネル登録者数は約5.58万人、最も再生回数の多いビデオは就学前教育を対象としたもので、2.4万回の視聴がなされている。これらの学習のための教材は公式ホームページ上（Poertal Educativo Educatrachos）においても提供されており、教材のダウンロードもPDFの形で可能である。また、簡単な登録によって、オンライン上での学習管理が可能なサイト（Centro Educativo

Virtual) も開設されている。そこでは就学前教育から中等教育最終学年である12年生まで対象学年ごとに、主要な科目である算数、スペイン語、理科、社会、英語、物理、化学、生物等の学習教材が提供され、上述したYoutube上の動画のリンクも合わせて掲載されている[8]。

　現地の教育関係者によれば、私立大学等の高等教育機関の場合にはオンラインでの講義提供がなされているところもある。しかしながら、そのような形での講義の提供を実施できているところは限られる。公立私立問わず、大半の教育機関では経費や設備等の問題もあり、個別でのオンライン授業等の提供や、対面での授業実施はなされていない。また、昨今の感染拡大の状況に鑑みると、2020年度中の学校の再開はなされないのではないかとの見方もある[9]。

　このように、同国においてはさまざまな通信設備や機器を用いたオンラインでの講義配信やビデオ配信などの形は取られているが、すべての児童生徒がその恩恵を受けることができているわけではない。特に郡部の経済的に恵まれない家庭の子どもたちは、このようなオンラインでの授業を受講できる環境にないことも多く、学習の機会から取り残されている状況にある。世界中において感染症拡大の収束が予測できない状況にあるなか、このパンデミックのもたらす影響は、SDG4のターゲット4.1「2030年までに、全ての子供が男女の区別なく、適切かつ効果的な学習成果をもたらす、無償かつ公正で質の高い初等教育及び中等教育を修了できるようにする」の達成において、無視できない要因となることは明らかである。特に、オンラインでの講義を受講できていない、現在取り残されている層に対する早急な対応が求められる。

3　研究者と実務者それぞれの役割と連携

　国際機関における実務者、日本の大学における研究者と2つの立場を経験することを通して、両者のそれぞれの役割や連携の在り方について、筆者は意識的に考えを巡らせている。少しずつではあるが考えがまとまりつつあるのは、今後の研究者および実務者間におけるさらなる効果的な連携であり、

双方の持つリソースやスキル、ネットワークの強みと弱みを生かした連携の促進である。

　たとえば、公金としての種々の制約は遵守したうえで、研究者は比較的自由度の高い研究費や時間を用いて、一つの研究課題にじっくりと腰を据えて研究活動を進めていくことができる。それに対して、政府開発援助のスキームやドナーからの資金援助による国際協力においては、予算を含む様々な制約の中、限られた時間内でプロジェクトを実施していかなければならない。特にアカウンタビリティーの観点から、プロジェクトの実施と並行してのモニタリングも必須であり、そして、プロジェクトを問題なく無事に成功させることが重要である。しかしながら、いつもプロジェクトが成功裡に終わるわけではない。その場合には、今後への提言を導き出すためにモニタリング結果を用いた原因分析が必要であるが、さまざまな制約の中でそれがどこまで実施可能かは難しいところである。これは、筆者の個人的な見解であるが、国際協力の教育分野における研究者とは、開発途上国で生じている社会の問題を教育という立場から深く分析・考察し、その知見を活かして世の中に貢献する役割を担い得ることのできる専門家だと考えている。それゆえ、プロジェクトの実施結果についての要因分析等を通じて、より現場の文脈に即した草の根レベルの政策提言を行うことのできる存在となり得ると考える。

　また、今回のCOVID-19による影響を見ても、国際協力においては各地にチャネルを有する実務レベルでの連携の動きが必要不可欠である。UNESCOが各国における動向をまとめて公開することにより、現在現地へ渡航することのできない、国外の研究者がさまざまな情報を得ることができる。もちろん、情報収集にあたっては研究者個人のネットワークも同時に用いて行なわれるが、国際機関のネットワークを通して提供される地域についての情報は、マクロ的な視点から全体像を把握するにあたって有益である。

　日本国内における具体的な例を挙げれば、研究者と実務者間の連携促進を目的として、援助機関と大学の研究者による合同での勉強会が2011年頃より開催されている。そして、昨今のコロナ禍による影響により、勉強会の開催はオンラインの形へと移行され、首都圏以外からも参加しやすくなった。

今後このような連携の形が途切れずに、新しい形で展開され、継続されていくことを望む。

第5節　おわりに

　本章においては、1990年のEducation for Allより顕著になった世界における教育重視の潮流のもと、特にラテンアメリカ・カリブ海地域を取り上げ、どのような教育普及の改善が見られたのか、横断的データをもとにした報告を用いて検討した。そのうえで、横断的データで押さえきれない個々の事象を捉えることのできるものとして縦断的データに着目し、縦断的データを用いた分析例を提示した。これらを踏まえて、同地域における持続可能な開発目標（SDGs）ゴール4の達成を目指すにあたっての今後の課題として、不就学の状態にある子どもたちの存在への対処、中途退学等の教育の内部効率のさらなる改善、学習成果の不振、地域内における国家間の格差の是正、の4点を挙げた。加えて、2020年現在、世界で猛威を振るうCOVID-19の影響による学校閉鎖によって、今まさに教育の機会から取り残されている子どもたちの存在についても指摘した。

　言うまでもなく、世界的な政策や目標を設定する際には、マクロなデータから現状を捉え政策のベースとなる値を定めることは重要であり、時間的かつ金銭的制約のあるなかで、横断的データを用いて全体把握をすることは、効率的かつ有効なアプローチである。しかしながら、個々のケースを集約した横断的データから遡って、個々の子どもたちの修学状況を把握することはできない。また、マクロなデータから把握しきれないものも無視するべきではない。SDG4「すべての人々への包摂的かつ公正な質の高い教育の提供」を実現するためには、今後より一層ミクロな視点も踏まえた上でマクロな政策を打ち出していくことが望ましい。双方のデータを用いて、それぞれの長所を生かして不足点を補い合うことにより、現状を可能な限り正確に観察し把握することが重要であると考える。

　マクロ政策を扱う国際援助機関や開発の現場に携わる実務者と、研究課題

に対する飽くなき追求を本分とする研究者間における望ましい連携や協働の
形について、今後の研究や実務を通してさらに検討を進めていきたい。現実
として、両者を行き来するキャリアパスの実現は容易ではない。SDGsとい
う新たな国際社会の目標を据えて、既存の枠組みに捉われない積極的で活発
な議論の場の設定を行い、より現実的な両者の連携や協働の方法を考えるべ
きであろう。

注

1 本稿では、入学や日々の出席のみならず、在籍する学年、合格・不合格と
 いった学年末の評価およびその結果としての留年・進級、そして転校、退学
 等の状況および修了有無を示すものとして「修学」と定義する。また、混乱
 を避けるため、学校への入学等を表す総就学率や純就学率等については、そ
 のまま「就学」を用いて区別する。
2 ホンジュラスで始まった同プロジェクトは、その後中米各国に拡大し、広域
 プロジェクトにまで発展した（JICA 2010）。
3 最新の2020年版においては、上記の内容に加えて、PEERやSCOPEといった
 新たなGEMレポートツールについても紹介がなされている。これにより、各
 国や世界における教育法規や教育政策、モニタリング指標に関するデータに
 誰もがアクセスしやすくなることが期待される（UNESCO 2020a）。
4 留年率とはある年度のある学年に所属する児童（あるいは生徒）数から、翌
 年も進級せずに同じ学年に留まっている児童（あるいは生徒）の割合を示す
 ものである（小川・野村 2009）。
5 EFAグローバルモニタリング報告書2015によれば、初等教育課程における留
 年率平均は世界4.6%、先進国0.8%、発展途上国5.1%である（データは2012
 年度のもの）。
6 本章においては、留年の是非そのものに関する議論は差し控える。
7 初等教育課程において、ある年に1年次に入学したコーホートのうち、最終
 学年までたどり着いた児童の割合である（小川・野村 2009）。
8 筆者が実際に当該ホームページを閲覧した際、ページによっては機能してお
 らずエラー表示となるものも見られた。このことから、これらのサービスの
 運営にあたっては課題が多い様子が観察できる。
9 現地の教育関係者とのオンラインでのインタビューにおける回答より（2020
 年7月12日実施）。

参考文献

Adelman, Melissa A, and Miguel Székely, 2017, An Overview of School Dropout in

Central America: Unresolved Issues and New Challenges for Education Progress," *European Journal of Educational Research,* 6(3), 235-259.

Adelman, Melissa, Francisco Haimovich, Andres Ham and Emmanuel Vazquez, 2018, "Predicting School Dropout with Administrative Data: New Evidence from Guatemala and Honduras," *Education Economics,* 26(4), 356-372.

Ashida, Akemi, 2015, "Study of factors preventing children from enrolment in primary school in the Republic of Honduras: Analysis using structural equation modelling," *Education 3–13: International Journal of Primary, Elementary and Early Years Education,* 43(5): 579–594. doi:10.1080/03004279.2013.837946

Ashida, Akemi, and Takeshi Sekiya, 2016, "Changes in the repetition and dropout situation in Honduran primary education since the late 1980s," *Education 3-13: International Journal of Primary, Elementary and Early Years Education,* 44(4): 458-477. doi: 10.1080/03004279.2014.991414

Berstecher, D, 1971, Costing educational wastage: A pilot simulation study, Paris, France: UNESCO.

Breton, Theodore R, and Gustavo Canavire-Bacarreza, 2018, "Low Test Scores in Latin America: Poor Schools, Poor Families or Something Else?", *Compare: A Journal of Comparative and International Education,* 48(5), 733-748.

Glewwe, Paul, Hanan G. Jacoby, and Elizabeth M. King, 2001, "Early Childhood Nutrition and Academic Achievement: A Longitudinal Analysis." *Journal of Public Economics,* 81(3): 345–368.

McGinn, Noel, Fernando Reimers, Armano Loera, María del Carmen Soto, and Sagrario López, 1992, Why Do Children Repeat Grades? A Study of Rural Primary Schools in Honduras. Bridges Research Report Series No. 13.

Posas, M, 2010, "Política Educativa y Reforma Educativa en Honduras,". In UPNFM (Ed.), *Estado de la Educación en Honduras,* 29-58, Tegucigalpa, Honduras: UPNFM.

Programa de las Naciones Unidas para el Desarrollo (PNUD) [United Nations Development Programme]. 1998. *Informe sobre Desarrollo Humano Honduras 1998* [Report on human development: Honduras, 1998]. Tegucigalpa, Honduras: PNUD.

Sabates, Ricardo, Altaf Hossain, and Keith M. Lewin, 2013, "School Drop Out in Bangladesh: Insights Using Panel Data," *International Journal of Educational Development,* 33(3): 225–232.

Secretaría de Educación, 2020, "Mientras dure la emergencia Educandos revivirán sus clases en el canal hondureño Telebásica." (Retrieved July 19, 2020 https://www.se.gob.hn/detalle-articulo/1412/)

Sekiya, Takeshi, 2014, "Individual patterns of enrolment in primary schools in the Republic of Honduras," *Education 3–13: International Journal of Primary,*

Elementary and Early Years Education, 42(5): 460–474, doi:10.1080/03004279.2
012.715665.

Sekiya, Takeshi, and Akemi Ashida, 2017, "Analysis of Primary School Dropout Patterns in Honduras," *Journal of Latinos and Education*, 16(1): 65-73, doi:10.10
80/15348431.2016.1179185.

Siddhu, Gaurav. 2011, "Who Makes It to Secondary School? Determinants of Transition to Secondary　Schools in Rural India," *International Journal of Educational Development*, 31(4): 394–401.

United Nations Educational, Scientific and Cultural Organization (UNESCO), 1970, The statistical measurement of educational wastage (drop-out, repetition and school retardation), In International Conference on Education XXXIInd Session, Geneva, July 1-9.

UNESCO, 2002, An international strategy to put the Dakar Framework Action on Education for All into operation. Paris, France: UNESCO.

———, 2014, Latin America and the Caribbean Education for All 2015 Regional Review. Santiago, Chile: UNESCO.

———, 2015, *Education for All 2000-2015: Achievements and challenges. Education for All Global Monitoring Report 2015. Regional Overview: Latin America and the Caribbean.* Paris, France: UNESCO.

———, 2020a, *Global Education Monitoring Report 2020. Inclusion and education: All means all.* Paris, France: UNESCO.

———, 2020b, "Education: From Disruption to Recovery," (Retrieved July 19, 2020 https://en.unesco.org/covid19/educationresponse)

UNESCO Santiago Office, "Responding to COVID-19: Education in Latin America and the Caribbean," (Retrieved July 19, 2020 https://en.unesco.org/fieldoffice/santiago/covid-19-education-alc)

UNESCO/OREALC, 2000, Regional Report of The Americas: An Assessment of the Education For All program in the year 2000. Santiago, Chile: UNESCO.

小川啓一、野村真作、2009、『教育統計学【基礎編】「万人のための教育」に向けた理論と実践的ツール』学文社。

国際協力機構（JICA）、2006、『特定テーマ評価：プログラム評価（ホンジュラス基礎教育分野）報告書』国際協力機構。

———、2010、『ホンジュラス共和国算数指導力向上プロジェクトフェーズII終了時評価調査報告書』国際協力機構。

第5章　互恵的連携を通じた高等教育協力に向けて

井上　数馬

第1節　はじめに ── SDGsと開発協力大綱における高等教育協力

　国際社会は、2000年に「ミレニアム開発目標（Millennium Development Goals: MDGs）」及び「万人のための教育（Education for All: EFA）」目標を掲げ、2015年までに達成すべく取り組んできた。取り組みには一定の成果はあったものの、課題も多く残った。そこで2015年には、その成果と課題を検証し、2030年までに取り組むべき新たな地球規模での開発課題として17の目標と169のターゲットで構成する「持続可能な開発目標（Sustainable Development Goals : SDGs）」を策定した。MDGsからの変化として特徴的なのは、開発途上国のみならず先進国をも対象とする目標になっている点である。また、SDGs達成には、国家以外に多様な組織・関係者の参加やパートナーシップが重要であることが強調されている。教育分野に限れば、EFAやMDGsでは、高等教育に関する直接的な言及はなかったのに対し、SDG4と「教育2030」においては、「すべての人にインクルーシブかつ公平な質の高い教育を確保し、生涯学習の機会を促進する」という目標を設定し、就学前教育から高等教育までの幅広い分野を対象としている。

　時同じくして、日本の政府開発援助（Official Development Assistance : ODA）の開始から60周年を迎えた2015年には、日本国内でも、国際協力や援助にかかるODA政策の根幹である新たな「大綱」が定められた。1992年に閣議決定され、2003年に改定された「政府開発援助（ODA）大綱」は、日本と日本を取り巻く国際社会の変化、そして国際社会が直面する様々な課題に対応すべく「開発協力大綱」として生まれ変わった。名称が変わったことは基

本理念を反映してのことである。開発協力大綱は、途上国の開発にとって
ODA以外の資金・活動の役割が増したことを背景に、ODAは開発に資する
様々な活動の中核として、多様な資金・主体と連携しつつ、様々な力を動員
するための触媒としての役割を担い、開発のための相乗効果を高める重要性
を唱えている。具体的には、「日本の持つ強みを活かした協力」の推進、ま
た企業や大学・研究機関を含む官民連携、自治体連携の強化などが盛り込ま
れている（外務省2015）。

　途上国に目を向けると基礎教育が一定の普及を遂げた国々からは、技術立
国として経済成長を遂げた国への期待からか、日本に対する高等教育分野へ
の協力の要望が近年特に増加している。増え続ける途上国からの要望に答え
るためにも、大学や企業との連携は欠かせない。

　『教育は「人権と民主主義、持続可能な開発及ひ〝平和の基本的な柱」で
あり、とりわけ高等教育の役割が21世紀に向けての諸問題の解決に必要で
ある』と説いた1998年の高等教育世界宣言以降、EFA期においてもポスト基
礎教育と高等教育の役割の再検討や、高等教育への一層の投資、また国際協
力・連携の必要性などが議論されてきた（JICA 2003; 文部科学省2010; 黒田
2011）。しかしながら、これまでのMDGsやEFA期における「教育開発」に
おいては、基礎教育に多くの注目が集まり、高等教育はあまり取り上げられ
てこなかった。

　「SDGs」や「開発協力大綱」が唱える大学や企業などとの連携に対し、
日本の政府開発援助の実施機関である国際協力機構（Japan International
Cooperation Agency: JICA）はどのように取り組んでいるのか。本章では、は
じめに途上国の高等教育の課題を概観する。次に、JICAは途上国の高等教
育の開発にどのように協力してきたか、日本の大学や企業との関わりがある
事例を取り上げて論じる。最後に、日本の大学や企業にも何らかのインセン
ティブを生み出す形で連携を行えるのか、高等教育協力における互恵的連携
について考察する。

第2節　高等教育の課題と協力分野

1　途上国における高等教育の課題

　まず、高等教育とは何を指すのか整理する。UNESCOによると「大学、あるいは国家機関により高等教育機関と認められた教育施設によって提供される、中等後レベルにおけるすべてのタイプの研究、教育、訓練を含む」とある（UNESCO 1998）。これは、一般的な形態としては、大学、短期大学、高等技術・職業訓練大学、大学院大学、様々な技術専門学校、教員養成学校などに当たる。高等教育機関として最も中心的な役割を果たすのは大学であるが、その役割は一般的に、知識の獲得、伝達、応用、すなわち研究、教育、そして社会貢献と捉えられている（Perkins 1966）。

　途上国の高等教育における課題は様々である。例えば、社会の限られたエリート層にしか開かれていないといったアクセスにおける格差、教育・研究・社会貢献における質の低さや適切さの欠如、高等教育機関の恒常的な財政不足、優秀な人材の海外への頭脳流出などがある。高等教育の経営に限って言えば、他の学校種と比べて高度な知識と技術を扱うため、公立ですべてを整えようとすると設備費や人件費といった財政負担が大きくなるという問題がある。そのため各国政府は、私立の高等教育機関の設置を促進する一方で、高額な費用を学費として学生に負担させることにより生じる教育機会の格差や大学の質保証への対応といった課題も抱えている（JICA 2003; 吉田 2005）。

2　JICAの高等教育協力における重点分野

　JICAは、2030年に向けた新たな教育目標の達成のためには、教育分野全体の「学びの質の改善」、「教育における格差の解消」、「若者の雇用とスキル・ディベロップメントの促進」、「イノベーションを生み出すための人材の育成」に課題が残されており、更なる努力が必要であると捉えている。そして、相手国の自主性（オーナーシップ）及び個別のニーズを尊重し、自助努力を支援するというODAの原則を重視しながら、高等教育については以下

の重点分野を定めている（JICA 2015）。

- ・「学びの改善に向けた質の高い教育」：質向上や質保証の取り組み
- ・「公正で持続的な成長を支える教育」：産学連携による産業人材や国づくりのための行政官等の基盤人材の育成
- ・「知識共創社会づくりのための教育」：科学技術イノベーション人材の育成や知のネットワーク化
- ・「インクルーシブで平和な社会づくりを支える教育」：国づくり平和づくりのための長期的な人材育成

第3節　JICAの協力事業

　上述のような重点分野を設定した上で、JICAはどのような協力事業を行っているのだろうか。ここでは、高等教育の中心的な役割を担う大学への支援について、目的やアプローチを交えてJICAがどのように途上国に協力しているかを論じたい。本節では、数多くある協力事業の中から、協力の目的やアプローチが異なり、かつ日本の大学や企業と関わりがある3つの異なる協力事業を事例として取り上げる。

1　日本への留学を通じた中核人材育成

　国の発展や開発には様々な条件や要素がそろう必要があるが、開発を主導する中核人材の役割が重要である事は言うまでもない。各専門分野を率いていく人材は、必ずしも公的な教育機関のみで育成される訳ではないが、高度な知見や専門知識が集積する高等教育機関に期待される役割は大きい。しかし、高度な知見や専門知識が多岐にわたるため必ずしも個々の国の高等教育機関で開発にかかるすべての分野の教育を提供できるとは限らない。そもそも高等教育が十分に整備されていない途上国においては、質の高い高等教育機関が存在しないこともある。高度な知見や専門知識で国を牽引する行政官やトップ大学の教員は自国だけで養成できない。そのため、日本に対して協力が求められる。

　JICAは、上記の背景から中核人材を育成する協力を数多く行っている。政府・公的機関の行政官や大学教員等を中心に、相手国のニーズに基づき、日本の大学や専門機関などで一定期間の研修機会を与えるものである。数日間の短期研修から数年にわたる長期研修まで様々な分野で多くの支援を行ってきた。中でも、日本のそれぞれの分野で優れた大学院の学位プログラムを活用した留学支援は、高度な知見や専門知識の習得には効果的である。加えて、日本人と共同で学習や研究を行うことや、異なる文化や環境に長く身を置くことによって、物事に対する考え方や姿勢、日本の社会や文化に対する理解が得られる点も「日本による協力」という点で重要である。

　JICAの事業事例としては、1999年から行っている「人材育成奨学計画（Japanese Grant Aid for Human Resource Development Scholarship: JDS）」がある。日本政府の国別援助方針における重点分野において、将来相手国で中心的な役割を担うことが期待される優秀な若手行政官を中心に大学教員等も含め2019年までに4,600名を日本の大学で受け入れている（JICA 2020a）。奨学生は帰国後、日本の良き理解者として様々な省庁やトップの国立大学において活躍している。

　また、企業と連携して行う留学プログラムもある。2014年から始まった「アフリカの若者のための産業人材育成イニシアティブ（African Business Education Initiative for Youth: ABE Initiative）」では、アフリカの政府、教育、民間で活躍している若者に対し、日本の大学や大学院での教育に加え、帰国後に自国の産業発展に貢献してもらうべく日本企業でのインターンシップの機会を提供している。2018年までで1,219人の受け入れを行っている（JICA 2020b）。他にも、文部科学省の国費留学制度との連携事業として、2017年から「イノベーティブ・アジア」を開始し、5年間でアジアの途上国からの1,000人の留学生に対しインターンシップの機会を提供すべく実施している（JICA 2020c）。日本企業でのインターンシップでは、実践的な経験はもとより、日本企業の働き方や考え方に対する理解を深めることが狙いとしてある。

　加えて、JICAが日本の複数の大学院と連携して、JICAが支援する留学生に対して提供する「JICA開発大学院連携プログラム」が2018年に開始した。

JICAの留学生に対し、日本の近現代の発展と開発の歴史を大学の枠組みを超えて広く提供するもので、体系的に日本を理解し、帰国後に母国の発展に効果的に役立ててもらうとともに、知日派・親日派のトップリーダーとして活躍し、両国間の関係が中長期的に維持・強化されることが期待されている（JICA 2020d）。

　上記の事例は、途上国の中でも比較的所得水準が低い国に対して無償で行われる協力である。所得水準が比較的高い国に対しては、日本が有償資金協力として、人材育成のために資金を貸与して行う協力もある。この協力は、ただ資金を貸与するだけでなく、日本の大学への留学生の受け入れも含めて行うものである。例えば、モンゴルに対する「工学系高等教育支援事業」では2014年から日本の大学院、大学、高専などで数百名の受け入れを行っている。加えて、国際共同教育プログラム、共同研究などの実施に対しても大規模な協力を展開している（JICA 2014）。

2　工学系大学の教育・研究能力向上

　途上国の経済発展、雇用創出などのために産業の多角化などを図る国では、産業を支える人材を必要としている。人材は、大学などの教育機関によって育成される。高等教育は、産業界が必要な量と質を満たす人材を輩出しなければならない。しかしながら、多くの途上国では、特に技術力が求められる工学分野などにおいて、大学が質の高い教育や研究環境を提供できていない。特に工学系の教育・研究は実験・実習などを伴うため、設備や機材を整備するのに大きな初期投資が欠かせず、協力を必要とする途上国は多い。大きな課題のひとつである大学の教育・研究の質の向上に対して、JICAは、日本への留学を通じたトップ大学の教員の能力向上に加え、教育・研究のソフト面（カリキュラム、指導体制）、ハード面（施設、機材）の環境を整える協力を行っている。一例として、カンボジア工科大学への協力を以下に紹介する。

　カンボジアは、経済特区や工業団地の開発を行い、積極的に日本企業を含めた外資誘致政策を展開している。外資企業の誘致により高付加価値産業の製造業を拡大させ産業を多角化することで、経済の持続的な成長を目指して

いるが、2010年頃、エンジニアリング・メカニック分野の学生数は、全体の3.2％程度にすぎず、工学系人材が圧倒的に不足していた。そして、エンジニアレベルの人材を育成する国内最高学府であるカンボジア工科大学でさえ、JICAの留学支援により中核的な教員の育成は進んでいたものの、実験実習のための施設・機材の不足や実践的なカリキュラムが無い事により、座学中心の教育しか行われず、産業界からの期待に十分には応えられていなかった（JICA 2011）。JICAは、同国の要請を受け、2011年から日本の大学教員の協力を得て、カンボジア工科大学に対し、施設・機材の整備のための無償資金協力、また教育・研究機材の活用のためのシラバス・実験指導書の作成、教授法の改善、日本の工学教育で行われている研究室中心教育（Laboratory Based Education: LBE）の導入を行う技術協力プロジェクトを組み合わせ支援している。また次の展開として、同国の工学系大学全体のレベルの底上げのため、他大学の教員によるカンボジア工科大学への国内留学やカンボジア工科大学を優良モデルとした教育・研究体制の普及に取り組んでいる。加えて、同国に進出している日本企業と繋ぐことで、企業による特別講義、インターンシップの実施、優秀な人材の就職などを促進している。

　また、JICAは、同大学に対して、日本の大学との共同研究の実施支援も行っている。同大学は徐々に大学院のコースを開設しているが、本格的な研究は、研究資金がないことから実施できずにいた。共同研究は、JICAと科学技術振興機構（Japan Science and Technology Agency: JST）の共同事業である「地球規模課題対応国際科学技術プログラム（Science and Technology Research Partnership for Sustainable Development: SATREPS）」を通じて実施している。この共同事業は、(1) 日本と開発途上国との国際科学技術協力の強化、(2) 地球規模課題の解決と科学技術水準の向上につながる新たな知見や技術の獲得、これらを通じたイノベーションの創出、(3) キャパシティ・ディベロップメント（国際共同研究を通じた開発途上国の自立的研究開発能力の向上と課題解決に資する持続的活動体制の構築、また、地球の未来を担う日本と途上国の人材育成とネットワークの形成）を目的として、途上国及び日本の大学・研究機関からのプロポーザルを基に採択される（JICA 2020e）。研究成果を共有するこ

とで両国の大学にメリットがあることから、途上国側の大学・研究機関の研究資金はJICAから、日本側の大学・研究機関の研究資金は、日本の科学技術の発展と研究成果の社会還元の推進を目的に日本の大学を支援するJSTから支援される連携事業である。

　なお、大学の教育・研究能力の向上を図る協力は、他の国に対しても多く行われている。例えば、大学創設期から協力した大学に、モンクット王工科大学（タイ）、マレーシア日本国際工科院、日越大学（ベトナム）、インド工科大学ハイデラバード校、エジプト日本科学技術大学、ジョモ・ケニヤッタ農工大学（ケニア）などがある。各地域の拠点となる国々に展開しており、日本の大学や企業との関わりも深い。

3　知のネットワーク化

　多数の大学間でネットワークを形成し、共通のビジョンや目的をもって、お互いが連携することにより、それぞれの大学教員の育成や研究・教育活動の拡充を図る協力事業もある。2001年から始まった「アセアン工学系高等教育ネットワーク（ASEAN University Network / Southeast Asia Engineering Education Development Network: AUN/SEED-Net）」は、ASEAN諸国及び日本のトップ大学が連携して、ASEAN域内の質の高い工学系大学教員の育成、共同研究、産学連携の推進、また組織間及び教員間の学術ネットワークの強化を行っている。

　この協力事業では、ASEAN側の26大学をメンバー大学、日本側の14大学を本邦支援大学として、計40大学で連携ネットワークを形成している。

　AUN/SEED-Netは、工学系大学教員の育成を主な目的として事業を開始している。実施における大きな特徴は、ASEAN側のメンバー大学を役割に応じてグループ分けしている点である。相対的に開発が遅れたASEAN後発国であるベトナム、カンボジア、ミャンマー、ラオスの大学は、送り出し大学の役割を担う。博士号や修士号などの高学位を有している教員が十分にはおらず、教員育成が大きな課題となっているためである。優秀な若手教員または将来の教員候補を、高学位取得のためASEAN先発国であるインドネシ

ア、タイ、フィリピン、マレーシア、加えて先進国である日本やシンガポールの大学に送り出す。ASEAN先発国の大学は、ASEAN後発国から若手人材を博士及び修士課程にて受け入れ育成する役割を担い、ホスト大学と呼ばれる。なお、ASEAN先発国の大学であっても、先進国で最先端の教育を受けた若手人材が必要であることから、日本やシンガポールの大学へ人材を送り出すことも可能となっている。

　また、ASEANには経済水準が高くODAによる援助の対象にはならないシンガポールとブルネイがあるが、他のASEAN諸国に対して支援を行う側としてJICAが構築・運営しているこのネットワークに加入し、人材の受け入れや学術会議への参加等、自己資金で協力を行っている。

　本邦支援大学の役割はというと、まず日本の大学の博士課程においてASEANからの若手人材を受け入れ育てることがある。加えて、ASEANのホスト大学に留学中のASEAN後発国の博士課程学生に対しても、本邦支援大学で最長8ヶ月間受け入れることや、日本の教員がホスト大学に赴くことを通して、ホスト大学と共同指導を行うことである。

　この事業の仕組みとして重要な点は、まず送り出されてくる若手人材が優秀であるということである。トップ大学が加入するこのネットワークを通じてだからこそ、優秀な人材を受け入れることができ、また受け入れることによって大学の国際化に資するというのがホスト大学や本邦支援大学などにとってのメリットである。送り出し大学も人選において重要な役割を担う。そして、人材育成の過程においては、日本の大学がASEANのホスト大学と共同で他のASEAN諸国において、将来工学系大学教員となる人材の育成を行っている点である。この過程を通して同じ研究領域における人的な繋がりを構築していく。特に博士課程における指導教員と学生は師弟関係に近く、修了後も人的な繋がりは長年続く。2001年から教員の人材育成を行い、これまでに博士・修士合わせて計約1,400枠以上の留学機会を提供してきた。育成された人材が本国に戻り、教員間の人的な繋がりがASEAN及び日本の強固な知のネットワークとして形成されている。そして、育成された若手人材、またそれ以外のメンバー大学の教員に対しても、40大学のネットワー

クを基盤に、ダブルディグリー制度を活用した国際共同教育、共同研究、産学連携、学術会議の実施、国際学術誌の発刊を共同で行うことを支援し、各大学がお互いに恩恵を受ける関係を築くことで、研究・教育における連携を促している。またこのネットワークでは、教育や研究のみならず、各メンバー大学の副学長、学部長レベルで構成される運営委員会も開催しており、他大学の制度改革や学部運営についても情報交換を行い、各大学における制度改革を後押ししている（梅宮 2013; AUN/SEED-Net 2020; JICA 2013）。

第4節　日本の大学や企業との互恵的連携

　これまでJICAが開発途上国の高等教育分野に対していかに協力事業を行っているかについて見てきた。では、それら協力事業を通じて、日本の大学や企業は、途上国の高等教育協力にどのように関わり、関わることでどのようなインセンティブがあり得るのか。また、協力事業は「触媒」として、ODAという枠組みを超えて、途上国と日本の大学や企業が連携していく契機を生み出すことができるのか。途上国の大学と日本の大学・企業の接点や動向などを含めて考察する。

1　日本の大学との互恵的連携

　日本の大学にとって、海外大学との連携強化、国際化、またグローバル人材育成は重要な課題である。過去には、日本の大学は、連携先として主に欧米の大学に関心があった。しかし、近年は新興国や途上国の大学の教育・研究水準が上がってきたことや、日本の大学が留学生の受け入れに注力してきたことから、新興国や途上国の大学との連携を拡大・強化してきている。大学の世界ランキングは、大学のどのような側面をどのように評価するか、評価する指標や配点などによって大きく左右されるため、あくまで一つの見方に過ぎないが、新興国や途上国のトップ大学の中には、日本の大学と同等の大学も出てきている。例えば、**表5-1**はQS世界大学ランキング（2020）の工学・技術分野において、500番以内に入るAUN/SEED-Netのメンバー大学及

表5-1　QS世界大学ランキング（工学・技術分野）（2020）500位以内のAUN/SEED-Netの大学

順位	大学名
1~50	Nanyang Technological University, Singapore（NTU）, National University of Singapore（NUS）（シンガポール） 東京大学, 東京工業大学, 京都大学
51~100	大阪大学, 東北大学 Universiti Malaya（UM）, Universiti Teknologi Malaysia（UTM）（マレーシア）
101~200	九州大学, 北海道大学, 早稲田大学, 名古屋大学, 慶応義塾大学 Universiti Sains Malaysia（USM）, Universiti Putra Malaysia（UPM）（マレーシア）
201~500	Chulalongkorn University（CU）（タイ） Bandung Institute of Technology（ITB）, Universitas Indonesia（UI）, Institut Teknologi Sepuluh Nopember（ITS）（インドネシア）

出典：QS世界大学ランキング2020。

　び本邦支援大学であるが、ASEANからは10大学が入っている。これらの大学が力をつけてきていることを示しており、共同教育や共同研究など日本の大学と連携できる活動の幅が広がっている。また、ランキングについて日本の大学に目を向けると、実力以上に停滞しているように見える。これは、ランキングを評価する指標において、「学術界や雇用者からの評判」は高いスコアを得るにも関わらず、「留学生比率」、「外国人教員比率」、「教員一人当たりの論文被引用数」が低いからであり、他国との比較において、大学の国際化が課題となっていることが見て取れる。

　JICAは、途上国の大学に対し、先述のとおり様々な形態の協力を行っている。人材育成のための日本の大学での受け入れは、国内に目を向けてみれば、大学に留学生を増やすことに資するものである。特に、相手国政府の要請に基づいて実施される協力事業を通じて受け入れる留学生は、相手国側から選び抜かれた人材であることから、帰国後は各分野で重要な役割を担い、大きな影響力を持つ。大学教員であれば、自身の留学経験は、彼ら／彼女らの学生である次の世代にも伝えられ、よい循環が生まれ得る。日本文化の理解促進や良好な国際関係の形成にも貢献する。また、国内の大学環境も、優秀な留学生を受け入れることにより、相互交流による教育研究力の向上や日本人学生の異文化交流促進等の学修環境の充実など大学の国際化を促進する。

　日本の大学教員の途上国への派遣は、開発協力をきっかけとして、国際的

表5-2　協力事業がもたらし得る日本の大学のインセンティブ

大学教員	博士学生などの優秀な留学生による共同研究への貢献、国際共著論文の増加、海外での教鞭経験、海外研究ネットワーク拡大・強化、共同研究者の発掘、研究成果の発信など。
国内学生	国際的な学習環境、異文化交流、海外学生から受ける刺激・気づきなど。
大学組織	優秀な留学生の増加、海外における知名度向上、国際化／国際研究の増加による世界ランキングの向上、大学間ネットワークの拡大・強化、国際・社会貢献、大学の特色づくりなど。

出典：筆者作成。

な教育・研究ネットワークが広がることに加え、特に若手にとっては、国際的な視野が広がることや、海外環境で修練を積む機会になる。途上国の大学の施設・機材の整備・充実は、日本の大学との共同教育プログラムや共同研究の実施に必要な環境を整えることにも繋がる。競争的研究資金制度の導入や研究資金の供与・貸与は、日本の大学との国際共同研究の実施を促進する。SATREPSの例が示すように、日本の大学を支援する文部科学省やJSTなどの研究支援機関においては、日本の大学教員に対して研究費支援を行い、途上国の大学へは開発協力の資金を充てることで、大規模な国際共同研究の実施につなげ日本の大学教員も研究成果を得ることができる。学術会議や国際学術誌の共同運営は、学術ネットワークの拡大・強化と世界への知の発信を通じたプレゼンスの向上に資する（**表5-2**）。そして、ODAによる協力事業は、決められた期間に実施される有限的なものであるが、協力事業を「触媒」として培われた協働関係や連携体制は、その後、各々の大学、または教員個人の教育・研究面における関心や方向性が一致する活動において、独自に継続・発展していく可能性を有している。

2　日本企業との互恵的連携

　アジアやアフリカを中心とした開発途上国が経済的に発展してきている中、開発途上国は単に支援の対象としてだけではなく、日本の民間企業の投資、販売、生産拠点としての進出の対象となってきている。特に、中国での人件費の上昇などにより、製造拠点を人件費が低い途上国に移転する動きは、今後も加速すると見込まれる。また、途上国の発展には、政府による従来の

ODAによる援助もさることながら、民間企業の経済活動や投資も重要な役割を担う。

　民間企業の投資、販売、生産拠点の移転に欠かせないもののうちの一つは、現地の人材である。企業の要望に見合う人材がいなければ、民間の企業活動は思うように行われない。現地の産業を担う人材を育成することは、途上国だけではなく、日本企業を含む海外企業にとっても重要な意味を持つ。企業は自前で研修などを行い、社員を育成しようとするが、基礎的な学力・技術力の素地がなければ、企業努力だけでは立ち行かない。産業人材の育成には、現地の高等教育機関が重要な役割を担う。開発協力を通じた現地の高等教育機関の教育・研究能力の向上は、企業からも大きな期待が寄せられる。また、日本の大学での就学や企業での研修を受けることで、知識や技術の習得のみならず、日本の働き方や文化に対して理解を深めるアプローチは、後に日本企業で一緒に働くうえで非常に有効である。日本に理解のある優秀な人材とのネットワークは、企業の進出にかかる水先案内人としても役割を果たすことが期待されている。

　企業と大学との産学連携活動の支援も、民間企業の進出を後押しする。例えば、共同研究であれば、大学にとっては研究能力の向上に資する機会になるが、企業にとっても自社製品の研究・開発に現地大学とともに取り組める。AUN/SEED-Netの産学共同研究においては、JICAからの資金協力に加え、企業から大学への支援も必須にし、大学と企業が相互に恩恵を受ける形で研究・開発を行っている。また、大学と企業に接点を持たせることにより、企業は大学に対し実践的な特別講義を実施することや、大学は企業に対しインターンシップ生の派遣や優秀な人材の紹介を行うなど、連携関係の形成に貢献することができる。JICAは協力事業を通じて相手機関の経営陣とも密な関係を構築していることから、新たな連携活動の提案など、「触媒」となることができる。

第5節　おわりに —— 今後の高等教育協力の可能性

　SDGsや開発協力大綱で提唱されている通り、途上国の開発には、政府援助機関や国際機関などによる従来の援助だけでなく、「連携」が今後ますます重要になる。つまり、企業、大学・研究機関、自治体、非政府組織（NGO）などと協働し、それらが持つ技術・知見・資金を開発協力に融合させることにより、開発効果を高めていくのである。

　「開発協力」は、「開発途上地域の開発を主たる目的とする政府及び政府関係機関による国際協力活動」で、これからも途上国の課題解決を第一に考え、事業が形成・実施されるべきであることは言うまでもない。しかしながら、開発協力は、途上国への一方的な支援で終わらない。協働の内容やアプローチを工夫することで、日本側の協働機関も恩恵を得られる、互恵的な連携が可能である。また、途上国と日本の協働機関による開発協力の枠組みを超えた持続的な連携を促す「触媒」としての役割も果たすことができる。

　高等教育協力においては、日本の大学は、留学の受け入れを通して将来の途上国の教員育成に資することや共同研究の実施による研究力向上、途上国の人材の育成に役割を果たすのみならず、日本の大学にとっても優秀な留学生の招致や国内大学の国際的な環境の創出、国際共同研究の促進、海外大学とのネットワークの拡大・充実などが期待できる。国際的に共通する課題に対する共同研究や、日本が戦略的に海外展開しようとしているインフラ・資源などの分野に取り組むにも、国をリードする高度な専門家を有する大学同士の連携を促すことは非常に有用である。また、日本企業は、高等教育協力に参画することで、途上国への進出にあたって必要な産業人材を確保することができる。日本の大学や企業に研修生を受入れることで人材を育成するだけでなく、日本の働き方や文化に対して理解を深めてもらうというアプローチは非常に効果的である。さらには、開発協力においては、SATREPSの例にも見られるように、途上国に対して支援するJICAと、国内の大学・研究機関や企業、他自治体やNGOの活動を支援する国内公的機関が共同で事業を立ち上げることも有効である。

　SDGsの達成を見据えて、今後の日本の高等教育協力は、開発効果の発現のために、ますます日本の大学・研究機関や企業と互恵的な連携をもって推進されていくべきであろう。その連携事業の形成・実施にあたっては、様々な可能性を秘めている。

　（本章の内容は、すべて筆者の個人的見解であり、所属する組織の公式な見解を示すものではありません。）

参考文献

AUN/SEED-Net, 2020, "AUN/SEED-Net", (Retrieved July 29, 2020, https://seed-net.org).

Perkins, J. A., 1966, *The University in Transition*, United States of America: Princeton University Press. (＝1968、天城勲・井門富二夫訳『大学の未来像』東京大学出版会。)

QS, 2020, "QS World University Rankings by Subject 2020 -Engineering and Technology-", (Retrieved July 29, 2020, https://www.topuniversities.com/university-rankings/university-subject-rankings/2020/engineering-technology).

UNESCO, 1998, *World Declaration on Higher Education for the Twenty-First Century: Vision and Action.*

梅宮直樹、2013、「東南アジアにおける大学間ネットワーク」黒田一雄編『アジアの高等教育ガバナンス』勁草書房、142-171頁。

外務省、2015、「開発協力大綱について」外務省ホームページ（2020年7月29日取得、http://www.mofa.go.jp/mofaj/gaiko/oda/files/000072774.pdf）。

黒田一雄、2011、「東アジアにおける高等教育の地域的枠組みの形成と日本」『メディア教育研究』8(1) S22-S32、（2020年7月29日取得、http://www.code.ouj.ac.jp/media/pdf/vol8no1_shotai_3.pdf）。

国際協力機構（JICA）、2003、『開発課題に対する効果的アプローチ　高等教育』。

─────、2011、『カンボジア王国 カンボジア工科大学教育能力向上プロジェクト詳細計画策定調査報告書』。

─────、2013、『ASEAN10カ国 アセアン工学系高等教育ネットワークプロジェクトフェーズ3詳細計画策定調査報告書』。

─────、2014、「モンゴル国工学系高等教育支援事業 事業事前評価表」独立行政法人国際協力機構（JICA）ホームページ（2020年7月29日取得、http://www2.jica.go.jp/ja/evaluation/pdf/2013_MON-P11_1_s.pdf）。

─────、2015、「JICA教育協力ポジションペーパー」独立行政法人国際協力機構（JICA）ホームページ（2020年7月29日取得、https://www.jica.go.jp/activities/issues/education/ku57pq00002cy6fc-att/position_paper_education.pdf）。

―――、2020a、「人材育成奨学計画」独立行政法人国際協力機構（JICA）ホームページ（2020年7月29日取得、https://www.jica.go.jp/activities/schemes/grant_aid /summary/JDS.html）。

―――、2020b、『アフリカの若者のための産業人材育成イニシアティブ（African Business Education Initiative for Youth）「修士課程およびインターンシップ」プログラム』独立行政法人国際協力機構（JICA）ホームページ（2020年7月29日取得、https://www.jica.go.jp/africahiroba/business/detail/03/index.html）。

―――、2020c、「イノベーティブ・アジア」独立行政法人国際協力機構（JICA）ホームページ（2020年7月29日取得、https://www.jica.go.jp/regions/asia/innovative_asia.html）。

―――、2020d、「JICA開発大学院連携」独立行政法人国際協力機構（JICA）ホームページ（2020年7月29日取得、https://www.jica.go.jp/jica-dsp/index.html）。

―――、2020e、「科学技術協力 概要」独立行政法人国際協力機構（JICA）ホームページ（2020年7月29日取得、http://www.jica.go.jp/activities/schemes/science/summary/index.html）。

文部科学省、2010、「世界高等教育会議（結果概要）」文部科学省ホームページ（2016年3月5日取得、http://www.mext.go.jp/b_menu/shingi/chukyo/chukyo4/025/gijiroku/attach/1288028.htm）。

吉田和浩、2005、「高等教育」黒田一雄・横関祐見子編『国際教育開発論』有斐閣、121-140頁。

第6章　教育開発におけるグローバルガバナンス を考える──国際機関の視点から

荘所　真理

第1節　はじめに──教育におけるグローバルガバナンスとは

　グローバリゼーションが進むなかで、世界の国々の相互影響と依存の度合が急速に高まっている。また、環境問題、資源、食糧、貧困、格差、紛争、感染症など、一国のみの問題でなく、グローバル・アジェンダ（地球規模で解決を要する問題）として国際社会全体で協力して取り組むべき課題が増えてきている。一般的に、世界規模の課題を解決するために、多種多様なアクターが協働で問題解決にあたることをグローバルガバナンスという。これまで、教育分野は国家の専権事項であり、各国政府が主導し教育戦略や教育政策、計画などを策定するというのが伝統的な捉えられ方であった。しかし、現代の国際社会においては、グローバルガバナンスの影響が強まり、途上国の教育は開発における重要な分野であり、その発展を支援することは国際的な責任であると捉えられることが多くなってきている（Mundy 2007; 黒田 2016）。

　筆者の所属する世界銀行は、「教育開発は、人的資本の蓄積をもたらし、持続的経済成長や所得の向上、貧困削減、国の発展にとって極めて重要である」という考えのもと、開発途上国の教育政策や教育計画等の技術支援、財政支援などを行っている国際機関であり、グローバルガバナンスにおいて長年一定の役割を果たしてきた。グローバルガバナンスには、他にも多種多様なアクターが関わっているが、そのフレームワークや方向性は、その時々の世界の政治、経済情勢、また、主流となる開発理論や開発アプローチに応じて変化してきた（小川・荘所 2008）。例えば「万人のための教育（EFA:

Education for All)」や、「ミレニアム開発目標（MDGs: Millennium Development Goals)」、「持続可能な開発目標(SDGs: Sustainable Development Goals)」は、グローバルガバナンスを背景に、国際社会が目指すべき開発目標として策定されたものである。筆者が大学院で研究を始めた頃はEFA期の真っただ中で、開発途上国を対象とした教育開発の議論の中では必ずと言っていいほど「EFA」がキーワードとして登場していたのを記憶している。現在は、2030年までに地球規模で取り組むべき課題として採択されたSDGsが開発議論の中心となっている。

　本章では、教育に関するグローバルガバナンスがこれまでどのように展開されてきたのか、また、途上国の教育開発にどのような影響を及ぼしてきたのか、グローバルガバナンスの変遷と成果について取り上げる。さらに、議論のなかで浮かび上がってきた課題や限界についても整理する。最後に、今後のグローバルガバナンスの展望、各国の教育政策の在り方についても検討していく。

　なお、本稿に記載された意見はすべて個人的な見解に基づくものであるが、グローバルガバナンスの構成員である国際機関の視点から捉えたものであることを申し添えておく。グローバルガバナンスの文脈において途上国を語ること自体が、国際社会と途上国の垂直的な関係性を反映しているという意見があることは承知している。しかしながら現実社会においては、グローバルガバナンスと開発途上国の相互影響はますます強まっており、グローバルガバナンスを理解することなしに、一国の教育開発について考えることが難しい状況である。次節ではまず、教育のグローバルガバナンスがこれまでどのように展開されてきたのか整理していく。

第2節　教育のグローバルガバナンスの展開

1　1948年から60年代

　教育に関する国際社会のグローバルガバナンスは、第2次世界大戦終結後1948年に採択された世界人権宣言に始まるといっていいだろう。「すべての

人が教育を受ける権利を有する」という考えや、「教育が社会や国家の発展にとって重要である」という考えが、それ以降、国際社会の共通認識となっていった。1950年代から1960年代にかけては、経済発展のための人的資本論が主流となり、貧困削減の鍵となるのは人的投資による経済成長であるという考えに基づき、政府主導の教育政策が推し進められるようになった。特に、経済成長に必要なエリート養成のための高等教育や、生産に直結する職業教育が重視される傾向が強かった。1960年代には旧植民地の独立により新しい国家が数多く誕生したが、そのなかでは、貧困削減や経済成長、近代化戦略として教育の普及が重要課題とされた。さらに、教育開発援助が広く展開されはじめたのもこの時期であるといえよう。例えば、UNESCO[1]は4つの世界教育地域会議を開催し、1980年までに学齢児童に対する初等教育の完全普及[2]という大胆な目標を決議した。世界銀行は1963年にチュニジアの技術職業教育・訓練に対して初の教育分野への貸付を実施した。その後、各国で初等教育は拡大し、就学児童は1980年までの20年間でラテンアメリカとアジアで2倍、アフリカで3倍に増加したが、それでも途上国全体では学齢児童の約3分の1が依然として未就学であった。

2　1970年代から80年代

　1970年代になると、経済成長の陰で浮き彫りになってきた貧困や格差の問題に国際社会の関心が集まるようになる。近代化論への反発として従属論や世界システム論が台頭し、途上国主導の新国際経済秩序による公正の実現や、内発的発展論が国際社会において広く議論されるようになった。また、同時期に、食料・住居・保健医療・教育・雇用などの「ベーシック・ヒューマン・ニーズ（BHN: Basic Human Needs）[3]」が重要であるという認識が誕生する。このBHNの考えを受け、世界銀行は他のドナーに先駆けてBHNの充足を方針とした新たな援助を展開した。その後、1980年代に多くの国が経済危機に直面し、構造調整政策による緊縮財政で教育の予算が大幅にカットされ、教育機会の拡大は鈍化し、教育の質も悪化の一途をたどった（World Bank 2009）。1980年と1987年では、1人あたりの実質教育支出がラテンアメ

リカでは約40％、サハラ以南アフリカでは65％も減少した。

3　1990年代

　そうした状況を経て、1990年代は開発と教育をとりまく状況が大きく進
展する。1990年にタイのジョムティエンで開催された「万人のための教育
世界会議」は画期的な意義を持ち、その後の途上国での教育開発のみならず、
社会開発全般にも強い影響を与えるきっかけとなった。同会議は、世界銀
行・UNESCO・UNICEF[4]・UNDP[5]の共催により「基礎教育の普及・拡大」
というテーマで開かれた教育国際会議であり、特にEFAの重要性が国際的に
認知されることになった。基礎教育が重視された背景には、当時、経済学的
アプローチから教育投資の効果を測る研究が進み、特に初等教育、基礎教育
分野への投資効果[6]（社会に対する便益）が高いことが示されたことも影響し
ている。世界銀行は、教育のための優先課題と戦略を示した文書のなかで、
投資効果が最も高いと研究で示された基礎教育に重点的に公共投資を行うべ
きであると発表した（世界銀行1995）。また、UNDPは1990年に「人間開発
報告書（human development report）」を刊行し、開発の目標を人間に置く「人
間開発（human-centered development）」の概念枠組みを提示した。この概念は
人間中心の包括的開発コンセプトとして教育開発の重要性を主張するもので
あった。さらに、1995年にコペンハーゲンで開催された「社会開発サミッ
ト」では、教育やその他人間開発分野に優先的に予算や援助の配分がなされ
ることが公約に盛り込まれた。1996年には、OECD[7]の開発援助委員会
（DAC）において「DAC新開発戦略」が採択され、初等教育の完全普及と、
男女格差の解消が目標として設定された。1999年には、世界銀行が「教育
セクター戦略文書（Education Sector Strategy）」を発表し、そのなかで、基礎
教育の完全普及のため女子と最貧国を優先した施策、構造的な教育制度改革
が重要であると論じた。このように、1990年代はさまざまな国際会議や開
発アプローチが、途上国における教育開発の原動力となり、多くの開発援助
機関が基礎教育や初等教育、女子教育支援を重視するようになった。さらに
1990年代半ば頃からサブセクターに区切ることなく、セクターを包括的に

捉えて開発を進めていこうとする「セクター・ワイド・アプローチ」が推進されるようになった。

4　2000年代

「万人のための教育世界会議」のフォローアップとして、2000年にはセネガルのダカールで「世界教育フォーラム」が開催された。同フォーラムでは、1990年代のEFAターゲットは進展こそあったものの十分に達成できたと結論づけることはできないとし、2015年までの達成を目指して、教育の機会拡大・平等を謳う「EFA開発目標」が国際目標として設定された。さらに、2000年9月には国連ミレニアム・サミットで「ミレニアム開発目標 (MDGs: Millennium Development Goals)」が採択された。MDGsの中にも、普遍的初等教育の達成、教育における男女格差の解消[8]が盛り込まれた。それ以降、国際社会における教育開発への関心が増し、国際的な教育援助の大幅な増加につながった。また、国際社会によるEFA開発目標の進捗状況のモニタリングも強化されていった。例えばUNESCOは「EFAグローバルモニタリング報告書」を定期的に発行してきた。また、各地でハイレベルグループ会合やワーキング・グループ会合、各地域レベルの国際教育会合が開催され、教育の諸問題についての議論がすすめられた。開発途上国のなかには、EFA開発目標や、MDG開発目標と連動させた指標を国家の教育目標として掲げる国も多く出てきた。

　このように、2000年代はグローバルガバナンスが教育開発の目標達成に向かって積極的に貢献した時期であったが、世界を震撼させる出来事も次々と発生した。まずは2001年9月に起きた米国における同時多発テロ事件。さらに、2008年の米国の金融危機に端を発した国際金融危機の影響は各国に波及し、経済状況の悪化や雇用状況の悪化を招いた。また、若年層の失業率の高さや、格差社会、硬直的な政治・経済状況などを契機に2011年初頭から中東・北アフリカ地域の各国に広がった民主化運動「アラブの春」など、その後も世界中で社会を不安定化させる出来事、テロや暴力行為が頻発している。こういった出来事を通して、新自由主義的な政策を見直す動きが多く

の国で見られるようになり、産業育成、ガバナンス支援とともに、よりよい
人的資源開発や格差是正のための教育の役割が再重要視されるようになった。

5　2015年前後

　国際開発目標の達成期限である2015年が近づくにつれ、ポスト2015を見
据えた議論が活発に行われるようになる。国際機関もそれに合わせて、重点
支援分野や今後の方向性を示した戦略文書を発表した。例えば、UNESCO
は2014年に「2014-2021中期戦略」を、世界銀行は、2011年に今後の重点支
援分野、中期戦略を盛り込んだ「Learning for All: Investing in People's
Knowledge and Skills to Promote Development」を発表した。UNESCOの
「EFAグローバルモニタリング報告書2015」は、2000年から2015年までの
EFA目標の進捗具合を振り返り、基礎教育へのアクセス向上という一定の成
果があったものの、グローバルにはEFA目標への到達が不十分であったと結
論付けている（UNESCO 2015）。ポスト2015年の議論のなかで、未達成に終
わった問題や、新たな重点課題として指摘されたものには、ポスト基礎教育、
教育の質、学び（Learning）、格差の是正、若者のスキルと能力の向上、経済

図6-1　グローバルな教育アジェンダの比較

	MDG2	EFA	SDG4
対象	初等教育 子ども	基礎教育 子ども、若者、成人	基礎教育、ポスト基礎 教育、職業訓練、高等 教育、生涯学習
焦点地域	低所得国 紛争国	普遍性を強調している が、焦点は低所得国	先進国、途上国を含む 全世界
政策の重点 分野	普遍的初等教育へのア クセスと修了	普遍的で、質の高い基 礎教育へのアクセス	普遍的で質の高い基礎 教育へのアクセス ポスト基礎教育、職業 訓練分野、、生涯教育 への包摂的で公平なア クセス 効果的な学び（認知 的・非認知的能力）

出所：UNESCO 2017

成長とより高度な社会を創出するための高等教育、モニタリングと評価の向上などがあった（World Bank 2011; Burnett and Felsman 2012）。様々なテーマ別会議やコンサルテーションなどを経て、2014年には、「EFAグローバル会合」が、そして2015年には、「世界教育会議2015」が開催され、2030年をターゲットにした新たな国際教育目標である「教育2030インチョン宣言」が採択された。さらに、多分野にわたる国際的な政策目標として2030年達成をターゲットとした「持続可能な開発目標（SDGs : Sustainable Development Goals)」が採択された。教育分野についても、SDG4として「すべての人に包摂的かつ公平で質の高い教育を提供し、生涯学習の機会を促進する」ことが盛り込まれ、幼児教育から高等教育、スキル、様々な格差是正など広範な教育分野の目標が定められた。SDGsの特徴は、途上国をターゲットにした開発目標であったMDGsとは異なり、グローバルな性質を有し、先進国を含む全ての国や人々を対象としていること、また、それぞれの分野の指標を独立して扱うのではなく、統合的な対応の必要性、多様なアクターの参画やパートナーシップを強調している点である。今後はこのSDG4が軸となり、教育のグローバルガバナンスが展開していくことになるであろう。

　教育のSDG4に関してはこれまでの反省を踏まえ、枠組み設定の準備段階で様々なアクターが参画し、包摂的なコンサルテーションがすすめられた。その結果、「すべての人に包括的かつ公平で質の高い教育を提供し、生涯学習の機会を促進する」という大枠の目標が掲げられたのは先述したとおりである。図6-1にMDG、EFA、SDG教育指標の大まかな違いを示したが、SDG4では、これまでの課題を引き継ぎつつも、質の高い生涯学習（基礎教育だけでなく、幼児教育、技術教育・職業訓練、高等教育を含む）、包摂性、公正性、格差の是正、持続可能な開発の促進に必要な知識と技能の習得、効果的な学びについて言及されている（UNESCO 2017）。しかし、SDG4は広範で包括的な目標設定となっているため、その下で細分化された指標は非常に曖昧で複雑なものとなっている。例えば指標4.12は、「すべての男女が無償で（free）、平等で（equitable）、質が高く（quality）、妥当で（relevant）、効果的な（effective）学習の成果を生み出す初等・中等教育を修了すること」であ

り、ひとつの指標に5つの要素が組み込まれている。これには、各国で解釈の幅を持たせる意味合いも含まれているが、今後グローバルにどのようにモニタリングしていくか、また各国でどのように捉え実現していくかが課題となるであろう。

第3節　教育のグローバルガバナンスの成果

　前節では、教育開発の国際的変遷について触れた。教育のグローバルガバナンスがどのように展開しSDG開発目標の採択までたどり着いたのか理解していただけたであろう。ここでは、グローバルガバナンスの成果と近年の特徴について整理していく。

　グローバルガバナンスのもっとも大きな成果は、国際的な議論の中で、EFAやMDGs、そして新たに設定されたSDGsといった国際的目標を設定し、国際社会共通のコミットメントを引き出したことである。またその結果、途上国の教育開発に一定の前進があったことは評価すべき点である。そのほかの成果として、国際目標達成にはモニタリングが重要であり、エビデンスやデータの収集が必要不可欠であるという認識が広く浸透したことがあげられる。これまでも各国が独自に教育に関するデータを収集してきたが、UNESCOや世界銀行等の国際機関が、主要な教育統計データをグローバルに収集し、比較可能な教育データとして公開するようになった[9]。収集された教育統計データは、グローバルガバナンスのモニタリングツールとして広く使用されている。また、UNESCOが開発した「EFA開発指数（EFA Development Index）」や、UNDPが毎年刊行する「人間開発報告書」の中で使われている「人間開発指数（Human Development Index）」などの指標も、開発の進捗具合を測る指標として活用されている。さらに、2018年に入り世界銀行は、人的資本の蓄積が国の将来の発展に大きく寄与するという考えに基づき、「人的資本指数（Human Capital Index）[10]」という新たな指標設定に取り組むことを発表した。各国政府と協働で人的資本指数の計算に必要なデータの収集及びその指標化作業を行っている。

　もうひとつのグローバルガバナンスの近年の特徴は、「Education for All」から「Learning for All」への移行である。これまで教育へのアクセスに重点が置かれた結果、多くの子どもたちが就学の機会を得た。しかしながら、就学しても期待された知識や学力を習得していない子どもが多くいるという現実から、「学び（Learning）」が着目されるようになった。学びには様々な要素が含まれるが、一般的に、認知的能力（cognitive learning outcome）[11]は筆記による学力調査などを使って数値化できるため、学びを測る指標として国際社会の注目が集まるようになった。児童生徒個人の到達度や入学資格などを測る学力試験（例えば、初等教育修了資格試験や大学入学資格試験）と異なり、学力調査（例えば日本では、全国学力・学習状況調査）は、児童生徒の全国的な学力や学習状況を把握、分析し、教育施策の向上に結び付けることを目的としている。1990年には、開発途上国において8ヶ国しか国内学力調査を実施していなかったが、2013年には、61ヶ国の途上国で実施されるようになった（Benavot and Köseleci 2015）。現在はさらに多くの国で学力調査の導入及びその整備がすすめられている。

　さらに、学力の国際比較を可能にするため、様々な機関により、グローバルまたは地域をカバーした学力調査も活発に実施されている。代表的なものに、国際教育到達度評価学会（IEA）が実施している国際数学・理科教育調査（TIMSS）や国際読解力調査（PIRLS）、OECDが実施している国際的な学習到達度に関する調査（PISA）などがある。また、特定地域にフォーカスした学力調査も台頭している。例えば、南部アフリカ地域を対象に実施されているSACMEQや、仏語圏アフリカ地域を対象としたPASEC、ラテンアメリカ地域を対象としたLLECEなどがある。それぞれ異なる調査対象、目的、学力観に基づいて実施されている。例えばTIMSSは、第4学年と第8学年を対象に、初等中等教育段階における児童生徒の算数・数学および理科の学習到達度を国際的な尺度によって測定し、児童生徒の学習環境等との関係を参加国間におけるそれらの違いを分析し、組織的に研究することを目的としている。こういった学力調査進展の功績は、教育（学び）の成果に関するエビデンスを示したこと、またその国際比較を可能にしたことであり、グローバ

ルガバナンスの議論のなかで、教育の質に重点が移るきっかけにもなった[12]。
しかしながら、現実には参加国の学力ランキングに議論が集中し、調査の本
来の目的以外に利用されることも多い。PISAは、15歳児を対象に知識や技
能等を実生活の様々な場面で直面する課題にどの程度活用できるかを評価す
るため、読解力、数学的リテラシー、科学的リテラシーの3分野（実施年に
より中心分野を設定して重点的に調査）に焦点をあてた調査である。例えば日
本では、調査対象母集団を「高等学校本科の全日制学科、定時制学科、中等
教育学校後期課程、高等専門学校」の1年生と定義し、層化二段抽出法に
よって、調査を実施する学校（学科）を決定し、各学校（学科）から無作為
に調査対象生徒を選定している。一方、中国は最大の経済都市である上海市
の一部の学校（エリート校など）を抽出しPISA2009に参加した。結果は上海
市が3分野すべてで参加国中1位であったが、これは中国全体の平均的な学
力を反映しているわけではないことは異論の余地がないであろう。

　さらに、テストスコアで測られた認知的能力（学力）だけに関心が集まり、
そのほかの教育（学び）の成果が軽視されているという批判も存在する。教
育には多様な意味があり、教育によってもたらされる認知的能力以外の要素、
つまり非認知的能力（Non-cognitive skills）にも着目すべきだという意見であ
る。非認知的能力[13]は、「社会情緒的スキル（Social and Emotional Skills）」ま
たは「ソフトスキル（Soft Skills）」とも言われるが、総じて、個人のパ
フォーマンスに影響を及ぼすパーソナリティ特性を指すことが多く、例えば、
誠実性、忍耐力、社交性、コミュニケーション力、チームワーク、自尊心、
創造力、問題解決能力などがこれに含まれる。近年脳科学や心理学の分野の
研究が発展し、非認知的能力の研究が進展している。非認知的能力が個人の
社会的、経済的成功と密接に結びついているという研究結果も発表され、国
際社会でさらに注目が集まっている（OECD 2015）。特に先進国では取り組
みが進んでおり、知識だけではなくスキルや態度を含んだ人間の全体的な資
質や能力「コンピテンシー」を重要視している。こういったコンピテンシー
は、アメリカでは「21世紀型スキル」、オーストラリアでは「汎用的能力」
と呼ばれている。日本では資質・能力（コンピテンシー）の三つの柱として、

(a) 知識・技能、(b) 思考力・判断力・表現力等、(c) 学びに向かう力・人間性等を挙げ、学校教育や教育課程外の活動を通したコンピテンシー育成に力を入れている。SDG4（指標4.7[14]）でも非認知的能力に言及しており、今後途上国でも非認知的能力を伸ばす教育政策の実施が進展するであろう。

第 4 節　教育のグローバルガバナンスの課題

　教育のグローバルガバナンスは教育開発に一定の前進をもたらしたが、その一方で、様々な研究によって、グローバルガバナンスの限界や課題について指摘されている。まず第一に、途上国の教育政策や計画が、グローバルガバナンスの影響下で画一化、基準化の方向に収斂しつつあることが指摘されている。開発途上国では、教育政策や戦略の策定に際し、援助機関の意向や国際社会の影響を大きく受けるものになりやすいが、その結果どの国も似たような教育政策や計画が実行されているという議論である。（Foster 2000; Jansen 2005; 西村 2008; 黒田 2016)。

　さらに、開発途上国の主体性（オーナーシップ）の欠如も課題としてあげられている。外からの支援に支えられている開発途上国では、国際社会と援助する側から国際標準に照らし合わせた強い要求があり、政府は教育分野への多額の支援を条件に外部からの提案を受け入れるという、援助側と被援助側のパワー構造がある。そういった外部からの提言や要求が、国の戦略や目指すべき方向性と合致していればいいが、多くの国において、途上国が主体性をもってその判断を行ってきたとは言い難いのが現状である。例えば、グローバルガバナンスの影響下で、多くの開発途上国で学力評価が導入されたが、中央アジアのキルギス共和国も同様に、援助機関の支援のもと成果主義教育に転換する改革が実施された。アメリカ合衆国国際開発庁（USAID）は、大学入学共通テストや、低学年読解能力テスト（EGRA: Early Grade Reading Assessment）の導入を支援した。また世界銀行は、ロシアからの信託基金（ロシア教育開発援助プログラム）をもとに、学力評価制度の強化支援を行い、国際的学力調査PISAの参加費用もそこから捻出されている。ここで指摘す

べき点は、学力評価導入に際してキルギスのオーナーシップが欠如していた
ことである。本来PISA参加国は準備段階においてOECDが主催する実行委
員会や研修ワークショップに参加し、PISA調査の共通フレームワークの決
定議論に貢献することが求められているが、キルギスはこれらの委員会や
ワークショップには一切参加しなかった（OECD & World Bank 2010; Bloem
2013）。こういった受動的態度をみると、キルギスが国家の意思でPISAに参
加していたとは考え難い。国内の人的・財政的制約から、外部支援に頼りつ
つ国の教育システムを改善しようとする姿勢に問題があるわけではないが、
ただそこに当事国の強い意志やオーナーシップがみられないのは非常に残念
なことである（小川・荘所 2017）。途上国は外部からの提言や要求をただ受
け入れるのではなく、それが国の戦略に合うようにどのように活用されるべ
きか主体的に考える必要がある。

　またほかの研究では、グローバルガバナンスの影響を受けたマクロレベル
の国家政策と国内のミクロレベルの実態との乖離についても指摘されている。
サブサハラ・アフリカ諸国のなかには、EFAという国際的政策に沿って国内
で推進された初等教育の無償化政策が、ミクロの実態と照合なく急速に導入
されたために、国家戦略の方向性と異なる実態や矛盾、ミクロレベルでの分
裂が発生し、本来期待された方向性に進まなかった国があった（西村 2008）。
例えば、マラウイでは、初等教育の無償化導入の数年後に地方分権化の導入
を行った。教育の地方分権化により地方政府、学校の教育に対する役割が大
きく変化したが、その変化と照らし合わせることなく初等教育の無償化が推
し進められたため、各レベルで混乱が生じ、学校教育に対する親やコミュニ
ティの態度が期待されていたものとは逆に消極的になるという現象をもたら
した（Shojo 2009）。さらに、マクロレベルの国家政策が間違った方向に進め
られ、ミクロレベルで新たな問題が発生した例もあった。インドネシアは、
教育の質向上、学習評価の整備に力を入れた教育計画への転換を図ったが、
自国の競争力を高めることを目的に都市部のエリート校（国際水準学校）設
立がすすめられた。これは教育の質向上に一定の役割を果たしたものの、一
方で社会階層間の格差をもたらす結果となった（乾 2017）。

第5節　グローバルガバナンス枠組み内の横の関係 ── 国際機関の視点から

　ここまで、グローバルガバナンスと開発途上国の縦の関係とそこに付随する問題点について論じたが、グローバルガバナンスの枠組み内の横の関係、特に国際機関同士の関係性についても触れておきたい。途上国に対する開発、協力を行っている国際機関は数多く存在するが、教育分野では、本節でも既に登場しているUNESCO、UNICEF、世界銀行の3機関が牽引している。その中で最も長年にわたって教育協力に携わってきたのがUNESCOである。国際連盟の下に設立され1922年に誕生した国際知的協力委員会（ICIC: International Committee on Intellectual Cooperation）の理念を引き継ぎ、1946年に国際連合の専門機関として誕生した。「全ての人に生涯教育を」という理念のもと、あらゆる年齢層を含む万人への教育を推進している。国際・地域会議を主導したり、機能的識字、生涯学習、EFAといった概念を提唱し、各国の教育制度、政策実現といった行政レベルへの支援に重点を置いている。それに対し、UNICEFは1946年に設立され、現場主導のアプローチをとっている国際連合の専門機関である。子どもの教育の権利を守ること、子どもの命と健康が守られる社会を実現させることを活動の柱にし、保健、栄養、水・衛生、教育、HIV/エイズ、保護、緊急支援、アドボカシー（政策提言）分野で、現場のニーズに即した事業を展開している。世界銀行が教育分野の支援に乗り出すのは少しあとの1960年代である。世界銀行は、途上国の経済発展には技術を有する人材の育成が不可欠であると考えるマンパワー論と人的資本論を基に1963年から教育支援を開始し、当初は人材の育成を担う職業技術教育や高等教育に対する支援に注力していた。しかし、その後1980年代にIMF（国際通貨基金）とともに実施した構造調整政策が失敗に終わると、重点を基礎教育や就学前教育へ移行させていった。さらに、人的資本論に基づく教育の投資効率に関する検証が進むなかで、世界銀行の経済学者グループが初等教育分野への投資効率がほかの分野より高いという研究成果[15]を発表し、その結果、主要なドナーによる初等教育分野への支援が増大し、開発途上国の教育政策に大きな影響を及ぼした（亀井 2012; 北村 2016）。

この流れは国際的な取り組みであるEFAやMDGsの策定にも影響を及ぼした
ことは先述したとおりである。世界銀行は、経済学的アプローチから教育の
投資効率性を重視し、それに関する研究結果（エビデンス）に基づいた戦略
方針をとっているが、UNESCOを中心とする国際的な教育政策の領域でこ
れまでとられてきたアプローチとは大きく異なっているため、当初は教育分
野に長年携わる国際教育コミュニティから批判を受けることが多かった（北
村 2016）。しかし、1980年代半ばから世界銀行による教育支援が増大し、
UNESCOやUNICEFと並んでグローバルガバナンスの主要なアクターとな
りその影響力も増していった。

　3機関以外にも、OECDや地域開発援助機関（アジア開発銀行や米州開発銀
行等）、二国間援助機関、NGOなど教育開発支援を行うアクターは数多く存
在するが、グローバルガバナンスでは、異なる機関、組織のアプローチの違
い、役割を尊重した援助協調、国際協力体制の構築がすすめられている。例
えば、教育に関する援助協調の一取り組みとして2002年に設立されたのが、
「教育のためのグローバル・パートナーシップ（GPE: Global Partnership for
Education）[16]」である。開発途上国、先進国、国際機関、市民社会等多様な
アクターが協力し合い、EFA達成を実現する枠組みである。2019年末からの
新型コロナウイルスの感染拡大に伴い、GPE緊急支援基金を設立し、途上
国のパンデミック下での教育活動をサポートしている。また、2012年には、
国連の潘基文事務総長によってグローバル・エデュケーション・ファース
ト・イニシアチブ（GEFI: Global Education First Initiative）が立ち上げられ、
「全ての子どもへの学校教育の提供」、「学習の質の向上」、「グローバル・シ
チズンシップの育成」という3つの優先課題について国際的な取り組みがな
されている。援助協調は援助効果の最大化を目的としているが、国によって
は、それぞれの機関が持つ制約や、援助手続きの違いにより連携が困難にな
り、援助協調がうまく機能しない場合が少なくないことも読者には知ってお
いていただきたい。

第 6 節　おわりに —— まとめと今後の展望

　本章では、グローバルガバナンスを取り上げ、教育のグローバルガバナンスのこれまでの展開について議論してきた。グローバルガバナンスには、多種多様なアクターが関わっており、そのフレームワークや方向性は時代とともに変化してきた。伝統的に教育は各国政府が主導的に行う国家の専権事項であるが、開発途上国の教育開発プロセスにおいては、グローバルガバナンスの影響を強く受けている。グローバルガバナンスの最大の成果は、教育に関する国際社会のコミットメントを引き出し、途上国の教育開発を大きく前進させたことである。さらに、国際目標達成のためのモニタリングが強化され、エビデンスやデータの収集が各国で進んだ。現在は、焦点が、教育へのアクセスから、教育の質や学び（Learning）に移り、SDG4では、質の高い生涯学習、包摂性、公正性、格差の是正など広範な教育目標が掲げられている。さらに、今後は、援助する側とされる側といった垂直的な関係ではなく、アクター間の水平的な関係、パートナーシップ、協働の体制が進んでいくであろう。

　成果の一方で、様々な研究によってグローバルガバナンスの課題が指摘されてきた。教育政策や計画の画一化、標準化、開発途上国の主体性の欠如、マクロレベルの国家政策と国内のミクロレベルの実態との非整合性である。また援助協調・協働が援助プロセスやアプローチの違いにより現実には非常に難しい場合が多いことにも触れた。では今後グローバルガバナンスは途上国の教育政策をどのように支援していくべきなのであろうか。まず第一に、国際的な指標は、グローバルに設定された目標であり、その意味するところは各国違うことを理解しておかなければならない。国際的な目標をどう解釈するか、どのように実現させるかの道順、方策は国によって異なる。国家が主体的に考え、判断し、自らの目指す教育の方向性や政策を決定していくことが重要である。その際には、国内の政治的、経済的、社会的な状況と照らし合わせたうえで、国際的な目標を国内の目標に適切に変換する必要がある。さらに、マクロレベルとミクロレベルの実態との乖離が起きないよう注意を

払う必要がある。また、SDG4の教育目標では公正性、包摂性を目指しているが、教育開発の実施や決定プロセスにおいてもその要素を盛り込み、教育の受益者、市民社会、特にこれまで必ずしも含まれてこなかったアクター（例えば、女性、貧困層、マイノリティー、社会的弱者）の積極的参加を促すことも重要である。

　我々国際社会の役割は、パートナーとして国家の教育開発を多方面から見守り、支援していくことであり、グローバルに合意した教育目標を開発途上国にそのまま押し付けることではない。国家の主体性を尊重し、国家が選択的に判断し決定した国家目標の実現に向け、協働・協調していくことである。そのことを決して忘れず今後も教育開発に携わっていきたいと考えている。自戒の念を込めてここに記し、本章を終えたい。

写真6-1　インドで教員研修を視察する筆者

写真6-2　教育セクターの戦略について議論している
モルディブ政府と世界銀行の職員（筆者右中央）

注

1　正式名称は、United Nations Educational, Scientific and Cultural Organization（国連教育科学文化機関）。

2　ラテンアメリカにおいては1970年まで。

3　1976年ILO（国際労働機関）の世界雇用会議でその概念が提唱された。

4　正式名称は、United Nations Children's Fund（ユニセフ）。

5　正式名称は、United Nations Development Programme（国連開発計画）。

6　この分野に関しては、多くの研究者によって現在も研究が続けられている。最新の研究は例えば、Psacharopoulos and Patrinos（2018）を参照。

7　正式名称は、Organization for Economic Co-operation and Development（経済協力開発機構）。

8　男女格差の解消は2005年を目標とした。

9　教育統計指標の定義や算出方法に関しては、UNESCO統計研究所（UNESCO-UIS）が出しているEducation Indicators, Technical Guidelinesに詳しく記載されている。また、UNESCO-UISのサイトには、各国統計局の調査及び報告により収集されたデータも公開されている（http://data.uis.unesco.org/）。さらに、世界銀行の教育統計オープンサイトにも就学や効率性に関する教育の基本統計データや、教育投資や成果に関するデータが公開されている（http://databank.worldbank.org/data/home）。

10　人的資本指数については開発途上であるが、主な構成要素は(a)5歳までの子どもの生存率、(b)期待される就学年数、(c)子どもの認知的学力、(d)5歳未満の発育阻害の子どもの割合、(e) 60歳までの生存率などとされている。

11　例えば、OECD（2015）によると、認知的能力とは、学業成績や各種の学力テストの成績、アカデミックな能力、知性などがこれに分類される。知識、思考、経験を獲得する能力であり、獲得した知識に基づく高次思考や解釈、推論などが含まれる。

12　例えば日本は、TIMSSの結果を受け学習意欲の低下が問題視されていたが、1998・99年の学習指導要領改訂により「ゆとり教育」路線が決定的となった。しかしPISA2003の結果で学力低下が浮き彫りになり（PISAショック）、ゆとり教育路線から学力向上路線への転換が決定的となった。

13　例えば、OECD（2015）では非認知的能力を「学校教育またはインフォーマルな学習によって発達させることができ、個人の一生通じて社会・経済成果に重要な影響を及ぼす能力」と定義している。

14　Target 4.7: "By 2030, ensure that all learners acquire the knowledge and skills needed to promote sustainable development, including, among others, through education for sustainable development and sustainable lifestyles, human rights, gender equality, promotion of a culture of peace and non-violence, global citizenship and appreciation of cultural diversity and of culture's contribution to sustainable development".

15 ここでは詳しく触れなかったが、教育対費用効果の実証研究結果に基づいた初等教育重視、他の分野（特に職業訓練教育、高等教育）軽視の方針は、国際教育コミュニティから多くの批判を受けた。詳細は小川・荘所（2008）を参照。

16 設立当初は、EFA/FTI（万人のための教育を達成するためのファストトラックイニシアチブ）と呼ばれていた。

参考文献

Benavot, A. and N. Köseleci, 2015, *Seeking Quality: Growth of National Learning Assessments, 1990-2013*. Background Paper for EFA Global Monitoring Report 2015.

Bloem, S., 2013, "PISA in Low and Middle Income Countries", *OECD Education Working Papers* 93. Paris: OECD Publishing.

Burnett, N. and C. Felsman, 2012, *Post-2015 Education MDGs*. Washington, DC: Results for Development Institute.

Foster, M., 2000, "New Approaches to Development Co-operation: What Can We Learn from Experience with Implementing Sector Wide Approaches?" *Working Paper*, No. 140, Overseas Development Institute.

Jansen, J., 2005, "Targeting Education: The Politics of Performance and the Prospect of Education for All." *International Journal of Educational Development*, 25 (4): 368–380.

King, K., 2017, "Lost in Translation? The Challenge of Translating the Global Education Goal and Targets into Global Indicators." *Compare: A Journal of Comparative and International Education*, 47 (6): 801-817.

Mundy, K., 2007, "Global Governance, Educational Change." *Comparative Education*, 43 (3): 339-357.

OECD, 2015, *Skills for Social Progress: The Power of Social and Emotional Skills*. Paris: OECD Publishing.

OECD and World Bank, 2010, *Kyrgyz Republic 2010: Lessons from PISA*. Paris: OECD Publishing.

Psacharopoulos, G. and Patrinos, H. A., 2018, "Returns to Investment in Education: A Decennial Review of the Global Literature." *Education Economics*, online https://www.tandfonline.com/doi/full/10.1080/09645292.2018.1484426

Shojo, M., 2009, *Free Primary Education Policy, Decentralization and Parental Participation: The Case of Malawi*. PhD Thesis. Kobe: Kobe University.

UNESCO, 2015, *EFA Global Monitoring Report 2015 Education for All 2000-2015: Achievements and challenges*. Paris: UNESCO.

―――, 2016, *Global Education Monitoring Report 2016 Education for People and Planet: Creating Sustainable Futures for All.* Paris: UNESCO.

―――, 2017, *Unpacking Sustainable Development Goal 4 Education 2030 Guide.* Paris: UNESCO.

World Bank, 1995, *Policies and Strategies for Education: A World Bank Review.* Washington DC: World Bank.

―――, 1999, *Education Sector Strategy.* Washington DC: World Bank.

―――, 2009, *Averting a human crisis during the global downturn: policy options from the World Bank's human development network.* Washington DC: World Bank.

―――, 2011, *Learning for All: Investing in People's Knowledge and Skills to Promote Development.* Washington DC: World Bank.

乾美紀、2017、「東南アジアの教育計画と質向上のための課題」山内乾史、杉本均、小川啓一、原清治、近田政博編『現代アジアの教育計画』学文社、40-64頁。

小川啓一・荘所真理、2008、「人的資源開発」福井清一・高橋基樹編『開発経済論 研究と実践のフロンティア』勁草書房、287-307頁。

―――、2017、「キルギス共和国の教育計画」山内乾史、杉本均、小川啓一、原清治、近田政博編『現代アジアの教育計画』学文社、157-174頁。

亀井慶二、2012、「途上国に対する国際教育協力の現状と課題 ―― 世界銀行による支援を中心に」『プール学院大学研究紀要』第53号、1-14頁。

北村友人、2016、「国際機関による教育協力」小松太郎編『途上国世界の教育と開発 ―― 公正な世界を求めて』上智大学出版、147-159頁。

黒田一雄、2016、「グローバル・ガバナンスと教育開発」小松太郎編『途上国世界の教育と開発 ―― 公正な世界を求めて』上智大学出版、55-68頁。

西村幹子、2008、「EFAのオーナーシップと持続可能性の岐路 ―― マクロの視点とミクロの実態の乖離」『国際教育協力論集』第11巻第2号、19-31頁。

コラム③　横関祐見子先生に聞く

───国際教育開発に実務者として携わるようになった契機を教えて下さい

　1980年代にアフリカの教育に出会いました。最初の仕事はケニアとジンバブエの農村中学校の教師。夢中で授業の準備をして一生懸命に教えました。努力をすれば教室の中を完璧な世界にすることはできます。でも、生徒たちの生活は教室の外にありますから、貧困や妊娠で中途退学する子がいました。教師には教室の外にある状況を改善することができない、そこに貢献したいというのが私のアフリカ教育開発の原点だと思います。アフリカで3年間のボランティア教師をした後、米国の大学院で勉強したのも、開発についてもっと知りたいという思いからでした。

　その後ジンバブエのユニセフでJPOとして働く機会を得ましたが、学校現場で起こっていることと国際協力の方法が必ずしも一致しない。「何か違うのかな？」と違和感を持ちながら仕事をしていました。

　2年間ユニセフで働いている間に、国連職員にがっかりしました。国の発展よりも自分の発展を考えている人たちが大勢いる、なんて嫌な人たちなのだろうと思ったのです。若かったのですね。明石康さんは「国連に失望しても絶望はするな」と書いてらっしゃいます。本当にそうだと思います。今は、そんな個人的な野心を持った人たちを、どう使っていくか、どうすれば彼らから最大限の力を引き出せるかを考えて仕事をする必要があります。日本に戻ってJICAで17年間アフリカ地域の教育協力に従事して国連に戻りました。

───アフリカから日本はどのように見えているのでしょうか

　アフリカの人たちにとって、日本は遠くて近い国です。地理的に遠くても非西欧的な文化を持つ親しみのある国といえるでしょうか。アフリカで仕事をしていて会う人の中には留学やJICA等の研修で日本に

行ったことのある人がいます。彼らの日本観が、お世辞を割引しても、とても肯定的なことに驚きました。アフリカの人にとって、日本は、短期間で開発を成し遂げ、自然災害からも立ち直る国、かつ自分たちの文化を失っていない国です。日本は質の良い車両や電化製品などに象徴される文化的なブランドがあります。近代化とともに西欧化しても、自分たちの歴史や文化を守っている国と見られて尊敬されています。一方、アフリカの人たちは奴隷制や植民地によって大きな打撃を受けました。自分たちの歴史が失われたことを憂い、文化に対する誇りをも失っている、こういうところは教育に大きく影響しています。そのような背景からカリキュラムの「脱植民地化」などの理論も出てきます。

───今後の教育開発において日本に期待されることを教えて下さい

　日本の学校教育の良い面を紹介し共有していくことが大切です。MDGsでは教育機会の拡充を目指していましたがSDGsでは教育の質が目標となっています。「学習」がどれだけできているのか、学習した内容が子どもたちの将来にどのようにつながるのかをアフリカの人たちと一緒に考えることができたらと思うのです。日本を含めてアジア諸国は一教室あたりの生徒数が多いですが、このような状況で学習到達度を上げることはアフリカ諸国にとっても課題です。また、アフリカ支援においてのアジア諸国との連携ができたらと思います。例えば韓国のKOICAは日本の技術協力の方法を上手に踏襲しています。欧米型ではなくてアジア型の協力を実施しているところが面白いと思います。アフリカで、韓国や中国と政府レベルで連携ができたら素晴らしいと思います。時間がかかるかもしれませんが。現場では既にかなり情報交換をしたり、良い実践例を共有したりしています。アジア人同士で分かり合うところがあるし、協力しやすいかもしれません。

───インチョン宣言についてどのように評価されていますでしょうか

　インチョンの大きな特徴は3点あると思います。第一に、教育を幼児教育から高等教育を含むセクター全体で捉えています。第二に、MDGsまでは途上国だけが対象でしたが、インチョンでは先進国を含むすべての国の教育課題として捉えています。第三に、それまでは世銀やユニセフの方が強かった教育開発の主導権が、ユネスコに移ったと思います。

　MDGsではアフリカが重点地域でしたが、インチョン以降、アフリカへの注目が減るかもしれないという危惧があります。一方、アフリカにはインチョンやSDGsに加えて「アフリカアジェンダ2063」があります。これはアフリカ連合が打ち出している開発目標で、教育は人々の権利＋開発をもたらすものという位置付けをしています。2013年から一気に50年後の2063年に開発目標を設定した背景には、長期的な目的を持たなければいけないとの自覚があります。

───リージョナル機関の役割を教えて下さい

　IICBA（UNESCOアフリカ地域能力開発国際研究所）のようなリージョナル機関の役割というのは、ポスト2015の枠組みの中で重要性を増すと思っています。これだけ格差が開いてしまった世界において、活動の枠組みや戦略を考える時には、同様な課題や機会を持つ国々や地域の協働が戦略的です。歴史的・地理的な類似性を考慮してグローバル目標を達成するために、地域的な戦略や方法を考えて効率的に活動する、そのような役目を担うのがリージョナルな機関です。開発の概念は、2015年まではアングロサクソンの論理的なモデルだったのですが、2015年からの開発というのは、もう少し地域的、人間的、包括的で、少し遠回りに見えるかもしれないけれど持続性のあるものにしなければいけないと思っています。

───**これからの若手に期待する点を教えて下さい**

　今の若い方は、私たちの頃に比べて効率的に勉強できて恵まれています。その一方で、近道をし過ぎると「見えないもの」が出てくるのかもしれません。少し寄り道をしても良いかと思います。若いうちに先入観なしに現場を見て頂きたいのです。フィールドワークなどの目的を持たずに旅行や滞在をすることは時間の無駄に思えても、案外、研究と実務の幅や奥行きを広げることにつながるかもしれません。国際機関やNGOでのインターンなどにも、もっと挑戦して頂きたいです。若い時の2年とか3年は長く感じます。他の人たちが着実に学位を取ったりするのを見ると焦りを感じるも知れませんが、途上国に長期滞在することによって、現地の言葉を学び、人と触れ合い、理解が深まることによって、シンパシーと愛情が発生します。残念ですが、日本や他の先進国のメディアはアフリカをネガティブなイメージで伝えています。仕方のないことなのかもしれません。でも、美しく愛しいものもたくさんあるのがアフリカです。だからこそ、若い方々にこそ、既成観念にとらわれずに「愛」を持って研究や実務に関わって頂きたいと願っています。

┌─────────────────────────────┐
│ コラム④　吉田和浩先生に聞く │
└─────────────────────────────┘

―――吉田先生はポスト2015の教育目標の議論において、EFA
　Steering Committeeの副議長をやってこられましたが、「教育2030」
　の成果や特徴についてお聞かせください

　我々 Steering Committeeが一番憂慮したのは、例えば、EFAとMDGs
に採択されている教育関係のゴールとでは、ちょっと表現が違ってい
た。それぞれ国際的な枠組みという強い性格のものなので、ちょっと
でも違ってるというのはまずいんじゃないか、ということです。SDGs
の目標4が、Steering Committeeでの議論をもとに提案した内容に8〜9
割方沿う形になったので、これを教育コミュニティの総意としようと
いうことで、同一の目標を採択することで合意しました。ですので、
ポスト2015の枠組み作りの一番の成果は、One Goal, One Frameworkが
実現できたことです。もう一つの成果は、EFAでも学習成果は言われて
いたけれども、これからはlearningとlearning outcomeがプライオリティ
だという共通認識ができたこと。知識と技能だけでなく、それらに基
づいて自分が行動していくという、価値観や態度までを成果として求
めていく。これは本当に難しいけれども崇高な理念で、ESDの思想の
コアのところです。これから指標作りが進んでいくので、learningをど
ういうふうに指標に落としていくかに注目しています。

　それから、今でもEFAの思想はずっと続いているので、言っているこ
と自体が全面的に変わってきてるわけではないけれども、それが解釈
される文脈が大きく変化しています。最初のEFAが1990年からの10年
間、崇高な理念と目標があった。2000年以降はMDGsとの横並びで、
新しいダカール枠組み時代のEFAになった。それが今度は、SDGsの一
部としての、新しい時代のEFAになっていったという。教育が議論され
るコンテクストがどのようなもので、どういう中にEFAの議論が置かれ
るかによって、それが持つ意味も少しずつ変わってきていると思いま
す。

———今後、日本が果たすべき役割はどのようなものでしょうか

　今や、教育を通してどういう個人や社会になっていって欲しいかっていう議論まで踏み込んでいく中で、国際的な大きな潮流としては、やはりアセスメントや評価というのがあります。成果主義なのでそこを強調するわけですね。欧米の、頭も使うしお金も出すけど、プロセスは途上国任せというアプローチと比べると、日本は同じ成果であってもそこに至るまでのプロセス、ペダゴジーをすごく大切にします。手足を使って一緒に汗をかくんですね。そこが、日本ならではの発信をする機会がある場所だと思うんです。

　ただ、発信の仕方には工夫が必要です。ルールを先に作ってもらって、後からそれをフォローするっていう今までのパターンから抜け出さないと、日本は新しいアジェンダの中で主導的な発信をすることは難しいでしょう。日本は色々なことを発信できる国だし、国際協力の仕組みとしても、JICAというプロジェクトを効果的に実施できる数少ない機関を持っているでしょう。そういうツールを持っていて、知見もあるのに、という点ではすごくもったいない。例えば、日本発で一番よく知られている授業研究などは、世界に広めようとすると、普通はマニュアルがあったりして、実践例を紹介しますよね。でもそこで、授業研究には長い歴史があって云々っていう従来型の説明をしたら、「これは日本独自のやり方なんだ」で終わってしまう。そうじゃなくて、一つの学級、一つの学校だけの取り組みじゃなくて、どうして日本中で広く行われているのか。どういうシステムやサポートがあって成り立っているのか、制度がうまく機能するためには何が重要なのか、っていう風に、日本の知見と相手の関心とを橋渡しする役割が重要です。特に、制度論とか仕組み作りに興味がある人にも分かるように、同じ土俵で議論できるように発信していく。そうすることで、日本に膨大な蓄積のある実践知を外でも使ってもらえるようになる。相手はどこに関心があるのかを理解した上で発信して、日本からの声を届けることが重要なんです。

───発信という意味では、研究や研究者が果たす役割は大きいで
しょうか

　そうですね。政策と実践と成果がつながるような形にする役割の重
要な部分を、研究が担わなきゃいけないんじゃないかと思うんです。
研究者はその中のどこをどうつなぐ役割ができるのか。それから、政
策提言を目指すかどうかという垣根をできるだけ下げて、異なる分野
の研究者がお互いの良さを持ち寄らないとできないようなことに挑戦
していいんじゃないかな、と思います。そのためには、相手がどうい
う考え方に基づいて、何に関心があって、どういう研究手法やアプ
ローチを使っているかっていうことが分かって、橋渡しができる、い
わば通訳のような人が必要ですよね。一人で二つの分野をやるのは大
変かもしれないけど、その接合点に、両方につながるような人たちが
いれば良い。特に、学びとは何か、学習成果とは何か、そこに向けて
どうしなければいけないかっていうのは、先進国と途上国の垣根はな
いですし、教育を研究する人が共通して考えていることですよね。分
野の垣根は、今後乗り越えていきたいし、若い皆さんにはどんどん乗
り越えていって欲しいですね。

第3部　いかに関わるか

メキシコやフィリピンにルーツをもつ高校生が、留学生ととも
に想像する未来について絵を描く〔撮影：徳永智子〕

第7章　〈わたし〉から始める教育開発
── 日米における移民の子どものエスノグラフィー

徳永　智子

第1節　はじめに ── 一人称の〈わたし〉の視点

　私は、教育社会学の領域で、日本やアメリカにおける10代の移民の子ど
も・若者を対象とした長期のフィールドワークを行い、彼ら、彼女らがどの
ように複数の国・文化・言語のはざまを生きているのかを考察してきた。最
近では、参加型アクションリサーチ（Participatory Action Research: PAR）のア
プローチを用いて、コミュニティの人々と共に移民の若者の居場所づくりや
エンパワメントを目指した研究・実践に従事している。

　フィリピンやベトナムなどから日本やアメリカへ移住し、移住後もトラン
スナショナルな生活を送る子ども・若者を研究する立場からみると、「途上
国」と「先進国」という二項対立の枠組みが恣意的に感じられ、共通して抱
える教育問題が分けられて議論されていることに違和感を持つ。いわゆる
「先進国」と呼ばれる日本でも、階層・国籍・エスニシティ・ジェンダー・
セクシュアリティなどの差異によって、社会構造的に不利な位置に置かれ、
教育が十分に保障されていないマイノリティの子どもたちが数多くいる
（乾・中村 2009）。たとえば、私がこれまでかかわってきた日本の移民の子ど
もたちは、マジョリティである日本人のための教育制度のなかで、階層・文
化・言語的ハンディを抱え、不就学・低学力・高校中退など多くの教育問題
に直面している（荒牧他 2017; 宮島・太田 2005）。「万人のための教育
（Education for All: EFA）」の理念が問いなおされ、教育開発研究自体が多様
化・複雑化・拡大化し、より公正でインクルーシブな教育が目指されるなか
で、今後ますます「先進国」も含めた議論が求められてくるだろう。

　この論考を書くにあたり、実証主義的な学術論文とは異なるアプローチを
とりたい。ここでは、"客観的"な論文の書き方からあえて距離を置き、一
人称の〈わたし〉の視点から、これまで行ってきた日米における移民の子ど
ものエスノグラフィー研究を振り返る。近年、ポストモダニズム、フェミニ
ズム、ポストコロニアリズムなどの思想的影響から、研究者・調査者のリフ
レクシビティ（再帰性）やポジショナリティ（位置性）を問う重要性が指摘
されている（Behar 1996: 藤田・北村 2013; 北村 2009; Mohanty 2003; 岡 2019;
Stacey 1988）。つまり、調査者が調査対象者との間の非対称的な関係性を見
つめ直し、「自分自身に折り返す」(桜井 2002: 103) ことが要求される。自己
へのまなざしをもち、「調査者がどこに位置しているのか —— 誰が、どこか
ら、どう見る・書くのかを問いかける」(北村 2013: 34) アプローチである。
"客観的"な論文では、書かれることのない、研究者自身の思考の変化や葛
藤・苦悩・喜びなど多様な感情と向き合い、可視化していく作業でもある。
最近では、「オートエスノグラフィー」と呼ばれる、自己を研究対象とする
新しい質的研究手法にも関心が集まっている（Ellis and Bochner 2000;
Ellis 2004; 井本 2013; 井本・徳永 2017）。
　教育開発の領域では、実証主義の立場から客観性を重視したものが多く、
研究者・調査者の主観や位置性に着目されることは少ない。しかし、関連領
域の開発人類学などでは、前述の問題意識が共有されており、開発現場にお
ける人類学者の立ち位置やかかわり（佐藤他編 2011）、フィールドワーカー
の支援のあり方（小國・亀井・飯嶋編 2011）、調査者や対象者の感情の表れ
(関根編 2015) など、調査者自身を問う研究が行われている。国際教育開発
研究では、「コミットメント・アプローチ」(北村 2015: 35) という言葉が示
すように、研究者は開発現場での多様な人々と積極的にかかわり、実務への
貢献が求められることが多い。調査者（「先進国」の研究者）と調査対象者
(「途上国」の開発現場)との間に大きな権力関係が生じやすいなかで、研究
者はいかにして現場にかかわるのか。研究者が自己を振り返り、調査者が有
する権力性や特権、調査対象者との関係性の作り方、倫理観などを問いなお
すプロセスが重要であろう。また研究のプロセスを振り返り、それによって

うまれてきた問題意識や問いに目を向けることも大切ではないだろうか。

　本章では、その一つの試みとして私自身の研究の軌跡や研究対象者とのかかわりを内省的に振り返ることで、教育開発研究の課題や研究への示唆を提示したい。具体的には、なぜこのテーマに関心を持ったのか、どのように問いや考えが変化したのか、フィールドワークを行ううえで私の立場性や子どもたちとの関係性がどのように変容したのかについて論じる。「公式な『研究』の世界からはみえなくなっている第一人称の世界」(恒吉 2005: 51) を可視化していく。

第2節　研究の出発点 ── 教育開発から移民の教育へ

　私は、中学から高校にかけて、親の仕事の関係でインドネシアのジャカルタに1年半ほど滞在した。夜遅くまで多くの車が行きかう大通りを縫うようにしてタンバリンをたたき物乞いをするストリートチルドレンや川沿いにひしめくように立ち並ぶバラック小屋で生活する人々の現状を目の当たりにした。14歳の私の生活とのギャップに衝撃を受けたのを今でも鮮明に覚えている。想像を絶するような格差、私が享受する生活レベルとの差との間でどう折り合いをつけたら良いのか分からず、何か役に立ちたいと思っても、その方法すら見いだせず、ただ困惑したことを覚えている。この経験から、将来は国際教育開発の仕事に就くことを希望し、大学では教育開発のゼミに所属した。授業以外にも、世界の飢餓撲滅のために活動するNGOに参加し、途上国の若者のリーダーと対話するなど、日本にいる私が「途上国」の教育開発にどのように貢献できるのかを日々模索していた。

　しかし、大学在学中にアメリカのカリフォルニア大学へ1年間の交換留学をすることで、この思いが少しずつ変化する。教育学部で開講されているサービス・ラーニングの授業で、週に数回、近隣の小学校および中学校の「英語を母語としない子どもたちのための教室（English as a Second Language: ESL）」に通い、主にメキシコ出身の移民の子どもたちの学習支援やメンタリングを行った。裕福な白人が多く住む高級住宅街に位置する中学校には、

毎朝、サンディエゴの都市部からヒスパニック系の子どもたちがスクールバスで通学していた。この地区では、多様な人種・エスニシティの統合を目指し、多文化・多民族化が進む地域に住む子どもたちを白人がマジョリティを占める学校にバスで送るプログラム（Voluntary Ethnic Enrollment Program [VEEP]）があり、私が通っていた中学校にも約20％の生徒が都市部から通学してきていた（2001年−2002年の時点）。白人の子どもたちの多くが自家用車での送り迎えや徒歩で登下校するのに対し、ヒスパニック系の子どもたちだけがスクールバスで通学する様子はどこか「異様」にうつった。ヒスパニック系の生徒は経済的に不安定な家庭出身のものが多く、学校でも彼ら、彼女らの低学力や非行などが大きな問題となっていた。人種統合プログラムとは名ばかりで、学校の中でも、白人とヒスパニック系の子どもたちが交流する機会は少なく、学校のなかでの人種や階層による分離・差別問題が指摘されていた。教員によると、「ギフテッド（Gifted）」として能力が高いと判定されたヒスパニック系の生徒であっても、語学力の問題でESLのトラックに振り分けられ、能力に見合う教育が受けられてないようだった。

　帰国後、日本での外国人児童生徒の教育の実態や支援の有り様を知るため、関東圏内で外国人の子どもの学習支援をする複数のNGO・NPOや日本語教室に所属し、フィリピン、ブラジル、ペルー、中国、タイなどにルーツをもつ子どもたちの学習支援や進路支援を行った。私がこの活動を始めた2000年代前半は、文部科学省や自治体による外国人児童生徒の教育支援体制も不十分であり、学校の機能を補うべく、多くの市民や学生などのボランティアによる地域の教室が日本語教育、教科支援、進路支援などを行っていた。当時私がかかわった日系ブラジル人やペルー人の子どもたちの親の多くは工場などで長時間労働に従事しており、経済的に厳しい状況に置かれていた。外国籍生徒が少ない学校に通学している子どもは、入り込みや取り出しなどによる日本語指導や教科指導を受けることができず、高校進学が大きな障壁となっていた。近年外国籍生徒の高校進学率は上昇しているが（荒牧他2017）、当時は地域によって差があるものの、当該生徒の高校進学率は約50％と言われていた（乾2008）。十分な支援が行き届かないために高校進学を諦める

生徒たちを高校に合格させようと、学習支援に励んだ。しかし、宿題を多く課し、厳しく指導するあまり、居場所を求めて学習支援教室に来ている生徒たちを遠ざけてしまうこともあり、学力保障と居場所づくりをどのように両立させたらよいのか悩んだ。学校にも家庭にも居場所がない移民の子どもにとって、学校とは異なる論理で動いている地域の教室は、居心地のよさを感じられる場だったのかもしれない。

　家庭訪問という形で支援した子どもたちのなかに、小学校に通っていないフィリピン系の兄妹がいた。外国人には就学義務がないため、外国籍の子どもの不就学が大きな問題となっており（小島 2016; 宮島・太田 2005）、支援していた家庭にも自治体や学校からの働きかけもなかったようだ。アパートに暮らし、両親が働いている間、子どもたちは妹や弟の面倒を見ていた。学習支援中、子どもから「僕たちみたいに日本で学校に通えない子どもって何人ぐらいいるの」と聞かれ、その質問に答えられない自分に憤りを感じた。日本社会で、外国人の法的な地位や言語的・社会的・経済的理由などから、希望をしつつも、学校に通えない外国籍の子どもがいることに大きな衝撃を受けた。いわゆる「先進国」の日本でも、移民の子どもは、貧困、不安定な地位、度重なる移動、言語・文化などの違いから多くの教育困難に直面しており、彼ら、彼女らの教育は十分に保障されていないことを身をもって感じた。日本社会の身近なマイノリティの教育問題に目を向け、移民の子どもが包摂された教育・社会をつくることが重要と考え、大学院で日本の移民の教育研究を行うことを決めた。

第3節　日本におけるフィリピン系の女子生徒のエスノグラフィー

1　私のもつ特権とは

　大学院進学後は、移民生徒の学習保障や進路保障の研究をするうえで、可能な限り、彼ら、彼女らの意味世界・生活世界に接近したいと考え、エスノグラフィーの手法を学んだ。修士論文に取り組むにあたり、フィールドを探している際に、ある公立中学校の公開授業に参加し、日本語教室でタガログ

語を使い、冗談を言い合い、ダンスをしながら、生き生きと学ぶフィリピン系の生徒たちに出会った。そのうちの7名が、修士論文で主な対象とした女子生徒たちである。当該学校では、2006年時点で全校生徒の約1割にあたる約60名の移民生徒が在籍しており、中国や韓国に加えて、フィリピン系の生徒が急増していた。日本語教室の担当教員が複数配置され、生徒たちの対応に追われていた。

　生徒たちの表向きの明るさとは裏腹に、家庭環境、来日経緯、生い立ちなど非常に複雑な背景を持つ子どもたちであった。主な研究対象者とした7名全員が国際結婚したフィリピン人の母親によって、13歳や14歳の年齢で呼び寄せられている。出稼ぎ大国フィリピンにおいて多くの女性が海外出稼ぎをするように、シングルマザーであった母親たちも、フィリピンの家族への経済的支援をすべく、子どもたちが幼い時に「興業」ビザや「日本人の配偶者等」のビザで単身来日している。子どもたちは、フィリピン在住の親戚に養育され、フィリピンの小学校やハイスクールに通っていた。実の両親と暮らす生徒1名を除いて、全員母親の「連れ子」であり、実の母親・実のきょうだい・日本人の継父・異父きょうだいなどと複雑な家族の中で暮らしていた。日本人の継父の職業はブルーカラー系の仕事が多く、母親もパブの接客、工場、ホテル、レストランの調理など、長時間のパートタイム労働に従事していた。生徒たちの家庭を訪問したり、地域コミュニティで多くの時間を過ごしたりするようになると、長年離れて暮らしていた母親との葛藤や義理の日本人父親との関係構築の難しさなど、深い悩みやストレスが聞かれた（徳永 2008; Tokunaga 2011）。

　彼女たちとのかかわりが深くなればなるほど、私がもつ権力や特権を考えざるを得なかった（井本・徳永 2017）。日本生まれ・日本育ちで、日本語を母語とし、経済的にも恵まれ、大学院生である私が、多層的に周辺化されているフィリピン系の生徒の研究をし、彼女たちの「声」を社会に届けてしまって良いのだろうか、という疑問が幾度となく立ち上がった。後述するように、彼女たちの意味世界にできるだけ接近しようとしたが、非当事者である私が彼女たちの合理性や世界観を十分に理解し、リアルに描くことには限

界がある。と同時に、マジョリティ「日本人」の私だからこそ、見えにくい存在である彼女たちの実情を発信し、彼ら、彼女らを取りまく教育環境の充実化につなげることもできるかもしれないと考えた。彼女たちとのかかわり方についても悩み、場所や時間によって、大学院生、教員、友人、「アテ」（タガログ語で年上の女性に使う呼称）、メンターなど多様な立場の間をゆれ動き、かかわり方を模索した。また、彼女たちとの距離が縮まることで、権力性をもつ私が彼女たちの豊かな生を分析し、「代弁」することの暴力性に嫌気がさすこともあった。「彼女たちが語ってくれたことを論文に書いてしまって良いのか。それは彼女たちを傷つけることになるのではないか。彼女たちを利用しているだけではないか」と悩み、多くのデータはいまだに眠ったままである。この点は、フェミニスト・エスノグラファーらによる、調査者と対象者の間の権力関係、「裏切り」や「搾取」の可能性に関する議論とも通じる（Behar 1996; 北村 2009; Stacey 1988; Wolf 1996）。

　このような葛藤がありながらも、彼女たちに長期間寄り添い、どのようにライフコースを選択していくのかを検討し、そこから照射される日本の教育の可能性や課題を明らかにしようと考えるようになった。と同時に、移民の子どもの教育政策・実践・研究の蓄積があるアメリカに留学し、今後の教育研究や実践に活かしたいと強く思うに至った（詳細は後述する）。数年間日本を離れることになり、対象生徒たちとオンラインでつながっていても、継続的に会うことが困難となり、少しずつ距離を取ることとなった。「調査者は自分の都合でフィールドに来て、データを取って、去りたいときに去る」という多くの批判が自分にも当てはまるのではないかと悩んだ時期もあった。しかし、私が彼女たちの生活圏にいないなかで、電話やインターネットを駆使して連絡を取り、私の日本への一時帰国中に無理に会おうとすること自体、暴力的とも言えるのではないかと考え、自ら積極的に連絡を取らないなど、彼女たちとのかかわり方を変えることとした。長期間のフィールドワークを行う場合、いつ、どのようにフィールドを離れるのか、あるいは離れないのか、という点がしばしば議論されるように、私自身この点について深く悩んだ。国際教育開発において、いわゆる「先進国」と「途上国」の関係性には

非対称性があり、わたしたちは逃げることができ、彼／彼女らは逃げることができないという指摘と通じる（橋本　2018: 283）。社会的弱者を対象とした研究だからこそ、調査者がもつ暴力性や加害性なども含めつつ、慎重に研究を進めていく必要があるだろう。

2　私の価値観の問いなおし

話が前後するが、研究対象のフィリピン系の生徒たちは、学校においても、同化圧力の強い学校文化、いじめの問題、日本語や教科の壁などに直面し、困難な状況に置かれていた（Tokunaga 2011）。そのなかで、日本語教室の教員が中心となって、高校受験を目指した熱心な日本語指導や教科指導が行われていた。私自身の価値観がゆさぶられたのは、彼女たちが高校進学を当然視しておらず、より難易度の高い学校に進学することを希望していないことが分かった時だった。「日本で仕事したい。フィリピンの親戚とか私の親戚、ヘルプしたいの」や「アメリカで働いて就職したい」と語り、中学卒業後、日本でアルバイトをしてフィリピンの親戚に仕送りをし、海外在住の親戚を頼って欧米に渡航することなどを希望していた（徳永 2008）。といいつつも、日本に滞在する可能性が高く、高校卒業の資格は必要と理解した教員らの熱心な指導のもと、7名全員高校に合格し、うち2名は全日制普通科中位校へ、5名は定時制高校に進学した。「外国人特別枠」を導入している自治体が限定的なこともあり、難易度の低い定時制高校に進学する移民生徒も多い。今や定時制高校は、移民の子どもたちを始めとしてマイノリティの生徒たちの重要な受け皿となっている（佐久間 2015; 志水 2008）。対象者のうち、全員高校に進学したものの、6名は高校を中途退学し、フィリピンに一時帰国したり、日本でアルバイトや出産・子育てに従事したりすることとなった。義務教育段階ではない高校の移民生徒への指導体制の薄さ、家庭環境の複雑さ、経済的な理由など多くの要因が関連し、高校中退に至ったと推察される（Tokunaga 2017）。

彼女たちと対話を重ねるうちに、進路選択の背後には、私の想像を超える、より複雑でグローバルな物語が存在し、私自身の狭い見方を問いなおさざる

を得なかった。社会学の質的調査で指摘される「『一貫すると』不合理な行為の背後にある「他者の合理性」」(岸 2016: 29) を理解する重要性を認識した瞬間だった。理解と支援が密接に関連するなかで、「支援のフィールドワーク」を行う難しさが指摘されている（小國・亀井・飯嶋編 2011）。彼女たちの現状やニーズを把握しつつ、教育支援を行うことは可能なのか、私の価値観や考えの押しつけでしかないのか、問いなおす作業は現在でも続いている。

　彼女たちの意味世界をより深く理解するために、フィリピンへの一時帰国に2度付き添い、マニラやダバオに住む家族・親戚宅に滞在し、家庭・学校・コミュニティでフィールドワークを行った。孤独な日本での生活とは異なり、フィリピンでは親戚一同で同じ敷地内や近隣に暮らし、近所に住む友人とも公園やインターネットカフェ、マーケットなどで仲良く遊んでおり、フィリピンでの生活はどこか充実し、居心地が良いように見えた。母親の送金によって建てた家に住み、親戚が家族経営ビジネスを展開していることからも、彼女たちが仕送りを希望している理由がより深く理解できた。フィリピンと日本、あるいはそれ以外の国にいつでも戻れる「ホーム」をもち、制約がありながらも自由に移動する生活を送る彼女たちにとって（Tokunaga 2011）、日本の高校に進学し、卒業することは何を意味するのか考えた。越境を繰り返す若者の視点に立つと、日本の専門学校や大学に進学し、正社員として安定した職業に就くことは、一つの選択肢にすぎないのかもしれない。実際、日本の高校を中退した後、フィリピンに帰国し、母国のハイスクールに転入したり、大学に進学したり、就職する若者たちもいる（高畑・原 2014; Tokunaga 2017）。フィリピンと日本を行き来しながら生き方を模索しているとしたら、国民国家の枠組みで行われる外国人児童生徒教育の教育保障・進路保障のあり方自体を問いなおす必要があるのではないかと考えた（徳永 2008）。

　インターナショナルスクールや外国人学校の可能性は指摘されながらも（志水・中島・鍛治編 2014）、国内の教育制度のなかで、越境する子どもたちの多様なキャリア形成やライフプランを支援する教育は可能なのか。送り出

し国との連携や協働を進め、より柔軟な教育制度に転換していく方法はあるのか。複数の文化のはざまを生き、越境が日常化した移民の子どもたちの教育ニーズに対応していくことは、日本の教育のグローバル化にもつながるのではないか（Tokunaga 2017）。このように、フィリピン系の生徒たちと深くかかわるなかで、私自身の視点、考え、問いも変化しており、そのプロセスに自覚的になろうとしている。

第4節　アメリカにおけるアジア系の女子生徒のエスノグラフィー

1　つながる問い

　移民受け入れ大国のマイノリティの子どもの教育について深く学ぶべく、アメリカの大学院の博士課程に留学した。日本におけるフィリピン系の女子生徒の研究を継続するなかで、フィリピンからアメリカに移民した女子生徒たちは、アメリカでどのような教育支援を受け、どのように進路やキャリアを選択していくのか、という漠然とした問いがあった。日本における移民の多くが低学力や高校中退などの教育問題を抱える一方で、アメリカにおけるアジア系移民の子どもたちは、「モデル・マイノリティ」と呼ばれ、学業達成・教育達成が高く、成功したマイノリティと言われている（Lee 2009）。もちろん多様性はあったとしても、移民した国によって進路やキャリア形成が大きく分かれるとしたら、その背後にある要因は何か。日米におけるフィリピン系移民の女子生徒たちの国際比較研究として、コンテクストの違いを理解しつつ、ゆるやかな共通性や相違点を明らかにすることで、日本の移民の子どもの教育保障を考える示唆を得ることができると考えた。

　しかし、研究を進めていくと、「モデル・マイノリティ神話」の影で困難を抱えるアジア系移民の子どもたちの姿が浮かび上がってきた。ベトナム・カンボジア・ラオスなどからの難民をはじめとして、貧困層の子どもの非行、低学力、低い教育達成などの教育問題が指摘され、いかにしてその神話を解体するかが大きな議論となっていた（Lee 2009）。また、ジェンダーの視点からみると、アジア系アメリカ人の若い女性（15歳から24歳）の自殺率や鬱

発生率がどのエスニック・グループよりも高く、深刻な問題となっていた（Noh 2007）。ジェンダー観やジェンダー役割など家族との葛藤、メディアで作られた身体イメージ、モデル・マイノリティ神話へのプレッシャーなどが要因として挙げられている。このように、アジア系アメリカ人の女性たちはジェンダー、人種、エスニシティ、階層などが交差するなかで構造的に差別されながらも（Espiritu 2008）、ヒスパニック系や黒人の子どもたちと比較すると、見えにくいマイノリティであるため研究も少ない。教育現場でも、モデル・マイノリティ神話は大きく影響しており、私が学校を訪問するたびに、教員たちは、アジア系の子どもたちは「優秀」で、「まじめ」である、というポジティブな語り方をしていた。このようにマイノリティ性が見えにくいアジア系アメリカ人の女子生徒の生活世界・意味世界を少しでも明らかにしようと思い、彼女たちがもつ主体性に焦点をあてた研究を行うこととした。博士論文では、「ホーム」という概念に着目し、彼女たちがいかにして居心地のよさを感じる場所・空間・コミュニティを想像／創造しているのかを考察した（Tokunaga 2018; 徳永 2014）。

2　私の「日本人性」とは

　フィールドを選定するうえで、地域コミュニティによる教育の可能性を検討したいと思い、アジア系移民の子どもたちの教育支援をするNGO・NPOを探した。実際にアメリカでは、活発な市民活動、NPOの長い歴史、政府主導のボランティア制度・政策の充実から「ネットワーク型支援」が発展しており（野津 2007）、多くのNGO・NPOが他の団体と連携しつつ、マイノリティの子ども・家庭の支援を行っている。東海岸の大都市圏で労働者階級のアジア系アメリカ人の子ども・若者の支援をするNPOについて知り、エンパワメントプログラムなど興味深い取り組みを行っていることからも、当該NPOを主なフィールドとすることとした。研究の承諾を得て、特に、高校で行う放課後支援プログラムでの参与観察をすることにした。そこで出会ったのが、博士論文で主な対象とした、10代のアジア系女子生徒9名（フィリピン系、中国系、ベトナム系、インド系）である。

　約2年間にわたり、プログラムのボランティアとして関わり、生徒たちとラポール（信頼関係）を構築するなかで、彼女たちの家庭、高校、コミュニティにもフィールドを広げた。彼女たちと私は、アメリカにおいてアジア系女性であり、英語を母語としないなど、多くのマイノリティ性を共有していた。アジア系女性として経験する日常的差別や、故郷を離れて暮らす寂しさなど共感することも多かった。しかし、「日本人」、大人、調査者、大学院生、中産階級出身など、私がもつ特権も多くあり、「曖昧なインサイダー／アウトサイダーの位置性」(Kondo 1990: 23) に敏感になりつつ、彼女たちとの関係性を構築した。たとえば、彼女たちの家族は、ベトナムやフィリピン出身であり、アジアのヒエラルキーのなかで経済的に高い地位を占める日本出身の私とは立場が異なる。また、彼女たちの親は経済的な理由からアメリカに移住しており、私のように自由意志による日本からの留学とは移動の目的も経緯も大きく異なっていた（Tokunaga 2018）。

　特に、彼女たちと関係を築き、この研究を行ううえで、私自身がもつ「日本人性」について深く考えざるを得なかった。日本のポピュラー・カルチャーのグローバル化がみられるなかで、アメリカの高校生の間でもアニメ・漫画・ポピュラー音楽などに対する強い関心があり、私が「日本人」であることから強い親近感や好感をもつ生徒も多いように感じた。特に、対象生徒が暮らす地域はアジア系が少ない郊外にあり、高校の人種構成は、ヒスパニックが46%、黒人が22%、白人が20%、アジア系が約8%だった（2010年－2011年時点）。NPOでも高校でも日本人は私一人であり、多くの生徒が、私を「Tomoko-san」と呼び、私が「日本人」であることから「Cool」というような表現をよく使っていた。私が「日本人」であること（日本生まれ・日本育ちであり、日本名をもち、彼女たちがイメージする「日本人」的な外見をし、日本語を母語としている）を羨望の眼差しで見ることが多々あった。高校でも日本語の授業が選択科目として設置されており、私も彼女たちに日本語を教え、日本語で会話することが頻繁にあった。日本の若者文化について聞かれることも多々あり、私自身も日本の話を積極的にするなど、日本を通じて、彼女たちとより深い関係性を築くことができた。もし私が、白人であっ

たら、あるいは、他のアジアの国出身の留学生であったら、異なる関係性が形成されただろう。当時の経験を振り返ると、「日本人性」をある意味利用して、ラポールを築き、データを収集していたのではないか、と疑問に思う。対象者との権力関係や自身がもちうる特権を十分に自覚したうえで、子どもたちとどのようにかかわり、調査をし、エスノグラフィーを描くのか、反省的に考察を続けている。

第5節　おわりに ──「途上国」の教育開発と「先進国」のマイノリティ教育の接続

　本章では、研究の背景、問いや思考の変容、子どもたちとかかわるなかでの悩みや葛藤などを再帰的に論じた。中立性や客観性を重視した論文では切り捨てられてしまう語りの数々である。リフレクシビティを重視した研究では、「自己開示」をするばかりに、調査対象者が見えにくくなり、「自己耽溺」に陥る危険性があると指摘されている（北村 2013: 36-37）。また、自己による自己の振り返りにも限界があり、たとえば、対象者との権力関係をなくすことは不可能であるし、対象者を傷つけているかの真相は分かりえない。しかし、あえて自己と向き合い、研究の背後に隠れてしまいがちな研究者の思考や問題意識、感情の変容などを考察することで、研究へのスタンス、位置性、フィールドとの関係などをより意識化することができるだろう。

　この論考を執筆する過程で、これまでの研究が自身の生い立ちやアイデンティティ、経験と関連しており、改めてそれに自覚的になる必要性を感じた。また、マイノリティの子どもたちとかかわるからこそ、私がもつあらゆる特権を理解し、良かれと思って行う支援も子どもたちを傷つけ、暴力に変わる可能性もあることを再認識し、今後の研究や教育実践を再考するきっかけともなった。開発援助における「善意は善行を保証しない」（佐藤2005: 4）という指摘にも通じる。これからの教育開発研究において、現場へのコミットメントがさらに要請されるなかで、決して透明な立場にいない自己と向き合い、自身の研究や実践を再帰的に振り返り、それを可視化する研究アプローチも有効ではないだろうか。自己の特権や権力性に自覚的になり、真摯に、そし

て謙虚に開発現場の当事者とかかわること ── 国際社会での対等な関係や
パートナーシップを結ぶ重要性が増すなかで（北村 2015）、研究者の内省的
考察がますます求められてくるだろう。

　「パートナーシップ」や「協働」などの言葉に隠れる権力性の問題とどう
向き合うのか。様々な形で立ち現れる権力性をどう意識化しつつ、調査者と
開発現場の当事者が「知」や実践を創造することができるのか。冒頭でも言
及したように、その一つの試みとして、NPO や学校と協働し、「参加型アク
ションリサーチ」(PAR) を実施している。PAR とは、方法論を超えたアプ
ローチであり、研究者と現場の人々が対等な立場で協働し状況改善や社会変
革を目指し、生み出された知識を活用していく（武田 2015）。自省の果てに
内に閉じこもるのではなく、内省を続けながらも、多様なアクターとの協働
を試み、対話を積み重ね、新たな「知」や実践を創っていくプロセスが重要
ではないだろうか。

　ここでは、私の研究史を振り返ることで、以前から抱いてきたいわゆる
「途上国」の教育開発と「先進国」のマイノリティ教育のへだたりへの違和
感と向き合い、それを言語化し、教育開発研究への問題提起につなげること
を試みた。移民の子どもたちの生を追うためには、私自身、多様な学問領域、
国、言語、文化を越境し、既存の枠組みやカテゴリーを超える必要があった。
日本やアメリカに移住後も故郷とトランスナショナルな関係を継続する子ど
もたちや、日本でかかわったフィリピン系の生徒たちのように、母国と日本
を頻繁に行き来し、両国の学校で学ぶ子どもたちがいる。2世のアジア系ア
メリカ人の子どもたちのように想像上で故郷とつながり、大人になってから、
ルーツを探しに故郷へ戻る若者たちもいる。移動先の国で多層的に周辺化さ
れつつも、グローバルな文脈のなかで、複層的・ハイブリッドなアイデン
ティティや帰属意識を形成し、人生を切り開いている (Tokunaga 2018)。彼
ら、彼女らの生き方は、「途上国」と「先進国」という二項対立図式を問題
視し、教育開発のアプローチ・枠組み・対象を広げていく可能性を持ってい
る。たとえば、国内の教育社会学の領域では、トランスナショナリズムの視
点から、移民の子どもたちの母国で現地調査を行い、送り出し国の地域コ

ミュニティや家族とのつながり、教育実態を考察する研究が始まっている。
今後、「途上国」の教育を専門とする研究者と国内のマイノリティの教育に
従事する研究者とが協働で教育研究・実践を行うことで、複合的な視点から、
学問領域を横断した研究の知見が生み出される可能性があるのではないか。
各国共通に抱える教育課題を分析し、解決策を共に考える契機ともなるだろ
う。

参考文献

Behar, Ruth, 1996, *The Vulnerable Observer: Anthropology that Breaks your Heart*, Boston: Beacon Press.

Ellis, Carolyn, 2004, *The Ethnographic I: A Methodological Novel About Autoethnography*, Walnut Creek: AltaMira Press.

Ellis, Carolyn, and Arthur P. Bochner, 2000, "Autoethnography, Personal Narrative, and Personal Reflexivity," Norman K. Denzin and Yvonna S. Lincoln eds., *Handbook of Qualitative Research*, Thousand Oaks: Sage, 733-768, (=2006、藤原顕訳「自己エスノグラフィー・個人的語り・再帰性 —— 研究対象としての研究者」デンジン、ノーマン・イヴォンナ S リンカン編、平山満義監訳、大谷尚・伊藤勇編訳『質的研究ハンドブック〈3巻〉質的研究資料の収集と解釈』北大路書房、129-164頁。)

Espiritu, Yen Le, 2008, *Asian American Women and Men: Labor, Laws, and Love (2nd ed.).* Lanham: Rowman & Littlefield Publishers.

Kondo, Dorinne K., 1990, *Crafting Selves: Power, Gender, and Discourses of Identity in a Japanese Workplace*, Chicago: University of Chicago Press.

Lee, Stacey J., 2009, *Unraveling the "Model Minority" Stereotype: Listening to Asian American Youth (2nd ed.)*, New York: Teachers College Press.

Mohanty, Chandra T., 2003. *Feminism without Borders: Decolonizing Theory, Practicing Solidarity*, Durham; London: Duke University Press.

Noh, Eliza, 2007, "Asian American Women and Suicide: Problems of Responsibility and Healing," *Women & Therapy*, 30 (3/4): 87-107.

Stacey, Judith, 1988, "Can There Be a Feminist Ethnography?," *Women's Studies International Forum*, 11 (1): 21-27.

Tokunaga, Tomoko, 2011, " 'I'm Not Going To Be in Japan Forever' : How Filipina Immigrant Youth in Japan Construct the Meaning of Home," *Ethnography and Education*, 6 (2): 179-193.

———, 2017, "Breaking in or Dropping Out?: Filipina Immigrant Girls Envisioning Alternative Lives in a Globalized World," Ryoko Tsuneyoshi ed., *Globalization* and Japanese "Exceptionalism" in Education: Insider's Views into a Changing System, New York: Routledge, 95-111.

———, 2018, Learning to Belong in the World: An Ethnography of Asian American Girls. Singapore: Springer.

Wolf, D. L., 1996, Feminist Dilemmas in Fieldwork. Boulder: Westview Press.

荒牧重人・榎井縁・江原裕美・小島祥美・志水宏吉・南野奈津子・宮島喬・山野良一、2017、『外国人の子ども白書 —— 権利・貧困・教育・文化・国籍と共生の視点から』明石書店。

乾美紀、2008、「高校進学と入試」志水宏吉編『高校を生きるニューカマー —— 大阪府立高校にみる教育支援』明石書店、29-43頁。

乾美紀・中村安秀編、2009、『子どもにやさしい学校 —— インクルーシブ教育をめざして』ミネルヴァ書房。

井本由紀、2013、「オートエスノグラフィー」藤田結子・北村文編『現代エスノグラフィー —— 新しいフィールドワークの理論と実践』新曜社、104-111。

井本由紀・徳永智子、2017、「越境する『私たち』と教育のフィールドワーク —— 対話的オートエスノグラフィーの試み」佐藤慎司・佐伯胖編『かかわることば —— 参加し対話する教育・研究へのいざない』東京大学出版会、115-140頁。

岡真理、2019、『彼女の正しい名前とは何か —— 第三世界フェミニズムの思想（新装版）』青土社。

小國和子・亀井伸孝・飯嶋秀治編、2011、『支援のフィールドワーク —— 開発と福祉の現場から』世界思想社。

岸政彦・石岡丈昇・丸山里美、2016、『質的社会調査の方法 —— 他者の合理性の理解社会学』有斐閣。

北村文、2009、『日本女性はどこにいるのか —— イメージとアイデンティティの政治』勁草書房。

———、2013、「ポジショナリティ」藤田結子・北村文編『現代エスノグラフィー —— 新しいフィールドワークの理論と実践』新曜社、34-37頁。

北村友人、2015、『国際教育開発の研究射程 —— 「持続可能な社会」のための比較教育学の最前線』東信堂。

小島祥美、2016、『外国人の就学と不就学 —— 社会で「見えない」子どもたち』大阪大学出版会。

佐久間孝正、2015、『多国籍化する日本の学校 —— 教育グローバル化の衝撃』勁草書房。

桜井厚、2002、『インタビューの社会学 —— ライフストーリーの聞き方』せりか書房。

佐藤寛、2005、『開発援助の社会学』世界思想社。

佐藤寛・藤掛洋・鈴木紀編、2011、『開発援助と人類学 —— 冷戦・蜜月・パートナーシップ』明石書店。

志水宏吉編、2008、『高校を生きるニューカマー ── 大阪府立高校にみる教育支援』明石書店。

志水宏吉・中島智子・鍛治致編、2014、『日本の外国人学校 ── トランスナショナリティをめぐる教育政策の課題』明石書店。

関根久雄編、2015、『実践と感情 ── 開発人類学の新展開』春風社。

高畑幸・原めぐみ、2014、「在日フィリピン人の1.5世代 ── 日本は定住地か、それとも通過点か」『国際関係・比較文化研究』13 (1)、21-39頁。

武田丈、2015、『参加型アクションリサーチ（CBPR）の理論と実践 ── 社会変革のための研究方法論』世界思想社。

恒吉僚子、2005、「研究における『わたくし』の領域と異文化の研究 ── 反省的観察者を模索して」秋田喜代美・恒吉僚子・佐藤学編『教育研究のメソドロジー ── 学校参加型マインドへのいざない』東京大学出版会、51-58頁。

徳永智子、2008、「『フィリピン系ニューカマー』生徒の進路意識と将来展望 ── 『重要な他者』と『来日経緯』に着目して」『異文化間教育』28、87-99頁。

───、2014、「国境を越える想像上の『ホーム』 ── アジア系アメリカ人の女子生徒によるメディア／ポピュラー・カルチャーの消費に着目して」『異文化間教育』40、70-84頁。

野津隆志、2007、『アメリカの教育支援ネットワーク ── ベトナム系ニューカマーと学校・NPO・ボランティア』東信堂。

橋本憲幸、2018、『教育と他者 ── 非対称性の倫理に向けて』春風社。

藤田結子・北村文編、2013、『現代エスノグラフィー ── 新しいフィールドワークの理論と実践』新曜社。

宮島喬・太田晴雄編、2005、『外国人の子どもと日本の教育 ── 不就学問題と多文化共生の課題』東京大学出版会。

第8章　授業を鏡としてこれからの数学教育開発を考える

中和　渚

第1節　数学教育開発の視点から教育の質を語る

　本章では南部アフリカのザンビア共和国（以下、ザンビア）における子供たちの数学学習の様相を論じる。私は教師を目指し教員養成課程で数学教育を学んだ。数学が得意だとはお世辞にも言えなかった。しかし数学の論理性、明瞭性に惹かれてきた。論理的思考を育てる数学は、言語が異なっていても国際的に会話ができる強力なコミュニケーションツールでもある。有用性、実用性もあり、論理的思考を育てる。このようなことから世界中の学校で数学は必須教科として学ばれる。では学校における学びでもとりわけ重要とされる数学によって育成される力とはどのようなものか。多くの国では「読み書き計算」の「計算」に当たる「単純な計算ができさえすれば良い」ということに留まらず、推論する、一般化するといった論理的思考や問題解決能力などの高次的思考力の育成が掲げられている。この高次的思考力は数学の授業において育てるべき重要な能力である。

　私が研究を始めた2005年前後にはアフリカの数学の授業に関する日本語で書かれた研究はほとんど存在しなかった。澤村（2008）が指摘しているように、アフリカ諸国の授業や教室に関連する研究は圧倒的に少なかった。当時、マクロな視点による教育の質を向上するための議論が主であった。教科教育畑で育った私は「授業で何が起こっているのかわからないのに、どうしたら政策的な議論が可能なのか」という疑問を持った。そしてアフリカの子どもたちの学習のプロセスに興味を持ったのである。

　教育開発の視座から眺望すると、授業の質は教育の質と関連づけられる。

なぜならば授業の質が学びの質を決定づけ、学習達成度につながり教育の質に影響を与えることになるからである。1990年の「万人のための教育（Education for All: EFA）」以後、教育の質に関して多くの議論がなされてきた。本章ではまず「教育の質」に関してそのモデルや議論を批判的に振り返る。この議論では教育の質を主に数量化して評価することに重点が置かれ、教科教育では当たり前に議論される授業内容や子どもたちの学習プロセスが軽視されてきたことを指摘する。

第2節　教育の質に関する疑問

1　教育の質の定義

　「万人のための教育」後、UNICEFやUNESCOを中心として教育の質の包括的議論が展開された（斎藤 2008）。その間、教育の質をあらわすモデルがいくつか示されてきた。「ダカール行動枠組み」においては教育の質は「望ましい学習者の特徴」「過程」「内容」「システム」を含むと規定された（UNESCO 2000）。この定義ではその象徴的性格から、教育の質を構成する要素の関係性には言及していない。UNICEF（2000）は「ダカール行動枠組み」の定義を踏まえ、「学習者」「環境」「内容」「プロセス」「結果」の5つの側面を教育の質と定義したモデルを提示した。このモデルは学習の結果とそのほかの関連要素の関わりを図示しており、質の高い結果には「プロセス」が関わることを明確に示した。「プロセス」には教師と生徒が含まれるため、この「プロセス」は学習指導を表していると推測できる。アンダーソン（Anderson 1991; 2004）は教育の質を教師の有効性と関連づけてとらえ、「教師の特性」「カリキュラム」「指導」「学習」「生徒の特徴」「教室の関係」を教育の質のモデルに示した。学習結果を明示する代わりに教育の質に関する要素の関連性に焦点を当てている。このモデルでは学習結果よりも学習過程（プロセス）が重要視されている。UNESCO（2004）では、学習指導のプロセスや生徒の特徴、文脈が、学習結果に関わるということをインプット－アウトプットモデルで表現した（**図8-1**）。

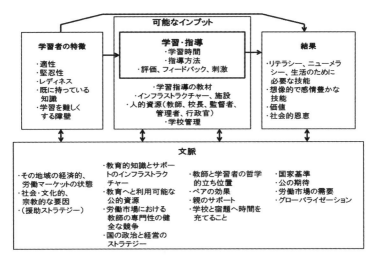

図8-1　教育の質のモデル

出典：UNESCO、2004より筆者訳出。

　図8-1では学習者の特徴と結果の間に学習・指導があり「プロセス」がインプットとアウトプットの間に位置づく。またインプット、プロセス、アウトプットを下支えするものとして、各国や地域の社会文化性とも関連する文脈が位置づけられている。

　以上のように、教育の質を語る上で授業や学習、指導の過程といったプロセスを理解することが極めて重要なのである。とはいえ、図8-1のモデルも教育のプロセスの複雑さを十分にあらわしているとは言いがたい[1]。

　図8-1は従来の経済モデルで教育の質を説明しており、学習指導のダイナミックで複雑な様相をあらわしきれていない。これらの2つの問題についてアレクサンダー（Alexander 2008）は図8-1のモデルには学習指導過程と教授学的視点が欠落していると指摘した。政策決定者や財政担当者がモデル作成に関わるなかで「学習指導の過程や教育の質が何なのか」よりも「教育の質をどのように測定するのか」に主要な関心があることが原因である、と氏は批判している。もう一歩踏み込んでいえば、教育経済学的な見地から教育の質は測定が可能であるとの前提に立っており、教育の質を単純化しすぎている傾向がある。

UNESCOやUNICEFでは教育政策、経済発展といったマクロな視点から教育をとらえており、複雑で多義的な意味を内包する授業過程や学習指導をとりあげて論じることはほとんどない。数量的な指標を用いた学習到達度によって教育の質をモニタリングすることは不可欠である。しかし教育の質が改善される主たる場所は授業である。政策、カリキュラムといった巨視的なアプローチと授業における草の根的なアプローチの双方向のベクトルのバランスが、教育の質を考える上で不可欠である。開発途上国の教育に関する研究群では、これらのベクトルの大きさが異なっており、ミクロな教室のプロセスを出発点として教育の質を改善するという視点が軽視されているのではないか。このことが大きな問題である。

2　近年の教育の質を取り巻く傾向と課題

『EFAグローバル・モニタリング報告書』(UNESCO 2015a) はEFAの6つのゴールの達成状況を報告した。学習指導に関わる教育の質に関する記述 (UNESCO 2015a: 189-215) には、国家レベルの学習到達度調査の成果や調査から見えてきた課題、教師の質の向上に対する投資、質の高い学習指導を支援する要因、学習指導のプロセス、教育のガバナンスの地方分権化、プライベート・セクターに関する成果と課題が整理されている。このなかで学習指導に直接関わるものとして、質の高い学習指導とそのプロセスに関する箇所がある。

そこでは質の高い学習指導を保証する要因として「学習材の供給、配分、使用」「適切な設備とアクセス可能な環境」「授業時間教」が挙げられている。また学習指導の質に関しては「学習材の供給・配分・使用」における教科書の質や生徒・教師の相互作用の質が問題視されている。インクルーシブで生徒たちに関連があるカリキュラム構成、適切で効果的な指導方法、母語の使用、テクノロジーの使用が学習指導のプロセスに効果的であるとしている。また、各教科の内容を重視したカリキュラム開発の必要性や、生徒たちがある段階修了時に身につけるべきコンピテンシーの明確化が課題とされている。さらにスキルを重視したカリキュラム改革により教師が混乱して内容を軽視

した指導が生じた、といった課題についても事例を交えて論じている（UNESCO 2015a）。そのほかにもグループワーク、ペアワーク、現地語の使用、授業計画立案や学習指導教材の使用などが学習指導において効果的だとしている。一方で、学習者中心の指導法を妨げる、大人数の教室、効果的でないグループ学習、教師教育の質、教科書や教材の質、国家試験の影響といった要因とともに、権威主義などの文化的観点からの困難や言語政策についても触れられている。これまでの同報告書と比較すると、学校教育における質の課題を、関連の先行研究を挙げ簡潔ながらも列挙している点は評価できる。

　しかしながら個々の具体的な事例に関しては詳細の記載はない。たとえばグループワークやペアワークが有効だとされている。この点は開発途上国の教師たちも理解するところである。しかし、個々の授業で、目標に合致するようなグループワークをどのような意図を持ってどのように行うのか、あるいはグループワークによってどのような学びを生徒たちにもたらすのか、という授業の設計・実施に関する仔細の検討が現地の教師たちにとっては難しい。単純な方法論の列挙では解決できない学習指導プロセスの検討が必須なのである。授業を形作る上で必要になってくるプロセスの重要性に関する指摘は見られない。

　コロナ禍の今、これまで以上に教育の公平性の担保と質の向上が重要である。持続可能な開発のためには教育は強力なツールとして位置づけられる。教育の質は国家的・地域的な環境、文脈、言語に対応し、未来志向でなくてはならない。だからこそ教育の質を実現するために教師や生徒の声を聞き、対話を重ねることが必要である（UNESCO 2015b）。一方で教育の結果（アウトカム）が重要視され、国際的には大規模な学力調査が行われている。この流行から、学習の結果を点数化することだけに重きが置かれれば、テストの点数を上げることがすなわち教育の質の向上である、という短絡的な見方に陥る危険性がある。UNESCO（2020）は大規模な学力調査で陥りやすい問題を挙げている（UNESCO 2020）。授業のプロセスや学習指導の様相を丹念に捉え、問題点を明らかにし、その問題点に対して改善案を試行する。このような実践知を蓄積していく営みを、時間をかけて行う。これが教育の質を

改善する王道であることはどれほど理解されているのだろうか。

　このような課題意識のもと、教科教育の視点から学習指導の様相について研究することが、どのように開発途上国の教育の質の向上に寄与できるのだろうか。このことについて考えたい。

第3節　数学の授業を研究するということ

　私は2005年に開発途上国の数学教育開発を専門とする馬場卓也教授[2]の研究室に入りザンビアの研究を開始した。その契機は、広島大学大学院国際協力研究科のザンビア特別教育プログラム[3]への参加であった。

　私の最初の主要な関心は生徒[4]の数学の学習状況の把握と改善にあった。「なぜアフリカ（ザンビア）の生徒たちは学習達成度がとても低いのだろうか」、このことに関する素朴な好奇心があった。ザンビアの数学教育に関する情報はほとんどなく、教育に関しても非常に限られていた（たとえばCarmody 1999; Ministry of Education 1996）。しかし「ないものは自分で明らかにすればよい」と考えていた。

　研究テーマを「生徒たちの数学学習における基礎とされる計算能力と高次的な能力の向上」と設定した（澁谷 2008; 中和 2010）。第一にザンビアの生徒たちの深刻な学習状況を明らかにしたかったこと、第二に開発途上国の教育で基礎力の向上が強調されることはあっても、高次的な能力の育成は強調されていなかったことがその理由であった。ドイツのある数学教育学者が基礎的・発展的な能力をある教材を用いながら同時に育成することができるという考え方を強調していた（Wittmann 2005）。その理論や実践を現地に合わせて改変し、現地の子供たちの学習の内実を把握し、改善につなげようとした。青年海外協力隊の隊員として生徒たちの学習の経過を長期間とらえることができる点を最大限活かそうと研究方法を設定した。学習の成果や課題を同定するために、まず理数科クラブで数学的活動を設計・実施し、実践を通してその後の調査の内容を検討した。次に学習成果を確認するテストやインタビューを行い、授業を実施して彼らの応答や様子を観察、記録した。最後に生徒た

ちに数学的な活動を日常的に課し、学習進捗の把握を試みた。テストなどの数値化されたデータも使ったが、主に質的研究の記述的なアプローチを用いた。

　分析の結果、「生徒たちの低学力」という事実が浮かび上がったことは予想通りであったが、それ以上に生徒たちは深刻な問題を抱えていることが判明した。大きな特徴の1つが生徒たちの理解の不安定さである（澁谷 2008, 2009）。同じ種類の問題でも回答が常に変わり、正答と誤答を行き来する。暗記に頼り、方法や概念を理解していないためだと推測できた。ここから筆記試験の結果のみで生徒たちの学習達成度を同定することは困難と判断するとともに、ザンビアの生徒たちの学力をたった一回きりの筆記試験で計測することに疑問を抱いた。

　生徒が低学力であればあるほど、解答に一貫性が見られなかった。大部分の生徒たちは計算[5]が未習熟であった。たとえば、たし算の問題を足して回答するのが、次第にひき算やかけ算を行ってしまうのである。以下のプロトコルは第5学年のクラスの生徒たちがわり算「28÷2」を筆算で行っている場面である（**図8-2**）。

　2桁÷1桁の筆算は第3学年で学習されるはずである。生徒Aは先生役として発表し、他の生徒たちが答えていた。

　　　教師：オーケー、次を説明してください。

　　　生徒A：2－2は？

　　　生徒全員：0

　　　生徒A：2－8は？

　　　教師：ひき算をしているのですか、それとも
　　　　　わり算をしているのですか？

　　　生徒全員：わり算

　　　生徒A：2÷8は？

　　　生徒全員：4

　　　教師：え？　2÷何？

　　　生徒全員：8

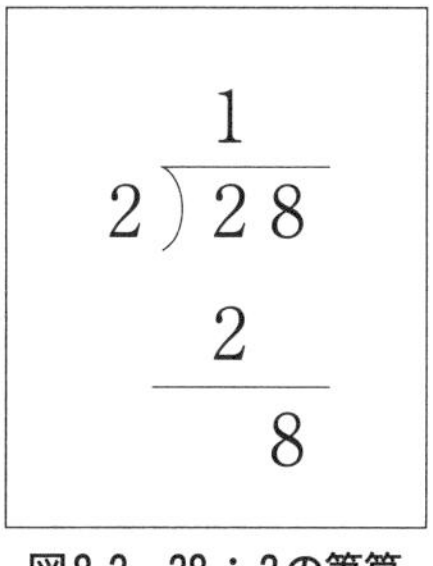

図8-2　28÷2の筆算

　　教師：本当に？　2÷8なの、それとも8÷2なの？
　　生徒全員：8÷2

（2009年の調査データより）

　わり算の筆算で8÷2を行うはずが、教師役の生徒が「2−8」と全体に尋
ねている。この部分が間違いである。さらに「8÷2」と言うべきところを
「2÷8」と聞いた。答えが「4」となり、教師役の生徒と他の生徒たちが理
解しているのかどうかは不明であった。最終的に教師が答えを確認した。筆
算形式自体にも問題がある。この問いは筆算でなくとも計算が可能な問題で
ある。しかし1桁同士の数でも筆算形式で書くような指導がされていた。筆
算は計算しやすい工夫として使われるべきで、わり算の筆算では途中で加減
を行うため、計算も混乱しやすい。
　以下のフィールドノーツは6年生の計算を観察した際に記録したものである。

　　「2桁×1桁を行うと、3桁×2桁を行う解き方が全く違っていた。計算の
　仕方はまとまりを2つずつ作りたし算する方法で、デイビッド（生徒の氏
　名）よりも構造化しているようにみえる。筆算になると、位取りを理解し
　ていない。ただし加法・減法では彼は位取りを正確に扱うことができてい
　る。計算していて自分が何をしているのかをわからなくなる場合が何
　度もあった。（中略）何度も計算しながら次第に彼は怒っていた。」

（2009年2月16日のフィールドノーツ「かけ算の問題」より）

　かけ算の筆算中に途中で生徒が混乱する様子を観察したものである。筆算形
式を書いているが、その仕組みを理解していないため、たし算で計算したのだ。
　これらの出来事が続くうちに、かけ算九九の習熟度や課題に興味を持った。
　8年生に対してかけ算九九の習熟程度を個別インタビューで調査した結果、
53名中4名しかかけ算九九を習熟、暗記していなかった（中和 2012a）。2012
年に中央州の小学校でかけ算の習熟度について調査したところ、第3学年か
ら第7学年までの平均正答率の結果は**表8-1**のようになった。

表8-1　かけ算九九の問題回答に関する結果

	第3学年	第4学年	第5学年	第6学年	第7学年	第8学年	合計
対象人数	40	36	36	36	26	24	198
平均正答率（%）	77.8	82.6	79.2	83.3	92.4	91.7	76.7
最低正答率（%）	66.8	76.3	73.5	79.4	89.5	80.3	-
最高正答率（%）	97.2	97.2	100	100	100	98.6	-
標準偏差	30.2	20.1	22.9	17.8	10.5	29.1	23.7

出典：筆者作成。

　この中で平均正答率が低かったかけ算は下から9×7（42.8%）、9×8
（46.4%）、8×7（46.8%）、9×9（50.5%）、7×9（51.4%）となり、7の段以降のか
け算の正答率が低かった（括弧内は生徒全体の平均正答率）。またかけ算九九
の解き方を観察した結果、第3、4学年に関しては生徒全員が1ずつ数え、そ
の際にブツブツとつぶやいた。第5学年以降では大部分の生徒たちが数えて
答えていた。棒の横に数字を書いて数を足して解答している生徒も見られた。
　こうした基礎的な計算に対する課題は以下の第6学年の子供たちのかけ算
とわり算の例からもわかる（**図8-3**、**8-4**）。
　図8-3、8-4ともに数学の成績が平均的な第6学年の生徒たち2名のノートで
ある。第6学年の数学では4桁同士のかけ算、4桁÷2桁のわり算を学習する
ことになっていた。図8-3、8-4で示すような3桁の筆算は第5学年の既習事項
であった。図8-3では45×8や240×15を筆算形式で解いている。右横に示

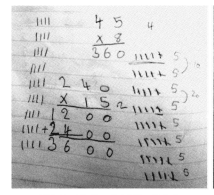

図8-3　6年生のかけ算の求め方

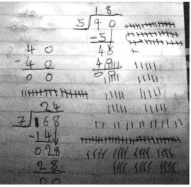

図8-4　6年生のわり算の求め方

す棒は1桁×1桁の計算を数えており、図8-3では5本の棒を8セット書いており5×8を行っているとわかる。ザンビアの定義によると、5×8は8が5つ分という意味で、8つの棒が5つ書かれるはずである。交換法則から5のまとまりで考える方がわかりやすいため、間違いではない。ただし本人が交換法則を意図して行ったのか否かは定かでない。図8-3で生徒は棒を書いた後に右横に「5」と書き、「5」を2つ合わせて、「10」、「20」とし、40にたどりついた。図8-4では90÷5と168÷7を筆算形式で行っている。図右上の棒は90÷5の筆算の途中で40÷5を計算せねばならず書いたものである。40本の棒を書き、5ずつ区切って、まとまりを数えて8という答えを導き出した。その答えを筆算形式の解答部分に書いた。数えるときは口に出したり指を補助的に用いたりした。

　図8-3、8-4とも筆算だが、棒や指、口頭で数える行為があった。かけ算九九は覚えていなくてはならないとされるが、実際の計算において九九は使われていなかった。計算が複雑になるにつれて棒で数える精度が落ちるのは想像に難くない。

　計算という基礎的な技能が十分育っていないことが明らかになるにつれて、応用力まで研究の範疇に入れるのは、困難なように思われた。しかし、カリキュラムでも発展的な力は重要事項とされているため、研究する価値はあると考えた。たとえば、数が羅列してあるものの中から、数列のパターンを見つけるといった学習を行ったところ、数学が得意な生徒たちは、彼らの発見を拙い言葉でも表現しようと努めていた。表現方法の型を提示したところ、数多くのパターンを見つけ出し、記述できた生徒たちもいた。自主的に家庭で数のパターンを数多く構成し、後日見せてくれた生徒もいた。数ヶ月のザンビア人教師の粘り強い形成的評価と指導を通して、子どもたちの数学の応用的な能力は漸進的であっても向上することが判明した。

　応用力に関しての成果を**図8-5**に示す。冒頭の「数の石垣」と呼ばれるブロックでたし算、ひき算を行う。次に計算結果や数の並びを見てパターンを見つけ出し記述する。図8-5は成績が平均的な生徒の解答である。この生徒はいくつもの数パターンを探し出し、書くことができた。たとえば、ブロッ

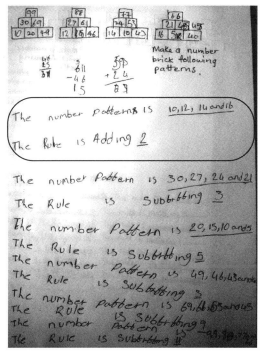

図8-5　数のパターンを探して記述した、ある生徒の解答

クの右下の数「10、12、14、16」を抜き出し、「数のパターンは10、12、14、16（その規則はたす2）」（図8-5の丸で囲んだ部分）と書いた。異なる数のパターンはいくつもあるので、自分でできる限り見つけることが課題である。答えを自分で探すこと、またいくつも探すことができ、自分の言葉を使って気づきを書くことができる。数学的には推論する、探求するといった高次的能力を必要とする。もちろんこれは高度な問いとは言えないが、通常の授業で文章さえも上手に書くことが難しいザンビアの生徒たちがこのレベルに到達したことは授業を実践した教師のおかげでもあるし、研究の成果ともいえた。

　一方で低学力の生徒たちの場合、図8-5のような問題は最初の計算問題が正答できずに、発展的な側面をとらえることが困難であった。さらに問題の難易度に関わらず、解答のプロセスについて解釈不能な解答がなされた。一定の研究成果はあったものの、生徒たちが抱えている数学以外の様々な課題

について考察せざるを得なくなってきた。

2　生徒たちが置かれている厳しい環境と学びの関連

(1)　授業外の生徒たちの様子に対する理解

　数学の内容の理解には数学学習以外の要因が関連していることにも気がつきつつあった。生徒達は学習を継続的に行うことが難しい。1限目は朝の7時からだが、始業時には教室内の生徒たちはいつも60名中10名しか集まらなかった。残りの生徒は遅刻か欠席である。当初は厳しく指導していたが、生徒たちに事情を聞くと、やむを得ない状況も多々あった。自宅から学校まで徒歩で2時間程かかるため、朝5時に自宅を出発せねばならないが、断水のためにお風呂に入ることができない、兄弟姉妹の面倒を見てから学校に来なければならない、途中で具合が悪くなって休憩していた、などである。筆者に理由を訴える英語力を持っている生徒たちはまだよい方で、英語[6]の会話ができない生徒たちがクラスに5、6名程存在した。加えて、9-10月にかけての猛暑では教室の中は熱気が充満して、学習が快適に行える状態ではなかった。

　低学力の問題や生徒の置かれた学校環境を目の当たりにし、学習のみに焦点を当てるだけではなく、彼らの社会・家庭・言語といった環境全般についても研究者側が理解を深める必要があるのではないかと考えた。これら3つの視点は教科教育では大切な視点ではあるがなかなか議論が難しいものとして片づけられがちなものであった。しかしながらこれらは教育の質を語る上では見過ごせないことであると考え、家庭訪問調査を実施することにした。都市部で実施した家庭訪問では教室外の生徒たちの様子に焦点を当て、教室での様子と生活の様子の違いについて考察した（中和 2013）。教師たちは学業成績が良い生徒たちの生活状況は相対的に良いものだと考える傾向があったが、その見方はステレオタイプであることがフィールドワークより明らかになってきた。数学の成績が優秀な生徒がおり、家庭訪問したところ、母親は非識字者でシングルマザー、かつ兄弟が多くいた。電気、水道といったインフラが整備されておらず、家庭で宿題をすることもままならなかった。進

級時のPTA費の納入にも困難があった。しかし、その生徒はモチベーションが高く非常に熱心に勉強していた。まるで宿題を簡単にこなすかのようにこの子どもは振舞っていた。担任教師はクラスの生徒たちの状況をある程度知っていたが、家庭・社会環境の厳しさは知らなかった。担任教師・筆者にとって衝撃的な経験であった。授業での学習の様子と生活の様子を同時に把握し、個別支援の方策を教師たちは考える必要がある。そして授業について研究する場合でも、授業外の様々な要因について考慮すべきであることを教えられた。数学という研究範囲を少し飛び超えたこの調査では、生徒たちの教室外での生活と学習指導の関連性を意識しつないでいく研究の可能性も考える契機となった。

(2)　教授言語と数学の関わり

　教授言語を取り巻く問題は、他の国・地域でも議論されてきた。ザンビアでは73の民族がいると言われ、言語もその数だけ存在する。主要言語は、現地語という教科として設定されている。5、6年生の数学では、現地語の使用は公式には認められておらず、英語を用いて授業を行う必要があった。都市部の公立基礎学校であっても英語を流暢に話す6年生はクラスの半数以下であった。残りは友人や家族とは現地語で会話していた。学習指導では教師は英語で説明し、必要な時現地語で説明していた。生徒たちを叱る、褒める、励ます時には現地語の使用は有効であるようにみえた。以下のプロトコルは、グループワークでたし算、ひき算の問題作りをした後にクラスで共有する場面である。3名の生徒たちは英語の会話が苦手な子供たちであった。

　　教師：はい、それでは自分たちの作った問題を書いて下さい。
　　生徒3名：(黒板前に出てくる、恥ずかしがって、3人で押し合いをしている)
　　教師：おい、そこで遊ばない！あなた達は、そこにいてお互いを助け
　　　合っているのでしょ、なのに、そうやって押し合いして。説明して
　　　ください。
　　生徒3名：(ニャンジャ語を用いて黒板前でボソボソ話している)

> 教師：もし英語で説明できないのだったら、ニャンジャ語（現地語）で
> 話しても構いませんよ。
> 生徒3名：はい。
> 教師：（ニャンジャ語）ほら、たとえば、ここにこれがあって、こうして、
> どうして、というようにね。

（2009年の調査データより）

　5、6年生担当の教師たちは生徒の英語の理解度に合わせ、柔軟に現地語を使っていた。生徒が理解できない点を現地語で再度説明したり、冗談を言ったり生徒たちのモチベーションを上げたりする際に現地語を効果的に用いていた。これらの工夫は数学の学習に良い影響を与えるものだと思われる。

　一方、現地語を使っても克服できないケースもある。第6学年のある生徒は遠方から引っ越してきたため、その土地で話されている現地語を理解しなかった。教師もその生徒が理解できる言葉を理解せず、意思疎通をはかることすらできなかった。数学の学業成績は非常に低く、その原因さえも把握できなかった。

　英語で数学を理解するという難しさもある。前出の28÷2の筆算を英語で表すと「28 divide by 2」となる。またザンビアでは「2 into 28」と言う場合もあり、28と2の順序が逆になる。これが子どもの混乱を引き起こす。第二言語で学ぶことさえ難しいのが、数学の専門的な言い回しで理解にさらなる困難が生じている。

　言語の問題に関しては政治的観点や保護者の意識、国際社会からの要求もあり、解決は一筋縄にはいかない。ザンビアでは現在は低学年で現地語の使用を認めている。しかし学校教育では基本的に英語の習得が目指されている。職業選択やキャリア形成においても保護者はそれを望んでいる。国際機関や教育学者、発達心理学者の一部は発達の観点や学習の円滑さからも現地語の積極的な使用を推進している。教育を取り巻く様々なアクターが異なる見解を有しているため、教授言語に関する問題は複雑である。重要なのは生徒たちのためになる方策を考えていくことである。だからこそ学校の授業におけ

る子どもたちの学習の困難の原因に目を向け、それらの仔細を明らかにする研究を積み上げていく必要があるのである。

第4節　ミクロな視点からの教育開発「協働」研究

　本章ではザンビア人生徒の学習の様相や課題、学習を取り巻く諸問題を論じた。課題を明らかにして、初めて改善案を考えることが可能になる。それが教育の質の向上に向けて一歩を踏み出すことにつながる。他方で本章では詳述していないが、学習改善には教師の指導方法を変えていくことが必要である。指導方法に関する研究は学習の内実を考えることと合わせて、授業の質の改善に直接的につながる。つまりこれも教育の質の向上の鍵となる。そこで筆者は教師教育の視座からも研究を実施している（中和2012b）。2020年現在は、広島大学が受託した国際協力機構のプロジェクト研究にて、馬場教授を中心としてザンビアの教育研究を実施してきた研究者がチームとして、計算のプロセスを重視した教材の開発や授業の実施について調査を行っている。その中でも教師の教授法を変えるための研修の実施等を行っている。教師がある教材を用いて実際にどのような教授を行うのか、彼らの生の声を聞きつつ、最終的には子どもの学習に裨益できることを目指している。

　教育開発に携わる研究者たちは開発途上国の現状を知らずして美辞麗句を述べることはできない。そのような時代ではない。フィールドに行き、現地の人々から学び、自身の持つ知見を使いながら泥くさく現場にコミットする。つまり研究者と現地の教育関係者との対話、協働が必要である。国際教育開発に携わるというのであれば、他者と関わりながら、どれだけ現場のことを知り、学び、知見をアップデートさせるのか、そのことが政策の議論と同等に重要だと考える。

　私が行う研究は個々の授業や事例に焦点を当てるミクロな研究である。一般化に関しては当然限界もある。しかし、限られた場所や教室での研究でも多くのデータを多層的、複眼的に検討することで、みえてくること、気づかされることが多い。授業という名のフィールドを渡り歩き、研究者と開発途

上国の生徒・教師と協働して紡ぎだす実践知の創造をこれからも続けたいし、そのような研究がさらに充実するとよいのではないか。これは、従来の国際教育開発研究に欠如していた点であり、対話を重視した国際教育開発研究には決定的に必要なことである。現在、私たちはコロナ禍により大きく教育の形態や方法が変わっていく潮目にいる。これまで以上に、授業をベースにした教育開発研究を続けていきたい。

注

1　第2節1の議論は筆者の博士論文（中和 2011）の内容の一部を改変したものである。
2　馬場卓也氏（広島大学）は日本の数学教育開発における第一人者である。これまでに日本ではあまり注目されてこなかった数学教育の文化的側面（民族数学）に焦点を当てた論考（馬場 2002）を発表している。また馬場（2014）はプロセスを重視した国際協力のアプローチについて論じている。
3　プログラム参加学生は青年海外協力隊隊員としてボランティアを行う傍ら研究を実施し、その任期終了後、帰国し修士論文を完成させる。本プログラムでは30本の修士論文が成果として提出された（2020年6月現在）。うち授業の内実や生徒の学習、教師の指導に焦点を当てた研究は数多く、このプログラムでの研究の蓄積はザンビアの教育研究に貢献している。
4　「生徒」は断りがない限り、小学校の5年生、6年生と中学校の8年生、9年生の子どもたちを指す。調査当時（2005年から2010年）の学校教育制度として、基礎学校が第1学年から第9学年と定められていた。日本では「児童」「生徒」と区別する。ザンビアでは初等学校から高等学校まで「pupil」と統一されているため、「生徒」とした。生徒の名前は仮名である。
5　2年生で四則演算（加減乗除）の基礎を学ぶ（*Ministry of Education, Science, Vocational and Early Education*, 2013）。
6　現在では4年生まで現地語の使用が認められ、その後は英語による教授が行われる。8年生の授業では英語を通して教科を学ぶ。

参考文献

Alexander, R, 2008, *Education for All, The quality imperative and the problem of pedagogy, Create pathways to access research monograph No.20*, London: Institute of Education, University of London.
Anderson, L, W, 1991, *Increasing Teacher Effectiveness*, Paris: IIEP, UNESCO.
———, 2004, *Increasing Teacher Effectiveness*, Paris: UNESCO/IIEP.

Carmody, M, 1999, *Education in Zambia Catholic Perspective*, Lusaka: Bookworld Publishers.

Ministy of Education, 1996, *Educating Our Future*, Ministry of Education.

Ministry of Education, Science, Vocational and Early Education, 2013, *Mathematics Syllabus（Grades 1-7）*,Curriculum Development Centre.

UNESCO, 2000, *The Dakar framework for action Education for All: Meeting our collective commitments*, UNESCO.

———, 2004, *EFA Global Monitoring Report 2005 Education for All The Quality Imperative*, UNESCO.

———, 2015a, *EFA Global Monitoring Report 2015 Education for All 2000-2015: Achievement and Challenges*, UNESCO.（=2015、阿部かなえ・荒川奈緒子・大島慧・岡田貴史・澁谷和朗・松崎瑞樹・松山剛士・村岡隆之・村上啓子・吉田純平訳『Education for All すべての人に教育を2000-2015成果と課題　概要』岩橋印刷。）

———, 2015b, *World Education Forum 2015 Final Report*, UNESCO.

———, 2020, *Global Education Monitoring Report 2020 Inclusion and education: All means all*, UNESCO.

Wittmann, E, Ch, 2005, Mathematics as the Science of Patterns-A guideline for Developing Mathematics Education from Early Childhood to Adulthood, Paper presented from plenary lecture at the international colloquium 'Mathematical Learning from Early Childhood to Adulthood' July 7-9, 2005.

齊藤みを子、2008、「教育の質に関する課題 —— EFA 達成に向けての質の縦横性と質の測定法」小川啓一他編『国際教育開発の再検討途上国の基礎教育普及に向けて』東信堂、161-190頁。

澤村信英編、2008、『教育開発国際協力研究の展開 EFA（万人のための教育）達成から現実を捉える』明石書店。

澁谷渚、2008、「本質的学習環境（SLE）に基づく数学科授業開発研究（1）——ザンビア基礎学校における生徒の活動の分析」『数学教育学研究』14、187-197頁。

———、2009、「本質的学習環境（SLE）に基づく数学科授業開発研究（2）——ザンビアのある基礎学校における生徒の数のパターンの認識に関する記述の分析」『数学教育学研究』15（1）、136-146頁。

中和渚、2010、「ザンビアにおける本質的学習環境（SLE）に基づく数学科授業開発研究（3）—— 第5学年児童が行った「数の石垣」の学習課程への着目」『数学教育学研究』16（2）、71-79頁。

———、2011、『ザンビア共和国における本質的学習環境の実践に基づく数学の授業開発研究』広島大学博士論文。

———、2012a、「ザンビア共和国の数学教育開発のための基礎的調査（2）—— 中央州カブウェのある基礎学校における子どもたちの1桁の乗法の習熟度と課

題」『第44回数学教育論文発表会論文集』2、933-938頁。

―――、2012b、「本質的学習環境（SLE）の授業開発におけるザンビア人教師2名の成長と課題」『数学教育学研究』18（2）、13-21頁。

―――、2013、「ザンビアの子どもたちの生活から学校教育を問い直す」『アフリカ教育研究』3、83-82頁。

馬場卓也、2002、「民族数学に基づく数学教育の展開（5）：動詞型カリキュラムにおける測定活動の記号論的分析」『全国数学教育学会誌』8、11-18頁。

―――、2014、「数学教育の内発的発展へ向けたプロセス重視の国際協力アプローチ」『日本数学教育学会誌』96（7）、20-23頁。

第9章　教師の実践と成長を支える『外部者』の まなざし

荻巣　崇世

第1節　途上国の教育現場にあふれる "べき" 論

　教師は、日々子どもたちに寄り添い、授業を通して学校教育という営みを支えている。どれほど優れた教科書や設備の整った教室が用意されていても、教師がいなければ、学級という集団における子どもたちの学びを学校教育へと昇華させることはできない。私は、これまで、授業中に生起する教室の事実を記録し、授業の難しさと面白さをどうにか分かりたいという気持ちで研究を行ってきた。教師教育学を専門とし、カンボジアの小学校を中心に、日本の学校でも授業を参観し、授業についての教師たちの語りに耳を澄ますことで、彼らの文脈に埋め込まれた実践知への接近を試みている。それによって、いつかは教師の実践を支えられるような研究がしたい、役に立ちたいと思っている。しかし現時点では、授業を見て教師たちと語らうことで喜びと学びを得ているのは私の方で、「役に立ちたい」などと思っている自分のおこがましさに恥じ入ることばかりだ。とはいえ、必ずしも教師に対して「こうすべき」という処方箋を与えることを目指さないという、実践に対して控えめとも言えるこの態度は、見れば見るほど分からなくなる授業の果てしない難しさを目の当たりにし、そこに果敢に挑み続けている教師たちを前にすれば、当然のことのようにも思える。

　いま、国際教育開発の言説に目を転じてみると、途上国の教師は、日本で想像するよりもはるかに厳しい状況に身を置きながら、工夫を凝らして子どもたちと向き合っている。しかし、私を含めて国際教育開発に携わる者は、どの程度、この事実を理解しているだろう。逆に言えば、安易な "べき" 論

の何と多いことだろう。日本の書店でも、○○メソッドのような本が教育書の棚を埋め尽くしていて何とも言えない気持ちになるのだが、途上国の文脈になった途端、国際教育開発の仕事は処方箋を与えること、とでもいうような勢いで"べき"論が量産されている。指導案はこう書くべき、グループワークを導入すべき、板書は……発問は……。事実、処方箋を与えることこそが、国際教育開発に携わる者の責任として論じられてきたきらいもある (Little, A. 2000)。しかし、これら"べき"論の多くは、用意された様式が、圧力とともに学校現場の外から押し付けられたものであって、現場で奮闘する教師を助けるどころか、混乱を招く結果になっている場合もある[1]。そうしておいて、授業実践が変わらないことの責任を教師の側に押し付けて、次から次へと新しい"べき"論を処方していく。こういうことがこれまでの国際教育開発では行われてきたと言えよう。

　私が本章で問いたいのは、これまでの援助のやり方の是非ではなく、国際教育開発の文脈で教師について語られる際、背後に見え隠れする態度や姿勢のことである。教師が抱える問題に対して次々と薬を処方するようなこれまでのやり方には、教師を個性や主体性を持たない駒と見なす態度が含まれてはいないだろうか。教師の仕事に求められる専門性を過小評価する姿勢が現れてはいないだろうか。こうした態度や姿勢こそ、途上国の教師たちを単なる受益者の地位に押しとどめ、保守的で個人主義的で現世主義的な教師[2]を生み出して、結果的にどんな教育改革も学校や教室には届かないという状況を作り出しているように思えてならない。同じ轍を踏まないために、私自身を含めた国際教育開発に携わる者たちが、教師に対する見方や態度をいま一度批判的に振り返り、安易に繰り返されてきた"べき"論から脱却することが不可欠だ。その上で、一律の処方箋を外から処方するのではなく、教師たちとの対話を通して教室での"小さな革新"を支えていくことこそが、すべての子どもに豊かな学びの機会を保障するという大きな挑戦へのオルタナティブであると私は考える。

　そこで本章では、国際教育開発の文脈で教師がどのように位置付けられてきたのかを整理するとともに、私自身がカンボジアの教師たちと関わる中で

学んだ知見をもとに、今後、教師たちを教育開発のパートナーとして捉え、協同していくことの重要性について論じたい。尚、本稿では、国際教育開発の議論や政策の中で、あたかも主体性を持たない対象物（オブジェクト）として「教員」という言葉が使われてきたことへの抵抗として、各々に目的や意味を持ちながら実践に当たっている主体者（アクター）としての教育実践者を指す場合には「教師」を用い、それ以外の場合は「教員」を用いることとする。

第2節　国際教育開発の言説における教員像の転換

　本節では、主に2000年以降の国際教育開発の文脈の中で、教員がどのように描かれ、どのような議論が繰り広げられてきたのかを整理するが、その前に、教員の専門職化の方向性を国際基準として確立した、国際労働機関（International Labour Organization: ILO）・国際連合教育科学文化機関（United Nations Educational, Scientific and Cultural Organization: UNESCO）による「教員の地位に関する勧告」について、簡単に触れておきたい。1966年に出されたこの勧告では、教育の発展の大部分が、教員の資質と能力にかかっているとした上で、教職は専門職として位置付けられるべきであるとしている。なぜなら、教員の仕事は「厳密で継続的な訓練によって身に付けた専門知識と特殊技能を要する公的サービスの形態」であり、子どもたちの教育と幸福に対して責任を負うことが求められるためである（ILO-UNESCO 1966: Paragraph 6）。そして、教員が専門家としての職務を全うするため、適切な待遇で、キャリアを通じて学び続ける権利が保障され、自律性を発揮できる環境を整備することなどの基準を設定している。多くの先進国は、大学院レベルの教員養成制度を導入して教職の高度化を図るとともに、授業内容や教授法に対する教師の自律性を拡大するなど、「教員の地位に関する勧告」は教職の専門職化の契機となった。

　ただし、1970年代及び80年代の経済状況の悪化や新自由主義政策の中で、ナショナル・カリキュラムやスタンダードの導入など、この勧告で認定され

た教師の専門家としての自律性を狭めるような施策が教職の高度化と同時期に実施されたことには注意が必要である（丸山 2006）。さらには近年、特に米国において教育の説明責任（アカウンタビリティ）論が過熱し、付加価値（value-added）モデルを中心とする子どもの学習成果に基づく教員評価の手法が開発されるなど、教師の専門性について激しい論争が展開されている。この論争は、教員養成の必要性の見直しを迫るなど、特に大学における教員養成プログラムに対する脅威として立ち現れている（例えばZeichner & Schulte 2001; US Department of Education 2002; Darling-Hammond 2004; Darling-Hammond, Holtzman, Gatlin & Heilig 2005など）。「勧告」で示された高度化と自律性という柱が、2つとも揺らいでいる。

　一方、国際教育開発の文脈では、教師たちが教育開発のアクターとして、その積極的な役割を認められたのは近年のことである。とりわけ、2000年に採択された「ダカール行動枠組み」は、教育の質に対する関心の高まりを反映しており、教員を教育の質の向上を促す重要なプレーヤー、さらに「変革の担い手であり起爆剤」として位置付けている（World Education Forum 2000 2000: 20）。「ダカール行動枠組み」では、待遇の改善、教員訓練や研修の充実、意思決定への参加など、教員の地位の改善を各国に求めるとともに、教員の側にも、専門家としてのアカウンタビリティを果たすことを求めている。また、知識基盤社会・情報技術社会に対応するために、教員の新しい役割を踏まえて教員政策が策定されるべきとの見解を示している。

　とはいえ、ダカールで設定された6つの目標の中には教員に特化したものはなく、指標に関しても、教員一人当たり児童生徒数や有資格教員比率など、「インプット」としての教員を測る指標が用いられるに留まっていた。また、行動枠組みの中で示された「変革の担い手」としての教師像をどのように実現するかについては、具体的な道筋が示されなかったと言えよう。むしろ、就学促進を重視するばかりに教員不足の解消が優先課題とされ、援助機関の後押しを得て、主にアフリカ諸国では、教員資格要件を下げたり、養成期間を短縮したりすることで、短期間で有資格教員を量産するというその場しのぎの対策が講じられた。その結果、繰り返し批判されているように、教員一

般の質が低下した。だが、問題の本質は、むしろこうした施策が教員の社会的地位の低下とそれに続くモラルの低下、教師文化の破壊など、教育の根幹をも脅かすような癒しがたい傷を残すことになったことだ。教員資格要件の緩和や契約教員の採用が、教育へのアクセスばかりでなく教育の質の向上（ここでは教員一人当たり児童生徒数や有資格教員比率の向上）を目指して行われたことに立ち返れば、教師と教師の仕事に対する過小評価がその背後にあることは明白である。

　その後、2008年の第8回EFAハイレベル会合で採択された「オスロ宣言」では、深刻な教員不足が初等教育の完全普及を阻んでいるとし、「EFA国際教員タスクフォース（International Task Force on Teachers for Education for All）」を設立することを決定した。このタスクフォースは、教育はすべての人にとって基本的な権利であり、教師たちがその実現にとって中心的な役割を果たすことを改めて確認した上で、教員関連の政策・能力（キャパシティー）・財政の3つの分野における不足を補うための活動を展開してきた。特に、教師たちが教育の平等、公平、質の鍵を握る重要なアクターであることが度々強調されるとともに、教師の動機づけや教授プロセスなど、これまでブラックボックスとされてきた、アクターとしての教師を捉える指標の開発や、そうしたデータに基づく政策提言がなされてきた。なかでも世界銀行が開発した「教育システム分析ツールの研究開発・教員政策（Systems Approach for Better Education Results（SABER）-Teachers）」は、各国の教員政策を8つの視点から多角的に分析するツールであり、その後の国際的な議論に大きな影響を与えている。

　2015年5月に韓国のインチョンで採択された「教育2030」では、「すべての人に包摂的かつ公平な質の高い教育と生涯学習を」を総合的な目標とし、7つのターゲットと、これらを実現するための実施手段（means of implementation）として3つのターゲットを提案している。この中で、質の高い教育と学習の成果を改善するためには、「教師と教育者が力量を高め、十分に採用され、適切な研修を受け、専門職としての資格を得て、十分な資金と設備の整った、効率的で効果的な運営システムの中で動機づけられ、支援されること」が不

可欠であると述べ（World Education Forum 2015 2015= 2015: 2）、これは実施
手段ターゲットの一つとして組み込まれている（ターゲット4c）。具体的には、
「2030年までに、開発途上国、特に後発開発途上国と小島嶼開発途上国にお
いて、教員養成への国際協力等を通して、有資格教員の割合を向上する」こ
とを目指すとしている（Sustainable Development Knowledge Platform 2015）。こ
れは、「EFA実現のための教員国際タスクフォース」からのインプットを受
けたものである。すべての学習者が、単なる教員ではなく、資格を有し、や
る気があって専門的な支援を受けている教師に教わることは、質の高い教育
の鍵であるという認識が、「教育2030」では明確に打ち出されている。

　表9-1は、「教育2030」のターゲット4cの中で提案されたテーマ別指標をま
とめたものである。ここで注目したいのが、「動機づけ」カテゴリーと「支
援」カテゴリーである。まず、「動機づけ」自体、これまで国際的な教育目
標の対象になってこなかったのだが、「教育2030」では、平均教員給与や離
職率が指標として提案されている。これらは、適切な労働環境及び労働条件
を整備することで、教師の社会的地位の向上や、教職を魅力的なキャリアの
選択肢として優秀な教師を確保するという意図をベースにしている。また、
「支援」では現職教員訓練を受けている教師の割合が指標となっている。こ
の点が指標として組み込まれているのは、公平で質の高い教育の実現には、
教員養成だけでなく、継続的な現職教員訓練の機会を提供することで教師た
ちの成長を支援する仕組みが欠かせないとの認識に基づくものである[3]。

　以上のように、「教育2030」では、教職を専門職として明確に位置付け、

表9-1　「教育2030」における教員関連の指標（ターゲット4c）

ターゲット4c：2030年までに、開発途上国、特に後発開発途上国と小島嶼開発途上国において、教員訓練への国際協力等を通して、有資格教員の割合を向上する。	
有資格教員	各国の資格基準に照らした有資格教員の割合
教員養成	各国の基準を満たす養成訓練を受けた教員の割合
動機づけ	他の職業と比した平均教員給与
	教員の離職率
支援	現職教員訓練を受けている教員の割合

出典：World Education Forum 2015 (2015) pp.6-8より筆者訳出・作成。

専門家としての教師像を実現するための道筋として、教員の待遇を改善し、成長を継続的に支援することが明示されている。さらに、指標には反映されていないが、教育政策の立案、実施、評価のプロセスに教師たちの参加を促すことも提案されており（World Education Forum 2015 2015）、教師に期待される役割が、これまでよりも具体的に示されることになった。ただし、「教育2030」も、いかようにも実践されうるという意味では「ダカール行動枠組み」と同様である。「教育2030」で示された教師像を再び美辞麗句で終わらせないために、改めて、国際教育開発に携わる者としての態度や姿勢が問われているのではないだろうか。

第3節　教師の実践をどう捉え、教師の成長をどう支援するか

　これまで、私は、国際教育開発に身を置きながらも、教室の事実に基づく教育学をカンボジアでしたいという思いを持って研究に携わってきた。とはいえ、カンボジアで授業を見せてもらっていると、子どもに教科書を読ませておいてどこかに行ってしまったり、何年も前に作った指導案でずっと授業をし続けていたり、そうした現実を前に、苛立ちや呆れのような気持ちが湧いてくることが幾度もあった。冷静になって振り返ってみると、単に自分の常識をカンボジアの教師たちに勝手に当てはめているだけで、目の前で起こっていることは何も見えていなかったのだ。援助プロジェクトのお金を持っているわけでも、教員経験があるわけでもない駆け出しの研究者の私でさえ、教師たちの授業実践から学ぶという謙虚な姿勢を持ち続けることは、とても難しい。

　そんな未熟な私がこれまで観察してきたカンボジアの授業実践の中でも、学びと希望に満ちている事例を紹介したい（**図9-1**）。この事例は小学校1年生の算数の授業のエピソードで、教えていたのは中堅の女性教師S先生である。S先生が教える小学校は、カンボジアでは平均的な規模の公立小学校だが、一クラスの人数は全国平均（2014年度時点で教員一人当たり45.4人）よりも少ない36人であった（Ministry of Education、Youth and Sports 2014）。ただし、

　教室には36名の子どもが学んでおり、事例とした授業では、前時までに学習した一桁の足し算の定着を図るため、子どもたちは4つのグループに分かれてワークシートに取り組んでいた。各グループには、それぞれに異なる手書きのワークシートが与えられていた。A3用紙のワークシートには、左側のページに合わせて8問の足し算の計算問題が並んでおり、右側のページの3列×3行の表に、9つの数字がクメール文字で書かれている*。この表には、8問の計算問題の答えと、問題と関係のない数が1つだけ含まれており、この数字を探すというのが活動の内容であった。

　S先生が活動のやり方を説明してワークシートを配ると、子どもたちがグループ内で手分けして一題ずつ計算していき、表の中から答えを探して丸を付けていく。10名以上の子どもが一枚のワークシートに群がっているグループでは、問題を見ることもできない子がいて、それはベトナム出身の両親を持ち、いつも教室の後ろの方で授業に参加できないでいるYさんであった。グループ活動が始まってしばらくすると、S先生はYさんの元へ行き、そっと手を引いてグループの中心へ連れて行った。そして、問題の一つをYさんのスレート（A4サイズ程度の黒板）に書き、Dさんと一緒に考えるように言うと、そのまま別のグループの方へ行ってしまった。Yさんは数字が分からないので、Dさんがスレートに棒を書いて、それを数えることで二人で一緒に答えを計算した。当初そっぽを向いて座っていたYさんは、Dさんの隣で残りのグループ活動を見守っていた。　（フィールドノートより抜粋）

図9-1　小学校1年生算数の事例
* 小学校1年生の算数の教科書はすべてクメール数字が用いられている。

ベトナム出身の両親を持つ子どもが数名含まれているほか、小学校入学年齢を過ぎて入学してきた子どもや、逆に入学年齢以下の子どもも存在する、多様性に富んだ学級である。また、学校には、教材を作成するための画用紙やマジック、コピー機等の備品がないため、S先生はすべての教材を手書きで作成するか、町のコピー屋にて自費で印刷していた。

　上の事例は、そもそもグループでの活動が計算力を定着させる目的に沿うものであるかどうかや、課題のレベル、低学年でのグループの人数の設定など、考えるべき点が非常に多い実践だが、様々な制約を抱える困難な状況だからこそ、授業を通して個々の子どものニーズに応えるという、教師の仕事

の複雑さと重要性について考えさせられる実践であった。

1　チェックリストが生み出す教師

　現実には、上のような実践は評価されるどころか指導の対象となる。現在カンボジアのすべての教師たちは、授業がどの程度「子どもに優しい（child-friendly)」実践であるかを確認するチェックリストによってモニタリングを受けることになっている。このチェックリストは10頁345項目もの膨大なもので、地域教育局から派遣される視学官が定期的に授業を参観し、できている項目をチェックし、それに基づいてフィードバックをする、という使われ方をしている（荻巣 2016)。このリストに従えば、上に挙げたS先生の実践は、グループワークを用いているものの、指定された様式で指導案を作成していないし、批判的思考を促すような発問もしておらず、リスト中の項目の半分もクリアしていない。したがって、S先生は「子どもに優しい」教師ではないという結論が導かれるのである。もしも一般的な視学官がこの授業を参観していたら、S先生は厳しい指導を受けたことだろう。教師を支えるべき視学官が、教師を追い詰め、孤立を深めることになってしまう。こんなことが続けば、S先生が、手間暇をかけた豊かな実践を放棄し、子どものニーズに関わらずチェックリストの項目をしらみつぶしに実行することを選ぶのは時間の問題であろう。

　「ダカール行動枠組み」以降、国際教育開発においても教師のアカウンタビリティが取りざたされており、チェックリストによる教師のモニタリングが様々な──特に開発援助の──文脈で実施されている。しかし、チェックリスト方式の根本には、“これさえやっていれば良い授業になる”という安易な前提がある。事例中のYさんの家庭の背景や言語的な難しさは覆い隠されてしまう。教師は目の前の子どもに対してではなく、教育省や援助機関に対して、モニタリングを受けるその時点において、リスト上の項目についてだけアカウンタブルであることが求められる。また、この前提からは、教室にいる子どもの多様な現実やニーズを瞬時に把握し即興的に反応するという授業の不確実性や複雑さ──教職が専門職である意味──がすっぽりと抜け

落ちている。教師のアカウンタビリティは、教職が専門的で自律的な判断を要する専門職であるがゆえに、そうした判断が本当に適切であったかという視点で、まずは個々の子どもに対する責任として問われるべきものであろう。チェックリスト方式は、教師がどれだけ教育省や援助機関に従順かを確認するもので、逆に教師から専門職としての自律性ややりがいを奪う、非常に危険なやり方である。

　教員の知識レベルが低く、モラルもモチベーションも低い地域では、チェックリスト方式で分かりやすく、かつ厳しくモニタリングする方が良いのではないかという反論もあろう。しかし、たとえすべての教師がチェックリストの項目を漏れなく実施できるとしても、それは目に見える表面的な授業の形態が変わるというだけで、教師の成長や子どもの学びとはほとんど関係がない（Ogisu 2014）。なぜなら、教師たちには、"なぜこのやり方が良いのか""このやり方で子どもはどう変わるのか"を試行錯誤し、その意義や価値を実感し納得するための時間や機会が与えられず、すべてが単なるテクニックになってしまうからである（荻巣 2013）。そして、耐教師性の高い（teacher-proofな）ツールを用いることは、教師を上からの命令に従うただのオブジェクトの地位に押し留め、そのことが、逆説的に、専門家としての教師を必要とするような改革 ―― カンボジアの「子どもに優しい学校」改革のような ―― が教室では実現しえないという状況を作り出している。

2　S先生の実践と成長をどう支えるか

　対して、"実践から学ぶ"という視点で上の事例を見てみると、豊かな学びの事実が見えてくる。まず、S先生の用意した課題は、子どもたちがそれぞれのやり方で挑戦できるように工夫されていた。8問の問題があったことで、大きなグループだったにも関わらず、多くの子どもが活動に参加できた。このことは、用意できる教材の数などの物理的制約があっても、工夫次第では子どもの学習参加をある程度は保障することが可能であることを示している。また、8問の中から子どもたちが問題を選んで挑戦できるデザインだったことで、一つの課題でも多様な学力レベルの子どもたちが自分で問題を選

び、取り組むことができた。それによって、計算が苦手な子どもやYさんの
ようにクメール数字が読めない子どもでも、グループ全体の課題解決に貢献
したという達成感を味わうことができたのである。これらは、S先生が意図
的に計画していた部分であり、子どもの学習ニーズの把握や教材研究が、学
びをデザインする上で極めて重要であることを改めて示している。

　同時に、S先生が、最初グループに入れなかったYさんに気付き、そっと
手を引いてDさんにバトンタッチした時のような、授業の中での即興的な判
断も非常に重要である。S先生のこの判断によって、クメール語が得意でな
く孤立しがちであったYさんを活動に参加させただけでなく、カンボジア人
であるDさんをはじめ、グループや教室全体ともつないだのである。S先生
によれば、Yさんがグループから外れてしまうであろうことは最初から予想
していたが、その場で、同じく手持ち無沙汰にしていたDさんとペアにした
のだという。もっとすごいのは、小学校1年生ながら、クメール数字が読め
ないYさんのために、スレートに棒を書いたDさんの思慮深さである。Dさ
ん自身、棒を数えることでしか計算ができなかったのだろうとS先生は振り
返っていたが、YさんとDさんが一緒に一つずつ棒を数えていた場面は、D
さんの優しさが伝わる素敵な場面であった。そばにいたDさんがここまでの
寛容さを見せるとは、S先生も予想していなかったという。この事例は、教
師の予測や計算を超えたところに子どもの豊かな学びがあり、だからこそ授
業は難しくて面白いのだ、という事実に気付かせてくれる。

　資源的・制度的な制約がある中で、これほど豊かな授業を日々営んでいる
S先生には査定や指導ではなくまずは賞賛が送られてしかるべきであろう。
ただし、「一桁と一桁の足し算の定着」という授業のめあてを達成しえたか
というと、残念ながら事例の授業ではほとんどの子どもがそこまで到達でき
なかった。S先生はこの事実を真摯に受け止め、2年生以降の学習にとって
基礎となる知識やスキルを子どもたちにどう身に付けさせるかという挑戦を
続けている。

　こうしたS先生の挑戦を支え、その過程におけるS先生の「専門家として
の学び（professional learning）」を支援するために、私たち国際教育開発に携

わる外部者には何ができるだろうか。さらに、S先生以外の大勢の教師たち
の実践を支え、すべての子どもを学ぶ喜びに出会わせるために、何が求めら
れているのだろうか。

　教師の仕事は、一方で綿密な計算と準備とを前提としつつ、他方で不確実
性に対する即興性が求められるところに難しさがある。そしてそれは、学校
を取り巻く文脈や子どもが学校に持ち込んでくる ── 貧困や親の非識字と
いった ── 家庭の背景とも切り離せない。これは教師の仕事に共通の性質だ
ろうが、途上国の場合には様々な制約が重なり、学校のキャパシティや教師
の力量への依存度が余計に高いと言ってよい。だからこそ、給与や研修など
の制度上の困難を取り除くことはもちろんだが、実践に埋め込まれた形での
継続的な支援が何よりも欠かせない。

　実は、以上のことは教師教育学ではこれまでずっと議論されてきたことで
あり、特に目新しい議論ではない。教師は、教材についての深い理解はもち
ろん、カリキュラムの見通し、教室の子どもたちの家庭状況やニーズ、これ
までの学びの過程や課題の出し方など、様々な要因を総合的に捉えながら無
数の判断をして、授業を展開している。授業中に教師が下す判断の根拠とな
るのが専門的な知識であり、これらの判断を反省的に振り返ることが、教師
の専門的な成長の核になるとされている（Schön 1984; 佐藤 1997）。認知心理
学の観点からも、教室という教師にとっての実践の場でこそ、文脈に即した
（レリバントな）実践的な学びが可能になることが明らかになっている
（Putnam & Borko 2000）。さらに、教師の成長は、チェックリストをこなすこ
とのような自閉的で直線的なプロセスではなく、同僚などの他者と視点を交
流し合う社会的で循環的なプロセスによって可能になる（Feiman-Nemser
2001）。その際、対話を通した教師間の同僚性の構築、望ましい実践のイ
メージの共有（Little, J. W. 2002）、そして教師たちを継続的に支える他者の
存在が不可欠である。先行研究でも、省察における他者の視点、特に大学の
研究者、視学官や指導主事などの外部アドバイザー（knowledgeable others）
の視点が極めて重要であることが確認されている（Grossman, Wineburg, &
Woolworth 2001）。外部から紋切り型の"べき"論を居丈高に論じるのとは

異なり、授業実践を丁寧に観察しながら、教師と一緒に困難に立ち向かう覚悟と姿勢を備えた外部者が求められているのである。

　ただし、途上国の授業実践に関わる場合には、私たちは"途上国に生きているわけではないこと"と"教師ではないこと"の二重の外部者性を帯びた存在である点に注意が必要である。本節の冒頭に述べた通り、授業実践を自分の常識に当てはめて決め付けることはとても簡単で、しかも、途上国ではそうした"先進的な"知見が求められているところもある。だが、"先進的な"知見を与えるだけでは、教師がますます受身になり、専門家としての成長も期待できないことはこれまで述べてきた通りである。ならば、二重の外部者としての立場を生かして、授業の事実を媒介として、それをどう見てどう意味付けるのか、差異を差異として尊重しながら交流し、互いに学び合う対話的な関係を構築することが、オルタナティブになり得るのではないだろうか。

第4節　"小さな革新"が拓く未来

　本章では、これまでの国際教育開発における教師の位置付けと、その背後に透けて見える教師を軽視するような態度や姿勢について批判的に振り返るとともに、専門家としての教師の実践と成長を支える関わり方の可能性について検討した。

　S先生のような教師がカンボジアの教室で子どもたちと向き合っているというのは、カンボジアの教育の未来への希望である。さらに、S先生だけでなく、私が知るだけでも何人もの素晴らしい教師たちが、それぞれの教室の「Yさん」を学ぶ喜びに出会わせている。この希望をどのようにつなぐことができるかが、無理をいって授業を見せてもらってきた私の課題である。今は授業の難しさに圧倒されて言葉を失ってしまう体たらくだが、様々な授業に入って授業を見る目を磨き、外部者として自分なりの視点を持って教師たちと対話し続けることが、私のカンボジアの教育への「コミットメント」(北村 2005: 243) の示し方である。また、カンボジアの教師たちとの対話の過程

で、私自身が知見を蓄積していくことによって、日本の授業実践に対しても新たな視点を提供したい、とも目論んでいる。

　先進国か途上国かを問わず、すべての子どもに豊かな学びの機会を提供するという途方もない挑戦に立ち向かい続ける教師を支援するため、制度・政策的な仕組みの整備は不可欠だが、それ以上に、国際教育開発に携わる我々が自らの立場を見直し、学校現場の教師の実践から学び続けることが求められている。教室の中で日々教師たちが起こしている"小さな革新"を支え、その教室の子ども一人ひとりの豊かな学びを保障していくことからしか、すべての子どもの学びは実現しえないのだから。

注

1　特に、援助のもとに"押し付けられた"子ども中心の教授法が途上国の教育現場にもたらした混乱は多数報告されている。例えばGuthrie（1990）、O' Sullivan（2002）、Reimer（2012）など。

2　ダン・ローティは、米国の教師の置かれた状況を批判的に分析し、新しい人や実践が歓迎されない保守主義（conservatism）、キャリアの見通しが持ちにくい現世主義（presentism）、"沈むか泳ぐか（sink or swim）"の状況に放り出される個人主義（individualism）の3つを教職の性質として同定し、教師を取り巻く環境が教師の創造性や成長を制限していると批判した（Lortie 1975）。ローティの分析は、現代においても世界各地の教職の性質を見事に言い当てている。"べき"論を上から押し付けるだけでは、これら3つの性質を打ち破るばかりか強化してしまうのではないか。

3　ただし、「教育2030」のテーマ別指標のうち、SDG4でグローバル指標として採択されたのは「教員養成」カテゴリーのみである。

参考文献

Darling-Hammond, L., 2004, "Inequality and the Right to Learn: Access to Qualified Teachers in California's Public Schools", *Teachers College Record*, 106（10）: 1936–1966.

Darling-Hammond, L., Holtzman, D. J., Gatlin, S. J., & Heilig, J. V., 2005, "Does Teacher Preparation Matter? Evidence about Teacher Certification, Teach for America, and Teacher Effectiveness", *Education Policy Analysis Archives*, 13(42): 1-48.

Feiman-Nemser, S, 2001, "From Preparation to Practice: Designing a Continuum To Strengthen and Sustain Teaching," *Teachers College Record,* 103(6): 1013–1055.

Fernandez, C., Cannon, J., & Chokshi, S, 2003, "A US-Japan lesson study collaboration reveals critical lenses for examining practice," *Teaching and Teacher Education,* 19(2): 171–185.

Grossman, P., Wineburg, S, & Woolworth. S., 2001, "Toward a Theory of Teacher Community," *Teachers College Record,* 103(6): 942–1012.

Guthrie, G., 1990, "To the Defense of Traditional Teaching in Lesser-developed Countries", In V. Rust & P. Dalin (Eds.), *Teachers and Teaching in the Developing World,* 8: 219–232, New York: Garland.

ILO-UNESCO, 1966, *Recommendation concerning the Status of Teachers.* Paris: UNESO (Retrieved September 19, 2015, http://www.ilo.org/sector/Resources/sectoral-standards/WCMS_162034/lang--en/index.htm).

Little, A., 2000, "Development Studies and Comparative Education: Context, content, comparison and contributions," *Comparative Education,* 36(3): 279–296.

Little, J. W., 2002, "Locating Learning in Teachers' Communities of Practice: Opening up Problems of Analysis in Records of Everyday Work," *Teaching and Teacher Education,* 18(8): 917–46.

Lortie, D. C., 1975, *Schoolteacher: A Sociological Study,* (2nd Ed), Chicago: University of Chicago Press.

Ministry of Education, Youth and Sports, 2014, *Education Statistics & Indicators 2014-2015,* Royal Government of Cambodia.

Ogisu, T., 2014, *How Cambodian Pedagogical Reform Has Been Constructed: A multi-level case study.* Dissertation submitted to Michigan State University.

O'Sullivan, M., 2002, "Reform Implementation and the Realities within which Teachers Work: A Namibian Case Study", *Compare: A Journal of Comparative Education,* 32(2): 219-237.

Putnam, R. T., and Borko, H., 2000, "What Do New Views of Knowledge and Thinking Have to Say About Research on Teacher Learning?", *Educational Researcher,* 29(1): 4–15.

Reimer, J. K., 2012, *Local Negotiation of Globalised Educational Discourses: The Case of Child Friendly Schools in Rural Cambodia,* Dissertation submitted to University of British Columbia. (Retrieved September 19, 2015, from https://circle.ubc.ca/handle/2429/43691)

Schön, D. A., 1984, *The Reflective Practitioner: How Professionals Think In Action,* New York: Basic Book.

Sustainable Development Knowledge Platform, 2015, *Sustainable Development Goals,* New York: United Nations Department of Economic and Social Affairs

(Retrieved February 15, 2016, https://sustainabledevelopment.un.org/sdgs).

US Department of Education, 2002, *Title II Report: Meeting the Highly Qualified Teachers Challenge*, Washington DC: US Department of Education.

World Education Forum 2000, 2000, *The Dakar Framework for Action: Education for All: Meeting our Collective Commitments*, Paris: UNESCO (Retrieved September 19, 2015, http://www.unesco.at/bildung/basisdokumente/dakar_aktionsplan. pdf).

World Education Forum 2015, 2015, *Education 2030 Incheon Declaration and Framework for Action,* Paris: UNESCO (Retrieved September 19, 2015, http:// www.uis.unesco.org/Education/Documents/wef-framework-for-action.pdf). (=2015、上條直美・中村絵乃・三宅隆史・湯本浩之訳『世界教育フォーラム2015成果文書 —— インチョン宣言』開発教育協会。)

Zeichner, K. M., & Schulte, A. K., 2001, "What We Know and Don't Know from Peer-Reviewed Research about Alternative Teacher Certification Programs", *Journal of Teacher Education,* 52(4): 266–282.

荻巣崇世、2013、「カンボジアの「子ども中心」の教授法改革に対する教師の反応 —— 改革が内包する矛盾と教師の主体性に注目して —— 」『比較教育学研究』47、79-99頁。

───、2016、「教育実践を統べる学びの論理 —— カンボジアの児童中心の教授法改革への示唆」『比較教育学研究』52、3-25頁。

北村友人、2005、「比較教育学と開発研究の関わり」『比較教育学研究』31、241-252頁。

佐藤学、1997、『教師というアポリア —— 反省的実践へ』東京：世織書房。

丸山和昭、2006、「日本における教師の"脱専門職化"過程に関する一考察 —— 80年代以降の教員政策の変容と教員集団の対応を中心に」『東北大学大学院教育学研究科年報』55(1)、181-196頁。

第10章　最貧国の現場から教育開発を考える

古川　範英

第1節　国際教育開発の暴力を乗り越えるために

　本章は、2014年から2017年にかけて国際協力機構（Japan International Cooperation Agency: JICA）のマラウイ事務所に教育セクター担当スタッフとして勤務した筆者自身の経験をデータとし、これからの国際教育開発の在り方について検討することを目的としている。議論の軸としたいのは、アフリカを論じたり理解しようとする試みが、得てして「足りないこと」や「質が低いこと」、「遅れていること」など「負の解釈」に終始してしまうという、ポスト・コロニアル論者がしばしば指摘する傾向の解消を、国際教育開発においていかに進められるかという問いだ（Mbembe 2001）。最貧国の教育に関する議論は、発信者が研究者か実践者かを問わず、就学率の低さや低学力、ガバナンスの脆弱さなど、マイナス面に傾倒しがちだが、このような言説が流布し続けることは、植民地主義的な眼差しでアフリカを表象し、負のスパイラルのイメージに落とし込めてきた暴力と相似をなしている。国際教育開発もこの「負の解釈」のトラップと無縁ではない。この問題を検討するに当たり筆者はまず、援助する側による表象の対象となって「語られること」が日常となっている人々、つまりマラウイ人自身が自らの教育について何を語るかという点に着眼する。教育という営みに対して、筆者を含む多くの国際教育開発の関係者にとって遠くの他者であるマラウイの人々自身が与えた答えを記述することで、表象する側とされる側のアンバランスを是正したいというのが狙いだ。後述する通り、この試みは筆者の意図に反して、教育について積極的に「語らない」という選択肢があるということも明らかにする。

これら一連の考察を通して、国際教育開発に携わる者が参照可能な言説群の厚みを増し、それによってこれからの国際教育開発が語り得ること、やり得ることの射程を拡げてみたい。

　また、国際教育開発における「語り」を議論することは、必然的に他者を語ることを日常とする国際教育開発の実践者の振る舞いについての批判的検討を要請する。現在、私たちが国際教育開発の実践者について確かなこととして語れることは驚くほどに少ない。本稿で記述できることも決して多くはないが、今後のための道筋を示したい。

第2節　教育について語るときに語ること

　ある日、こんなことがあった。筆者も参加した教育省と複数の援助機関による合同のミーティングでのことだ。経常、開発予算ともに逼迫した状態が続くマラウイでは、教育省と援助機関のコストシェアリングが度々議論になる。この日も、開催を数ヶ月後に控えた大きな会議の運営方針を巡って、教育省と援助機関が喧々諤々の議論をしていた。教育省は慣例通りホテルの会議場を貸し切り、参加者の親睦を深める目的でカクテルパーティーを行うことを希望していたが、その実現には少なからず援助機関の支援が必要であった。筆者を含む援助機関関係者の多くは、数十人の生徒が一冊の教科書をシェアしなければならない学校が珍しくないこと、また教員給与の支払いも滞りがちなマラウイで一部の「エリート」が集まる会議に大金を使うことに疑問を覚えた。そこで代替案として、近隣の大学もしくは中等学校の多目的ホールを使って会議を行うアイデアが援助機関側から出された。コストを削減することができるメリットに加えて、学校の教師と生徒たちの窮状に鑑みて低コストでの会議開催という英断を下した教育省をメディアが大々的に取り上げてくれるかもしれないという期待があった。これは非常にポジティブな選択肢だろうという雰囲気が援助機関側にはあった。そして議論の応酬が続く中、呟くような声のボリュームながら、とても大きなインパクトをもって筆者の耳に入ってきた言葉があった。

　「まるで自分たちを貶めているようだ。教育省の尊厳に関わる。」

　教育省の同僚から発せられた、すぐにその後の議論の波に埋もれてしまっ
たこのコメントを拾ったのは、筆者だけだっただろうか。より肝心と思われ
た会議自体の中身の議論ではなく、つまり教育の話ではない話が、教育省の
「尊厳」という、組織としての根幹に近い場所に触れる重要性を持っている
というのは、一体どういうことなのだろうか。後日届いた件の会議への招待
状に高級ホテルの名前が会場として記載されているのを確認し、潮目を変え
るチャンスを逃したと若干落胆した時も、より大きな重要性をもって筆者の
頭を巡っていたのはこの発言の意味だった。
　筆者個人は、最低限のリソースにすら事欠く学校現場の状況を踏まえて華
美な支出を抑えるように教育省を諭そうとした援助機関の行動には一理ある
と今でも考えている。他方、この経験をその後幾度となく振り返るなかで、
援助機関側の対応は果たしてこれまでの社会科学の知見の積み上げの重みに
耐えうるだけの根拠ある振る舞いだったと言えるのだろうかという疑念も持
つようになっていった。例えば、経済学や人類学では「消費」に様々な角度
からアプローチする研究が盛んに行われている。アビジット・バナジーとエ
スター・デュフロによれば、労働に必要なカロリーが不足しがちな貧困層の
人々は、食費に充てられるお金が増えた場合、単純にカロリー摂取量を増や
すよりも、より味が良く高価な食材を買う傾向があるという（Banerjee and
Duflo 2011）。また人類学者のサーシャ・ニューウェルは、コートジボアー
ルの首都アビジャンで暮らす若者たちが、翌日の食事にも困るほど金銭的に
困窮していながら、ブランド物の洋服を着て、高級なアルコールを飲み、過
剰とも思われる派手なナイトライフを送ることで、むしろ社会関係資本を獲
得することに成功している様子を詳細に記述している（Newell 2012）。一見
論理的とは思われない、散財と見なせるような行動も、おそらく当事者自身
も意図しないような深いレベルに潜って考えた場合、中長期的な利益をもた
らす、至極真っ当な行為と言えることがあるのだ。これは実証研究に裏打ち

された社会科学的事実と見ていいだろう。これらの研究は、「最貧国」に暮らす人々の金銭に関する感覚や消費行動が、個人の振る舞いから国家予算の執行まで、筆者を含む援助関係者が会議の過程で描いていたようなものとは異なる可能性があり、かつそれはローカルな文脈においては極めて論理的たり得ることを示唆している。

　また、19世紀バリ島の劇場国家の研究を通じて、国家を巡る研究が権力の問題に終始しがちなことを批判したのは人類学者のクリフォード・ギアツだった（Geertz 1981）。ギアツに依拠するならば、マラウイの教育も教師の実践や生徒の学びなど一般に「教育的」とされる現象とは必ずしも直接結びつかないような、煌びやかな、また「非教育的」と見なされるような世界をも地続き的に含んでいると見ることができるし、現にそうした事象が観察可能な事実として我々の目の前にあることを、筆者の教育省での経験は示している。他国の教育に実践者として関わる場合、我々は時として世界でも稀な聖人君子的振る舞いをカウンターパートに求め、教育を「教育的なもの」に押し込め、教育に付随する多種多様な周辺事情を見落としがちなのではないだろうか。マラウイ人自らが語る教育は、狭義の教育論に収斂しない、より広く深い世界の存在を示唆している。

第3節　語られる側は本当に語りたいのか？

　次に、教育を巡る語りについて別の角度から検討してみたい。援助機関コミュニティーとマラウイ教育省とのやり取りを見た場合、教育人類学の古典であるマーガレット・ミードの『サモアの思春期』（Mead 1928=2001）で試みられたような、近代学校教育と内生的な、かつてそこにあったが今は失われつつある教えと学びとの比較がなされ、後者への回帰が促されるという構図に頻繁に遭遇する。比較をし、回帰を促すのは往々にして「語る側」の援助機関関係者である。当然ながら会議の議題は常にマラウイの教育だが、「真にマラウイ的な教育」の定義と実行を求める声は、マラウイではなくむしろ援助機関側からより大きなボリュームと力を伴って聞こえる。筆者自身もと

あるワークショップに参加した際に、教師教育研究者の同僚がジャン・ピアジェの構築主義を引用して生徒の学習の過程を説明するのを聞きながら、果たしてそれがマラウイの教育を捉える上で最良の理論枠組みなのか、必ずしも理論化されていないとしても、マラウイ固有の学びの体系があるのではないのかと考えたことを記憶している。また、別の中等教育関連の会議に出席した際には、配布された政策文書の内容が、国名を変えてしまえば途端にマラウイのものと分からなくなってしまうような、マラウイ固有の文脈への言及とその分析がないものであることに驚きを隠せなかった。そこで筆者は、技術的な議論をする前に、マラウイにとっての中等教育の位置付けを思想レベルで再定義する必要があるのではないかと発言したところ、参加者からの反応は皆無であった。「語る側」が「語られる側」に語ることを促した結果のこの沈黙は、何を意味するか。

　筆者を含めて、他国から教育の専門家としてやってきた実践者たちは、グローバルにその有効性が確認されている施策、所属する援助機関の方針や実践の運び方、そしてローカルな文脈を組織的、個人的に解釈、取捨選択し組み合わせながら日々仕事をする。その意味で国際教育開発の実践は常にハイブリッドだが、その中でも筆者自身は、特にローカルな文脈で大切にされてきた教育、今後大切にしていきたいと考えられている教育の在り方を重視したい、そのために外部から余計な異物を持ち込むことは極力避けたいという思いがある。特定の援助機関に所属するものとして追求するべき価値や、実践者としてマラウイの教育にもたらすべき付加価値、教育研究で積み上げられてきた知見を決して軽視することなく、それでも現在の国際教育開発における表象と実践のアンバランスは第一に取り組むべき課題の一つと考えるからだ。しかし、このエピソードは「語られる側」の語りに着眼することだけでは何かが足りないこと、さらに言えば、「語られる側」は自らの話に耳を傾けられることに果たしてどれほど関心があるのかという問いにつながる。語りを求める姿勢には、文化人類学的な繊細さと植民地主義的パターナリズムが同居する複雑さがある。援助機関に属する実践者がローカルなものに答えを見出だそうとする時、マラウイの教育者たちが欲しているのは、必ずし

も「マラウイ的」なものではないのかもしれない。外部者がローカルなもの
を礼賛することと、差別につながる差異を生み出すことが表裏一体であると
いうのもまた社会科学的事実である。

第4節　「保守」的国際教育開発論のために

　必ずしも教育的なことを語らない、そして時に語ることそれ自体をしない
マラウイの教育者の姿から、私たちは何を読み取れるだろうか。筆者は、語
りに耳を傾けることで見える国際教育開発の新しい側面がある一方で、語ら
ないという行為からは「積極的受動性」とも言うべき性格の教育行政の形が
ありうるという仮説が導かれると考える。これを「キャパシティ不足」とい
う定型の負の解釈ではなく、予算の配分や執行、政策の形成、実施、評価と
いうプロセスの定義や意味、そこに流れる時間の概念、データの意味や重み
などに関して従来とは異なる解釈を取り得る世界として捉え直した場合、そ
こから逆に現在の国際教育開発の特徴が浮かび上がらないだろうか。それは、
人間の理性を信頼し、理性的な人間が進める教育開発のプロセスは科学的根
拠に基づいてリニアかつスムーズに進み得るという信念に裏打ちされた世界
観だ。マラウイの教育官僚が見せる積極的受動性はこの期待を裏切る。そし
て外部からやってきた実践者を困惑させる一方で、たゆまぬ前進と改善を
テーゼとした国際教育開発への取り組み方自体、現実とどれほど整合してい
るのかと問いかける。人間の理性の限界を知り、その人間が関わる政策プロ
セスの限界を知り、実践者としてのテクノクラティックな振る舞いの限界を
知ることから再定義される国際教育開発は、政治学者の中島岳志が「リベラ
ル保守」と呼ぶ姿勢に近い（中島 2013）。土地に固有の歴史とそこで育まれ
た制度を重視し、その中での教育の位置付けを探りながら、漸進的な正の変
化を模索する落ち着きは、教育をより良いものにしようという強い意思が一
定方向に働く国際教育開発にこそ求められるのではないだろうか。

第5節　実践者の実像試論

　前節までの考察では、国際教育開発の実践の現場で様々な形で展開される語りを手掛かりに、発展途上国の教育行政の諸側面を捉え、そこから示唆される国際教育開発の在り方を論じた。これを手掛かりに、本節では国際教育開発の「実践者」について掘り下げてみたい。国際教育開発の「実践者」とは一体何者なのか。援助する側に身を置き、農業でもなく、保健でもなく、その他様々な分野でもなく途上国の教育問題の解消に取り組む人々は、何を考え、行っているのか。その日々の動きが組織を超えて体系的に言語化、可視化されることは極めて少ない。私たちは実践者について余りに知らなさすぎるのだ。研究と実践という二分法を超えた新しい国際教育開発の在り方を考えるにしても、まずは後者に関する知が量、質ともに圧倒的に不足している現在の状況を打開しなければならない。　国際教育開発の実践者のコミュニティーを見ると、そのメンバー構成は実に多様である。大学で教育学を専攻したり、教員として教壇に立った経験がある人間ばかりではなく、筆者自身も修士課程入学後に初めて体系的に教育について学んだ。教育研究に関する幅広い知見を持つ者もいれば、体系性はそれほど優れていなくても、実務を通して培った経験を糧に仕事をする者もいる。こうした知識や経験の質と量を測る共通の指標は存在しない。研究者として成果を積み上げ成熟していく過程は、出版業績や理論の発展への貢献度などでより明確に観察可能だが、実践者としての質や、それを獲得して成熟していく過程はどのようなものか、そもそも成熟した実践者とはどのような人間を指すのかと問うと、途端にイメージがぼやけてしまう。現在のところは、これまでの所属機関や勤務年数、ポストに加えて、職務上のパフォーマンスが必ずしも明文化されない様々な形で伝達、解釈され、緩やかな形で実践者としての評価が形成されていくというのが実態だろう。

　日々の業務は、教育政策の策定に直接関わるなどのマクロな業務から、教室での教師や生徒の一挙手一投足、思考のプロセスなどを観察・記録するようなミクロな作業まで、非常に幅広い。また、乳幼児期の栄養状態や、その

前提としての安定した食糧供給など、教育との親和性が高く連携が極めて重要な開発課題も他セクターに多くあるため、分野横断的な仕事も存在する。例えば、マラウイでは5歳児以下の子どもの約42%が発育不良状態にあると報告されており、質の高い教育が実現するための前提条件が揃っていない。つまり、教育の重要性を考えればこそ、敢えて教育の外に出ていかなければならない場面が多くあるのだ。また、発展途上国の開発課題の中で、教育セクターが単独で獲得できる予算は決して多くないため、保健や農業との連携に活動の拡大と充実の活路を見出そうとする動きも見られる。このように従来の教育セクター協力の枠組みを超えた取り組みが進むにつれて、国際教育開発の実践者に求められるものも変化している。国際教育開発の実践者という存在自体は今後も無くならないだろうが、その境界は常に揺らいでいる。

　筆者は、学部生だった時に出会った広義の国際開発学を「人を助け、世の中を良くする仕事」と解釈し、そこに没頭していくことからキャリア形成が始まった。修士課程に至って初めて国際教育開発を専攻した。現場の経験を積むためにJICAの青年海外協力隊に参加してマラウイに赴任し、中等学校や孤児院で教えながら2年間を過ごした。その後研究者を目指して博士課程に進学し、教育学と人類学を専攻しながら、マラウイの高等教育についての博士論文執筆の準備を進めていた。当初は長期のフィールドワークを行うための研究費獲得を目指していたが、成果が出ない。視点を変えて、他にマラウイに戻れる方法はないかと探し始めた時、偶然公募情報を見つけ、JICAでの任期をスタートさせた。筆者が日々の業務を共にする他ドナーの教育担当者も、それぞれ紆余曲折を経て現在の職を得て、一部の例外を除いて長くても4–5年で次の勤務地、ポストへと移っていく。筆者を含む実践者の大部分がそうした極めてトランジショナルな存在であることも、この仕事の大きな特徴である。それは組織の新陳代謝を担保する一方で、一国の教育開発実践に関する知の体系的な集積に定期的な断絶をもたらす。これはマラウイの教育官僚にとっても重大なことではないだろうか。一個人としてのカウンターパートが変わっても、所属先の援助機関そのものの方針が大転換するということはないが、数年ごとに入れ替わる国際教育開発の「語り部」に対応

するのは、骨が折れる作業と思われる。教育行政を担うものとしての「積極的受動性」は、そうした経験を繰り返す中で身に付けられた戦略的な作法かもしれない。

　筆者自身も、世界を良くしたいと強く願ってこの業界に入り、限られた一国での任期中に何とかして目に見える成果を上げたいと考える「語る側」の人間である。しかし、数年間で一国の教育が劇的に変わることなどあり得ないという確信を得る過程で、国際協力、とりわけ国際教育開発の仕事をするということは、「世界を良くする」という壮大なものではなく、少なくとも自分が生きている間に物事が大きく進展することはないと悟りながら、日々の業務を積み上げ漸進的な物事の改善に貢献しつつ生きていくことだと考えるようになった。換言すれば、赴任当初の雄弁な語り部の姿勢から、最貧国の教育を改善するという仕事の途方の無さから来る多少の諦めと、国際教育開発が所与としているものの批判的検討を経て、遠くから来た実践者である筆者自身も内面的な変化を経験していると言える。

　そもそも時間の流れを一本のリニアな線のようなものとして想定した上で、マラウイの教育が右肩上がりに向上していき、いつかテイクオフする日を夢見るという姿勢が間違っているのかもしれない。さらにマラウイの教育が今後進んでいくべき道を、先進国がこれまで歩んできたそれに無意識に重ねてしまうのは、近代の批判的検討が着々と成果を上げている昨今（Greene 2009）、致命的な間違いだろう。マラウイの将来を日本の現在に見出すことはできない。フランスの思想家ミシェル・フーコーによれば、歴史は絶え間ない流れよりも分断こそがその本質だという（Foucault 1969=1989）。この考えに従えば、教育が発展する種もいつどこに現れるかわからない。教育は成果が見えづらく、息の長い取り組みが求められるとともに、多分に予測困難な仕事なのだ。しかし援助機関の人間として、マラウイの教育をより良いものにすることは至上命題である。では「良さ」の指標はどこにあるか。そうして逡巡するうちに、再びリニアな時間に引き戻され、フーコーなど忘れる日々が続く。

第6節　おわりに —— 変化を理解することから

　国際教育開発の実践は、それを下支えする種々の文脈をも理解して初めて包括的なものとなる。しかしローカル・コンテクストに対して繊細であること、「語られる側」の語りに耳を傾けることは第一歩に過ぎない。表象のバランスを取り戻す過程で常に「語られる側」から得られる情報を上位に位置付け、自動的にローカルなものに妥当性や可能性を見出すのでは、援助機関の一員として背負っている自らのアジェンダや、実践家として付加価値をもたらすという職務を放棄することになってしまう。

　本章では、教育を巡る語りを広く捉えることがこれからの国際教育開発を構想する上で重要であることを論じたが、それが国際教育開発に何をもたらすのか、その先にある研究と実践の姿については、現時点で筆者にも殆ど見えていない。語られる側と語る側のバランスを整えることで見えてくる世界はどのようなものか、今後の研究と実践を通じて探求していきたい。本章ではまた、国際教育開発の実践と実践者に関する批判的検討と理論の構築が急がれる点も指摘したが、この点を深めていくことは、安易に「交流」や「協働」の視点から研究と実践のこれからの関係性を論じるのとは異なる、両コミュニティーの新しい協働の形と知の構築につながるのではないか。

　途上国の教育現場で何が本当の問題なのかもわからなくなるほど多くの困難に直面している政策決定者や、プロフェッショナルとして成長するために確保されるべき最低限の研鑽の機会すら得られていない教師が求めているのは、「実践者」や「研究者」の垣根の遥か以前に、見る目と聞く耳を持ち、情理を尽くして相手の生活世界を捉え、理解しようとする、一人の真っ当な人間である、というのが筆者の現段階での考えだ。最貧国において援助関係者として真っ当であるということは、現実的に指標を改善していかなければならないタスクに向き合いながらも、最貧国を絡め取ってしまう「負の解釈」を再生産しないというバランスを日々の仕事に定着させていくことだ。そしてそれはまた、マラウイを含む最貧国のカテゴリーに属する国々の国際教育開発を考える際、低調な指標から判断して常に何かが「足りていない」

状況ばかりをハイライトするのではなく、むしろ後発であることのメリットを認識・可視化し、そのことが実際の教育政策と実施の練り直しに資するような、広義のマインドの組み替え可能性を模索できる柔軟性も含むだろう。そうした試みにとって、本節でも参照した人類学を含む人文科学が有益と思われるのは、国際教育開発が批判的検討を経てより確かだと思える研究と実践を生み出し変化を遂げていくなかで、それでもその枠から抜け落ちてしまうものを丁寧に拾い上げることへの注意を促し、そのための方法を提示しているからだ。「アクセス」「質」「レリバンス」「ガバナンス」などのワードは国際教育開発がその短い歴史の中で積み上げてきた、相当な確信を以てその重要性を訴えることができる教育の諸側面を捉えたものだが、それを無批判に使い続けるだけでは、実践者は山積みの政策文書の中に埋もれてしまうだろう。そういう姿勢にこれからの国際教育開発実践が進むべき道は見出せないように思われる。

　では新しいアプローチはどのような形を取り得るだろうか。例えば、国際教育開発自体が人類史的には極めて新しい試みであると認識してみる時、今起こっている様々な事象や自分の行う研究や実践の意味がより相対的に、立体的に捉えられはしないだろうか。前述の通り、より良い教育の実現へと思考と行動が向かう国際教育開発実践には、むしろ数歩引いたメタ的な視点が重要であると思う。所属機関の事業実施方針など、実践者が各々置かれたコンテクストの中でプロジェクトのアイデアを出し、予算を獲得し、人を動かし、自分も動かなければならないという現実は続くが、教育、そして社会が変化するとはどういうことか、より望ましい変化はどのようなものか、そしてそれはどういった条件のもとで可能になるのかという「変化の理論」を今一度鍛えておく必要があるだろう。国際開発という仕事はセクターを問わずすべて「変化」を模索するものだが、その根本部分を下支えする理論の構築が、特に実践者の間で極めて不十分であると感じる。この課題をクリアして初めて、国際教育開発に関わる我々は、何を出発点として国の教育を構想していくのがより妥当なのか、国際教育開発実践の「良さ」の指標はどこにあるのかという問いにも意義が出てくるだろう。変化を求めるならば、変化と

は何かを知ることから始めなければならない。

参考文献

Banerjee, Abhijit V. and Esther Duflo, 2011, *Poor Economics: A Radical Rethinking of the Way to Fight Global Poverty,* New York: Public Affairs.

Foucault, Michel, 1969, *L'Archéologie du savoir,* Paris: Éditions Gallimard.（=1989, A. M. Sheridan Smith trans., *The Archeology of Knowledge,* London: Routledge.）

Geertz, Clifford, 1973, *The Interpretation of Cultures: Selected Essays by Clifford Geertz,* New York: Basic Books.

―――, 1981, *Negara: The Theatre State In Nineteenth-Century Bali,* New Jersey: Princeton University Press.

Greene, Shane, 2009, *Customizing Indigeneity: Paths to a Visionary Politics in Peru,* Stanford: Stanford University Press.

Mbembe, Achille, 2001, *On the Postcolony.* Berkeley: University of California Press.

Mead, Margaret, [1928] 2001, Coming of Age in Samoa: A Psychological Study of Primitive Youth for Western Civilization, New York: HarperCollins.（=1976、畑中幸子・山本真鳥訳『サモアの思春期』蒼樹書房。）

Newell, Sasha, 2012, *The Modernity Bluff: Crime, Consumption and Citizenship in Côte d'Ivoire.* Chicago: University of Chicago Press.

中島岳志、2013、『「リベラル保守」宣言』新潮社。

第11章　教育学は国際教育開発に出会えるか

橋本　憲幸

　ある大学教授が、自分の天職を学生たちにたいする助言者たることであると考えており、しかもかれらの信頼を受けているようなばあいには、かれは学生たちとの個人的な付き合いにおいてかれらのために尽くしてやるがいい。もしまたかれが世界観や党派的意見の争いに関与することを自分の天職と考えているならば、かれは教室の外へ出て、実生活の市場においてそうするがいい。つまり、新聞紙の上とか、集会の席とか、または自分が属する団体のなかとか、どこででも自分の好きなところでそうするがいい。　　　（ウェーバー　1936: 60）

　以前、新聞社の宴席で聞いた言葉をよく思い出す。中東や欧米で特派員をつとめた人が途上国へ向かう記者へのはなむけにこう言った。
「特派員として出るなら第三世界がいい。紛争地や戦場の取材がどれだけ大変か、経験しなければ絶対にわからないから」
　言葉はじかに響いた。そして、私が見たものを彼も見たと瞬時にわかった。でも、本当に体験しなければわからないのか。極論を言えば、殺人者のことは人を殺さなければわからない、子を殺された親の感情は自分の子が殺されるまではわからないのか。
　　　　　　　　　　　　　　　　　　　　　　　　　　　　（藤原　2014: 300）

第1節　はじめに ── 国際教育開発に教育学は必要ないかもしれない

　本章は第3部「いかに関わるか」に位置づけられている。本章は、教育学は国際教育開発にどう関わればよいか、という問いに取り組む。のちに触れるように、教育学は国際教育開発に必要と指摘されながらも、なぜ必要か、どのように必要なのかは必ずしも明らかではない。また、教育学者として教育学から国際教育開発を考えるとはどういうことなのか、それについての議

論が十分に積み重ねられてきたとも言えない。

　本章には"国際教育開発は行われてよい"との前提は置かれていない。そのため、従来の国際教育開発の行われ方に対して代替案を提示することは本章には課せられない。Ｘという主題において代替案を提示することはＸ自体の妥当性なり必要性なりを認めなければ行いえない。本章はＸ、すなわち国際教育開発自体の妥当性や必要性を当然視していない。だから本章に対する"代替案を提示していないではないか"という言い方は内在的な批判とはならない。"国際教育開発は行われてよい"と前提したときにはじめて、ではどのように行えばよいか、という方法の問いが有効となる。

　国際教育開発が本章で自明視されないのはなぜか。それは、国際教育開発を行ってよいとする根拠が確かであるとは考えられないからである。筆者は従来この国際教育開発の正当化根拠に関する問いに、「教育」や「教育学」にこだわりながら理論的に取り組んできた（橋本 2018）。研究を重ねれば重ねるほど根拠がわからなくなり、"答えはない"という思いが頭をよぎったこともなくはない。銘々が答えを出す以外にないのかもしれないと思いつつ、"答えは様々"という答えに居心地の悪さも感じてきた。研究は終わらない。本章もまたこれまでの研究の延長線上にある。

　筆者は教育開発を勉強しようと、大学は国際開発学を学べるところを選んだ。パウロ・フレイレの『被抑圧者の教育学』(1979) を読み、イヴァン・イリッチの『脱学校の社会』(1977) を読んだ。教職課程を履修し、教育学の講義へも積極的に出席した。しかし、そこでの「教育」の位置づけは"開発のなかの教育"でしかなかった。それでも —— あるいは、だからこそ、かもしれないが —— 開発の対象である教育についてわからなければ"よい教育開発"はできないのではないか、何を開発しているのかわからない事態に陥るのではないか、それはよくないのではないか、と少しずつ考えるようになった。そこで「教育」とは何かを根源から考えたい、そしてわかりたいと思い、教育学の大学院へ進んだ。

　大学院で勉強や研究を続けるなかで気づいたことがある。それは、教育学から国際教育開発を検討するという取り組み自体がほとんどないということ

である。しかし、国際教育開発が教育に関わる以上、教育学からの取り組みは不可欠、というよりもむしろ不可避であるはずである。もちろん“教育学的国際教育開発論”と呼びうる流れを認めることもできる（e. g. 深山 2007; 浜野 2002; 北村 2005a, 2015; cf. 橋本 2016a）。だが、目下それを主流と呼ぶことは残念ながらできない。本章は“教育学的国際教育開発論”をさらに分厚くするための取り組みに連なろうとしている。

　本章の取り組みは理論的でもある。ここで「理論的」とは、教育学や国際教育開発論の内側に留まり、実務 ── 教育という行為それ自体、国際教育開発という行為それ自体 ── への貢献をすぐには目指さないという意味である。国際教育開発論は実務との関わりが強く、実務から発言する人、実務と研究を往復する人がほとんどである。研究者による実務への「コミットメント」（北村 2005b）は、筆者の先行世代ならびに同世代においてすでになされているように見受けられる。筆者には青年海外協力隊やNGOやコンサルタントや専門家や国際公務員として“現場”で働いた経験がない。引け目がないわけではない。だが、研究者である筆者の“現場”は学問である。研究者が研究者として研究の名においてなすべきは何であろう。

　こうした筆者の態度は、学問の側から実務への貢献を目指す営みを非難するものではない。立ち位置や研究に向かう姿勢の多様さが国際教育開発論の特徴でもある。また、国際教育開発の実務は教育学からの貢献がありさえすれば順調に展開できるなどといった単純なものではない。経済学など他の学問領域からの貢献も必要であろう。その国家や地域の来歴やそこに住む人びとの思考様式、生活のありようについての理解も不可欠である。社会学や人類学、地域研究の知見も求められる。

　ここから、次のように言われるかもしれない ── 現地の人びとの意見が最優先されるべきなら、必要なのは教育学者などではなく、現地の人びとの話す言語を理解でき、予算獲得のために粘り強く交渉を続け、現地の政権与党に属する政治家に直言できる専門家であればよい、と。

　だが、それだけでは足りない。「教育開発・協力の議論で、実は置き去りにされているのは教育学的視点ではないか」（山田 2009: 216. 圏点は引用者）

との指摘がある。

　　経済学的発想が教育開発・協力を支配したために、進捗を数字で評価
　　できる指標（就学率、留年率、退学率など）に教育が矮小化されてしまっ
　　たきらいがある。援助機関が途上国にもっている現地事務所に行って
　　も、教育専門家がおらず、行政や経済の専門家が教育分野もまとめて
　　担当している、といった状況が、近年ではしばしば見られる。援助の
　　実務に理想論をもち込んでも物が進まない、という意見もあるかもし
　　れないが、教育学的発想がまったくない教育開発・協力はやはり少し
　　いびつである。（山田 2009: 66-7. 圏点は引用者）

　では、「教育学的視点」や「教育学的発想」とはどのようなものか。国際
教育開発において不足している「教育学的」とは何なのか。それが明らかに
なることで国際教育開発に何がもたらされうるのか。本章の目的を改めて整
理して述べるなら、国際教育開発において “「教育学的」である” とはどう
いうことなのかを理論的に検討し、その1つの意味内容を提示することにあ
る。
　先に記したように、教育学的でありさえすれば “よい教育開発” ができる
というわけではない。とくに、その国家や地域、人びとのうちに内発的に生
成した事柄を国際教育開発の一義とするなら（江原編 2003）、近代国民国家
の成立と平仄を合わせながら制度化されてきた教育学の存在自体が外部とい
うことになり、それは二義的ということになる。そして、国際教育開発自体
がつねにすでに外部からの介入である。外部を避けるなら、国際教育開発自
体が避けられなければならない。国際教育開発においては外部が不可避であ
る以上、その外部がどのような内容を持ったものなのかを明示することが求
められる（姜編 2001; 橋本 2016b）。「教育学的」とはどのようなことかを明
らかにする本章の企図にはこの点も含まれている。そしてこの「はじめに」
において、筆者という外部の履歴の概略を示したのも、そのためである。

第2節　教育学の外部では国際教育開発に出会われている

　これまで国際教育開発が行われてきたから、そしていまも行われているからといって、国際教育開発が行われてよいということにはすぐにはならない。前段は事実の水準にあり、後段は価値の次元にある。

　国際教育開発がすでに行われていることは明らかである。しかし、国際教育開発が行われてよいかどうかは実は自明ではない。政治的には自明かもしれないが、理論的には自明ではない。

　XとYという相容れない立場があるとして、Xの妥当性をYの側から根拠を添えて証明していくことを「正当化（justification）」と呼ぶ（宮寺 2000）。Xの妥当性をXの側からのみ主張していくことは正当化ではない。また、「正当化」は、大文字の政治権力による了承や後押しなどを意味する「正統化（authorization）」と同義ではない。国際会議で合意されたから行う、というのは正統化としては十分かもしれないが、正当化としては不十分である。

　国際教育開発論においては、それが正統化と非常に近いところで行われたものを含め、正当化という営み自体が行われてこなかったわけではない。従来の正当化には、後述するように権利論に拠るものがある。そして、経済学から提出された費用−便益分析（収益率分析）がある。これは、できるだけ少ない方法で帰結の最大化を志向する功利主義という思想に重なる。さらには、ときにこうした経済学的な合理性への、別言すれば効率性への異議として提示される、当該地域の人びとの声 —— "当事者"のニーズ —— の尊重を根拠に据えた正当化もある。この考え方は、ある範域における共通善を一義とする共同体主義の思想と親和的である[1]。

　ここで2点に触れておきたい。第1に、事実に依拠して価値を定立することは妥当かどうかである。便益がある／ない、声がある／ないというのは事実であって価値ではない。"紛争が起きている"または"紛争が起きていない"という事実は"紛争は望ましいからもっと行われるべきだ"ということを意味しないように、ある事柄が事実であることはそれが実現されるべき価値であることを含意しない。にもかかわらず、"教育の社会的便益は私的便

益を上回る"、"学校が存在しない"、"学校を建設してほしいという声がある"、だから国際教育開発が行われてきたという側面がある。しかし、ここには事実から価値が導出されている点で論理的には飛躍がある。その飛躍を媒介しているのが、その事実を望ましい／望ましくないとする価値判断である。加えて、新事実が発見された —— 実は初等教育の社会的便益は私的便益を上回らない —— 場合や、事実が変更された —— 本当は学校など要らないと思っていた —— 場合には、価値の根拠が消失することになる。正当化の根拠とされたものが、逆に不当化の根拠に転じることになる。それでよいか。

　第2に、経済学や地域研究に基づいて国際教育開発を正当化することは妥当かどうかである。経済学や地域研究は正当化の対象を教育に限定しない。経済学的に保健分野の開発を正当化することもできるであろうし、地域研究から農業分野の開発を正当化することもできよう。つまり、これらは国際教育開発だからこその正当化根拠ではない。いずれの正当化も教育学から行われたものではない。このことは、国際教育開発であるがゆえの正当化根拠はありえないということを意味するのか。そうであるなら、国際教育開発も国際教育開発論も、その存在根拠に関わる部分において教育学を欠落させたまま、従来通り経済学その他に理論的にも従属したままということになる。それでよいか。

　いずれもよくないとするなら、価値を価値として取り上げ、教育学から国際教育開発を正当化する理路は模索され続けてよい。しかし、それは本当に可能なのであろうか。すでに述べたように、国際教育開発論という分野には経済学や社会学、人類学など多様な学問領域が乗り合わせている。こうしたなかで、国際教育開発論内に教育学の位置を見出すことは、残念ながら他の学問領域に比して容易ではない。

　国際教育開発論内に教育学の位置を見出すことの困難は、教育学自体が、教育－哲学、教育－心理学、教育－社会学などのように、連字符（ハイフン）によって構成される側面があることに依存する部分もあろう。そしてここから、教育学はそれ自体では成立しえないということが示唆されることになる（cf. ヘルバルト 1960）。では、教育学は対象の学問であり、他の学問領

域からの、多くの場合は方法論的な支えなしには存立しえないのであろうか。教育という対象、事象としての教育を取り扱っていることが連字符教育学の唯一の係留点だとするなら、教育学は各方法、さらには各方法論内部の種々の立場の理論的負荷をそのまま背負い込むことになり、教育学からの国際教育開発の正当化も、結局は教育学の周囲の方法論に左右されることになる。すると、教育学的な国際教育開発の正当化などは存在せず、教育−経済学的、教育−史学的、教育−人類学的[2]などが存在するのみということになるのか。それとも、対象の学問とされる教育学、そしてその対象である教育にも何らかの固有性があり、そこから他の学問領域とは通分不可能な独自の正当化根拠たりうる価値を導出することが可能なのであろうか。

第3節　教育学は国際教育開発と擦れ違う

　その帯に「国際教育開発論の、初めてのスタンダード・テキスト」と掲げられた『国際教育開発論』の冒頭では、「教育開発研究」が「基礎研究」と「応用研究」に分類されている（黒田・横関編 2005: ii）。一方の「基礎研究」とは、「真理を探究し、人間社会の知を向上させるために行われる学問的探究」であり、「途上国の教育開発を対象として、法則性や普遍性を見出すことを目的としており、その研究の成果が現実の社会に対して、短期的・直接的な有用性をもつことは、必ずしも想定されていない」、そういった研究を指す。他方の「応用研究」とは、「発展途上国の教育開発という現実的な課題を解決・改善するための処方箋を見出すことを目的に行われる実践志向の研究」とされる。この分類は、国際教育開発論は経験科学であり、政策科学であるという前提に基づいている。

　この学的構成に含まれていないのが、価値を扱う理論的な研究である（橋本 2018: 17-28）。それは主に哲学や倫理学で取り組まれ、「規範理論」とも呼ばれる（**図11-1**）。規範理論は価値を正面から取り上げて吟味する。そこには価値を論証したり定立したりすることも含まれるが、それは特定の価値を高らかに謳歌することと同じではない（奥田 2012）。

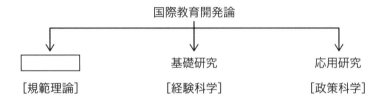

図11-1　国際教育開発論の構成（筆者作成）

　こうした規範理論は、実は国際教育開発論における応用研究にこそ必要である。途上国とされる国の教育の何を問題と見なし、何を課題とするのかは、何らかの価値規準へ照らさなければ本来はわからない。学校へ行っていない子どもがいる — これだけでは問題ではない。これは現象である。"学校へ行っていない子どもがいる"という現象が問題となるためには、"子どもは学校へ行くべきだ"という価値規準がなければならない。したがって、そういった価値規準をどこから調達するのか、何を根拠にその解決のための介入を正当化していくのか、といった問いにも国際教育開発論は取り組まなければならないはずである。実務に対する処方箋の提供を目指す応用研究としても自己規定する国際教育開発論には、規範理論が必要不可欠なのである。そのときの価値規準の調達先を政治的な合意事項とするだけでなく、また、「便益」や「ニーズ」などにのみ依拠するのでもなく、それを教育や教育学に求めることができるとするならそれは何か — それが本章の企図であった。

　従来の国際教育開発論にも、教育学を意識しながら取り組まれた研究は少ないながらも存在する。その取り組みにおける教育学としての求心点あるいは「教育学的」の根拠は、突き詰めれば「権利としての教育」（北村2005a）を重視するというところにある。本章後半の議論との関係で付記するなら、「権利としての教育」として表現されている内容は、"権利としての教育を受けること"であって"権利としての教育をすること"、つまり教育権ではない。国際教育開発論において意識されている「教育学」は、「教育を受ける権利」や「教育への権利」、さらには「学習権」など、被教育者や学習者の権利を基盤としている。

　この権利論は、明らかに一種の価値規準の表明であり、規範的である。そ
れは、問題の発見や課題の設定の際の参照枠になる性質のものである。した
がって、従来の国際教育開発論の枠組みにも、権利論という規範理論は明示
的にではないにせよ、含まれていたと見なすことができる。

　国際教育開発論が基礎研究と応用研究に分けられたように、教育学を分節
化する議論もある。教育学を「実践的教育学」と「教育科学」に分ける議論
がそれである（ブレツィンカ 1980; 広田 2009: 31-62）。そこでは、"教育はどう
あるべきか（Sollen, ought）"という教育の規範を打ち立てようとする教育哲
学などが実践的教育学に、"教育はどうあるか（Sein, is）"という教育の事実
を明らかにしようとする教育社会学などが教育科学に、それぞれ振り分けら
れている。つまり、教育学は規範の定立と事実の解明を行うものとして構成
されている（**図11-2**）。

　だとするなら、すでにあるこの権利論を基盤に国際教育開発の理論的で教
育学的な正当化根拠を練り上げればよいではないか、と言われるかもしれな
い。しかしながら少なくとも理論的には、権利論は国際教育開発の正当化根
拠としては過剰にして過少である。

　過剰とは、こういうことである。少なくとも法的には、権利には義務が対
応する。国際教育開発という現象が出現する国際的な次元の法とは国際法で
ある。しかしながら国際法上、権利を保障する義務主体は自国政府が仄めか

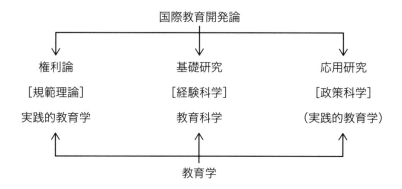

図11-2　国際教育開発論と教育学の対応関係（筆者作成）

されているのみで、具体的には定められていない（押村 2008）。自国政府の意志と能力が不十分だと外部から判定された場合は他国政府や他国民などに義務が課されると論じることは理論的にも政治的にも可能だが、国際教育開発 ── 細かく言えば、援助 ── が義務なのかどうかは、目下少なくとも理論的には明らかではない（橋本 2018: 99-138）。正当化とは別の水準にある義務化がなされた場合、他国などからの介入が増幅しうる。つまり、過剰な国際教育開発が招かれうる。

　逆に過少とはこういうことである。本章においてはこの過少のほうが重要な意味を持つ。教育を受ける権利、教育への権利、さらには学習権を根拠とした理論構成では必ずしも教育を呼び出すことはできない。言い換えれば、被教育者の側、とくに学習者を起点に教育の必要を語ることは実は当然でも必然でもない。というのも、第4節で述べるように、たしかに教育は学習者の学習という行為を目がけて教育者から投げかけられるものだが、学習自体は教育という働きかけがなくても起動しうるからである。"学習を起動させるには教育が必要である"という判断は、学習者ではなく教育者が外部から行う。もちろん、教育という働きかけがあってはじめて起動する学習もあり、この論理には視線が注がれてきた。しかし、教育がなくても学習は起動する、あるいは教育以外の働きかけによっても学習は起動するという別の論理には、国際教育開発論の文脈においては光が当てられてきたとは言えない。学習者の側に根拠を置く場合、正当化されうるのは教育だけではない。たとえば「労働する」、「遊ぶ」、「いじめる」、「死ぬ」なども学習の契機となる（広田 2003: 237）。つまり、学習と教育のあいだに予定調和の連続を想定することはできない。権利論の過少とはこのことを指す[3]。

　権利論のように、学習者の側に根拠を置いた理論構成は国際教育開発を正当化するものでは必ずしもない。これは、1990年来「すべての人に教育を（Education for All: EFA）」を掲げ、その中心に「基礎的な学習のニーズ」の充足を据えてきた国際教育開発にもあてはまる。「基礎的な学習のニーズ」があるからそれに見合った教育を構成する、という論理は必然ではない。自分の「基礎的な学習のニーズ」を充足するために自ら学習するということも可

能だからである。つまり、目下の国際教育開発は、その原初において正当化
されているとは言えないことになる。国際教育開発の正当化根拠には教育学
的な吟味や探索の余地がなお残されている。では、その根拠はどこに求めれ
ばよいか。

第4節　教育は国際教育開発と出会ってしまう

　教育や教育学にこだわりながら国際教育開発の正当化根拠を検討すること
は、教育の固有性や教育学の固有性の強調につながりうる。第5節で述べる
ように、それに危うさが伴うことは、日本における「戦後教育学」批判に見
られる通りである。その批判の要点を見定めることが、国際教育開発を教育
学的に正当化していく際に採りうる1つの行路を示すことになるかもしれな
い。

　だがその検討に入る前に、「教育」と「教育学」の違いを明確にしておき
たい。両者は異なっている。国際教育開発論に重なるところでは、かつて
「国際教育」と「国際教育学」の違いについて論及されたことがある（石附
1974; 石附編 1998）。そこでは、国際教育が実際の行為として、国際教育学が
国際教育という行為を省察するものとして把握されていた。本章の言い方に
換えるなら、前者が実務、後者が理論ということになる。本節ではこの違い
を踏まえつつ、「教育」というものに内在する性質を検討し、それによって
「教育学的」の意味内容を際立たせていくことにしたい[4]。

　「教育」とは何か。定義には様々がある。諸定義の重なり合う要素を取り
出し、また、「教育」に込められがちな「善さ」などその内容規定において
論争的な語彙を削ぎ落とした定義に次のものがある。

　　　教育とは、誰かが意図的に、他者の学習を組織化しようとすることで
　　　ある。（広田 2009: 9）

この定義には「教師」や「学校」、「教室」、「教科書」などが含まれていな

い。教育を行うのは職業的教師に限定されない。教育はまた、学校という場所にも制限されない。他者 ── 多くの場合は子どもという学習者 ── の学習がよりよく展開するようにとの意図がそこにあるなら、教育は誰でもいつでもどこでも行うことができる。教育は教育者の意図によってのみ立ち上げられる。教育を行うのは教育者である。教育の当事者は教育者である。

　この教育は一方向的である。教育者から学習者に向かう有向線分が教育である。"教育は双方向的である（べきだ）"と言われることもある。たとえば「子ども中心主義」といった語句からは、教育の当事者は子どもであるとの印象が喚起されるかもしれない。だが、教育者が存在し、そこに教育という意図的な働きかけがある以上、子どもを教育あるいは学習の中心に置くのは子ども本人ではなくその周囲にいる教育者である。そこでは"子どもが学ぶ"のではなく、"子どもを学ばせる"のである。

　もちろん、教育者が学習者の声に耳を傾けることはできるし、それは奨励されもする。しかし、それ自体は教育ではない。前掲の定義には、"学習者の意見を傾聴すること"は含まれていない。たしかにそれはよりよい教育のためには必要なことかもしれないが、教育という行為それ自体には含まれない。仮に傾聴したとしても、その結果どのような教育を行うか、そもそも教育を行うかどうかを決めるのは、学習者ではなく教育者である。教育は一方向的である。

　また、教育を行うにあたり、教育者は学習者の許諾を得ることもできない。"Xについて教えてよいか"と学習者に確認すれば、Xなるものの存在が学習者に伝達され、教育がすでに開始されてしまうことになる。どのような教育を行うか、それは原理的にはその教育者の側でしか決められない。教育はやはり一方向的であらざるをえない。

　教育は、誰かが他者の学習を促したいと意図して働きかけるときに成立してしまう。つまり、誰でも教育できてしまう。国際教育開発の実務家も研究者も彼の地の者を教育できてしまう。国際教育開発の実務家も研究者も教育の当事者になることができる。"教育の当事者の意見に耳を傾けよ"と言われるとき、その「当事者」には国際教育開発の実務家も研究者も含まれる。

そして、当事者は教育について自らの意見を述べればよいということになる。

　彼の地の人びとの内発性を国際教育開発の本義とする議論からは、それはためらわれるかもしれない。しかし、国際教育開発の実務家や研究者による教育を留まらせることは教育的にはできない。少なくとも前掲の定義を原理的に引き受けるなら、教育は自らを立ち止まらせる論理を自らのうちに持ち合わせていないと言わなければならない。したがって、教育的には国際教育開発は正当化の論議を待たずしてすぐさま行ってよいことになる —— というより、行えてしまう。では、教育学的にはどうなるか。

第5節　教育学は国際教育開発と教育的には出会わない

　「教育学的」の検討にあたって参照したいのは、日本のいわゆる「戦後教育学」に対する批判である。「戦後教育学」とは、「戦後日本の教育学のパラダイム」(今井 2004: 47) の総称である。戦後教育学では総じて、教育の固有性とそれに基づいた教育学の固有性が強調された[5]。

　戦後教育学は、教育権、すなわち教育する権利についての理論を構成しようとした。そこでは、「国家の教育権」と「国民の教育権」が対立させられ、後者の国民の教育権が擁護された (兼子 1971)。「国民の教育権」とは、教師の教育権を具体的には指す。

　教師の教育権は、本来教育とは親がわが子に行うものであること、本来子どもの教育について決定できるのはその親であること、つまり「教育の私事性」を前提に、親のわが子に対する教育権から導かれる。その導出の論理は次のようなものである。まず、子どもには学習権がある。親には自分の子どもの学習権を保障する義務と、その義務を他の行為主体に比して優先的に履行する権利がある。親は、「教育の専門家」としての教師を信頼し (宗像 1972)、わが子に対する教育権を教師へ付託する。教師は親から教育権を受け取る。教師が他人の子どもを教育することができるのは、その子どもの親からその教育権を委託されたから、ということになる。そこで予定されていたのは、子どもの「発達」を統御する「教育的価値」というものに基づいた

教育を行うことであった（勝田 1973; 堀尾 1971, 1989）。これは公教育の一種の正当化論である。

　この戦後教育学には、とくに1990年代以降、批判が向けられるようになる。批判の要点には以下の3点が含まれる。第1に、戦後教育学が「発達」などの教育学に固有の概念 —— 教育学内でしか通用しない概念 —— を使用したことにより、隣接する他学問領域との研究上の交流を停滞させた（森田 1993）。第2に、政治と教育を、あるいは政治と学問を切り離し、教育学から教育のあり方を定めていこうとしたが、戦後教育学自体に特有の政治的な思惑が隠されており、戦後教育学自体も政治的であった（小玉 2008）。そして第3に、戦後教育学は教育の私事性を前提に理論を構成したことから、1980年代以降に顕著となった新自由主義、さらには新保守主義の思想と論理的に符合し、公教育の基盤あるいは教育の「公共性」を崩すことに手を貸した（今井 2004）—— 以上の3点である。

　これらの批判から、教育や教育学に固有なものなどなく、あるいはそうしたものを想定しないほうがよく、他分野にも適用可能な価値規準 —— たとえば、先に挙げた「便益」や「ニーズ」—— を採用する以外にない、もしくはすべてを政治に委ねればよい、との結論を導くこともできる。しかし、そうではない行き方もありうる。従来の議論では少なくとも2つの行路が示されている。

　1つは、教育や教育論に対する「歯止め」としての「教育学的公共性」という考え方である。これは戦後教育学批判の3点目にとくに関係する。戦後教育学の空間における「「発達」への賛同の満場一致のなかに見るべきは、長らく求められてきた公共性の実現ではなく、私的な利害と国家的・経済的利害の共棲の罠だったのである。〔中略〕この共棲を議論の対象とし、そのことによって「発達」の名における個人の能力の無闇な搾取に歯止めをかけうる教育学的公共性が存在しない限り、個人の発達への賛同はむしろこの共棲を促進する」(今井 2004: 66.圏点および〔　〕内は引用者)。この「歯止め」は、教育に関する言説と現実のあいだの滑らかな循環に対する「教育学的論証という阻害要因」(今井 2004: 69.圏点は引用者) とも表現される[6]。教育学は、教

育を実際に行う者に対して処方箋をすぐに出すのでも、教育を実際に行う者に成り代わって何かを言うのでもない。教育学には教育をいったん立ち止まらせる役割がある。

　もう1つは、「教育と呼ばれる営みにおける関係の非対称性、代理表象の不可避性、世代継承の実存的な切実性、といった契機が、そのことに十分に自覚的な、固有の語り方を求めているのではないか、という見通し」(西村2013: 211.圏点は引用者) である。この「見通し」は、「研究者の語りも含めて、すべては上述の〔教育において何が正しいかは公共的な議論に委ねられているという〕意味での「政治」に開かれている、と考えるべきだろうか。それとも、教育学の研究者として譲ることのできない、教育に固有の「正当／不当の判断」というのがあり得るだろうか」(西村 2013: 210-1.圏点および〔 〕内は引用者) という問いかけを挟んだうえで示されている。ここでは具体的な「固有の語り方」は提示されていないものの、教育における「関係の非対称性」や「代理表象の不可避性」に「十分に自覚的」になるなら、その語り方とは教育を饒舌に述べ立てることではありえない。

　これら2つの行き方を踏まえるなら、教育を含み込んだ国際教育開発の正当化を積極的にはしない、というよりできない、国際教育開発はこうしていくべきだということを堂々とは語らない、というより語れない、という構えをこそ「教育学的」と呼ぶのだという1つの結論が導かれることになる。

第6節　おわりに ── 教育学的に国際教育開発と出会う

　本章では、国際教育開発論と教育学の関係を探りながら、また、国際教育開発を教育学的に正当化するとはどういうことなのかを検討しながら、「教育学的」の意味を吟味してきた。教育学の一分野として国際教育開発論を語る以上、また、それを日本語で語る以上、そして戦後教育学への反省を踏まえなければならない時点にもいる以上、教育の価値的な固有性や教育学の固有性を易々と語ることはできない。

　だがそれは、語ることが全くできないということではない。教育学は価値

を語る学問でもある。では、どう語るのか。そこには語り方がある。語ることと語らないことのあいだに身を置き、快活な国際教育開発論が国際教育開発の実務へと滑らかに流れ込んでいくことを中断させつつ、葛藤を伴いながらも国際教育開発に関する価値をも含んだ主張を提出する ── それが教育学的に目下許容されたことである。国際教育開発に関する事柄を声高に潑渕と断言することを「教育学的」とは呼べない。また、研究者が国際教育開発の実務家に成り代わって提言することも「教育学的」とは言えない。

　教育学は、国際教育開発研究者に対し、実務に積極的に関与することを要請しない。むしろ、実務の前に踏み留まることを要請する。少なくとも研究の名において、そして研究者として実務に積極的に関与することを教育学は原則として要請しない。教育学者がまず行うべきはそれではない。

　もちろん自身を教育学者とは規定しないのなら、これらの要請は無効である。しかし、もし教育学者と自認する者が国際教育開発の実務に関与するなら、そのときは「教育学」の纏いを脱ぎ捨て、教育学者としてではなく、教育者や実務家として行為すればよい。実務のときにも教育学者を名乗ることはない。教育学者が教育学者として教育学の名においてなすべきはそれではない。国際教育開発への教育学的な出会い方は別にある。

注

1　功利主義の種類や共同体主義内部の強調点の置かれ方の違いには本章では踏み込まない。倫理学の見取り図を示した書物（e. g. 伊勢田 2008）を踏まえながら、そこで示された個別の文献を手に取られたい。
2　「開発人類学」に即しながら「人類学的」の成立要件を検討した論文がある（関根 2008, 2011）。そこではまず、人類学（者）は開発に有用ではないとの意見が ── 人類学者自身の準備不足を認めながら ── 受け止められる。次に、人類学（者）は現地の人びとを含む「内」と主に援助団体を含む「外」を「つなぎ」、双方と「ディスカスする」役割を担いうるとされる。そして「現地の人びととの目線に近づく」ことが「人類学的」の最も基本的な要件だと述べられる。この人類学にせよ、本章の教育学にせよ、実務に直接的な貢献を目指さない、目指せない学問領域のほうが、実務との関わりのなかで自らのあり方を問いなおす機会を持つのかもしれない。
3　権利論、あくまでも教育を受ける側の権利論のこの不十分は、筆者が国際

教育開発の正当化根拠として検討したことのある「ケア」の理論にもあてはまる（橋本 2018: 271-303）。ケアは、国際教育開発の文脈では無視することのできないポストコロニアリズムの思想から提起された、誰がなぜその教育について決めることができるのか、誰にその教育を授けるのか、といった行為主体の「位置性」という問題への応答として引き受けることができるものである。また、ケアは教育学において議論されてきた経緯もあり、国際教育開発論においても理論的な意義を発揮しうると考えられる。

　しかし、ケアはその中心に「ニーズ」を据えている。ニーズは権利の基底にあり、権利はニーズの法的表現である（品川 2007）。つまり、ニーズのうち、法的に表現されることになったものが権利である。福祉の議論においては、ニーズを有する者が当事者として規定され、そのニーズに基づいたケアが要請される（中西・上野 2003）。教育学においてもケアとして教育を再定義する議論がある（ノディングズ 2008）。だが、教育は学習者のニーズ自体を発生させたり消去したり操作したりすることができる。教育者は、あなたはこのようなことを学んだほうがよいのではないか、というふうに学習者のニーズを発生させたうえで、そのニーズを充足することができる。これをニーズへの応答と呼ぶことはためらわれる。ケアの理論もまた、教育者側に置かざるをえない教育の起点を学習者側に移行させてしまう構成であるという点において、教育学的な正当化根拠としては危うさがある。

4　「教育」の概念規定については別の文献（橋本 2016b）で検討されている。

5　本章では戦後教育学内部の布置については触れない。

6　本章の文脈においては、本文直前の引用文中の「発達」を「開発」へ置き換えて読むことにより、示唆を得るところもありそうである。

参考文献

ブレツィンカ、ヴォルフガング、1980、『教育科学の基礎概念 —— 分析・批判・提案』小笠原道雄・林忠幸・高橋洸治・田代尚弘訳、黎明書房。

フレイレ、パウロ、1979、『被抑圧者の教育学』小沢有作・楠原彰・柿沼秀雄・伊藤周訳、亜紀書房。

ヘルバルト、ヨハン・フリードリヒ、1960、『一般教育学』三枝孝弘訳、明治図書出版。

イリッチ、イヴァン、1977、『脱学校の社会』東洋・小澤周三訳、東京創元社。

ノディングズ、ネル、2008、『幸せのための教育』山﨑洋子・菱刈晃夫監訳、知泉書館。

ウェーバー、マックス、1936、『職業としての学問』尾高邦雄訳、岩波書店。

江原裕美編、2003、『内発的発展と教育 —— 人間主体の社会変革とNGOの地平』新評論。

藤原章生、2014、『世界はフラットにもの悲しくて —— 特派員ノート 1992-2014』

　　テン・ブックス。

深山正光、2007、『国際教育の研究 ── 平和と人権・民主主義のために』新協出
　　版社。

浜野隆、2002、『国際協力論入門 ── 地域と世界の共生』角川書店。

橋本憲幸、2016a、「書評・北村友人著『国際教育開発の研究射程 ──「持続可
　　能な社会」のための比較教育学の最前線』『教育学研究』83(1)、91-93頁。

───、2016b、「学校は世界の子どもを救えるか」末松裕基編『現代の学校を
　　読み解く ── 学校の現在地と教育の未来』春風社、333-370頁。

───、2018、『教育と他者 ── 非対称性の倫理に向けて』春風社。

広田照幸、2003、『教育には何ができないか ── 教育神話の解体と再生の試み』
　　春秋社。

───、2009、『ヒューマニティーズ 教育学』岩波書店。

堀尾輝久、1971、『現代教育の思想と構造 ── 国民の教育権と教育の自由の確立
　　のために』岩波書店。

───、1989、『教育入門』岩波書店。

今井康雄、2004、『メディアの教育学 ──「教育」の再定義のために』東京大学
　　出版会。

伊勢田哲治、2008、『動物からの倫理学入門』名古屋大学出版会。

石附実、1974、『国際化への教育』ミネルヴァ書房。

石附実編、1998、『補正版 比較・国際教育学』東信堂。

兼子仁、1971、『国民の教育権』岩波書店。

姜尚中編、2001、『ポストコロニアリズム』作品社。

勝田守一、1973、『勝田守一著作集 第6巻 人間の科学としての教育学』国土社。

北村友人、2005a、「教育学からのアプローチ」黒田一雄・横関祐見子編『国際
　　教育開発論 ── 理論と実践』有斐閣、16-38頁。

───、2005b、「比較教育学と開発研究の関わり」『比較教育学研究』31、241-
　　252頁。

───、2015、『国際教育開発の研究射程 ──「持続可能な社会」のための比較
　　教育学の最前線』東信堂。

黒田一雄・横関祐見子編、2005、『国際教育開発論 ── 理論と実践』有斐閣。

小玉重夫、2008、「教育学における公儀と秘儀」『教育哲学研究』97、149-150頁。

宮寺晃夫、2000、『リベラリズムの教育哲学 ── 多様性と選択』勁草書房。

森田尚人、1993、「教育の概念と教育学の方法 ── 勝田守一と戦後教育学」森田
　　尚人・藤田英典・黒崎勲・片桐芳雄・佐藤学編『教育学年報1 教育研究の
　　現在』世織書房、3-34頁。

宗像誠也、1972、『増補版 教育行政学序説』有斐閣。

中西正司・上野千鶴子、2003、『当事者主権』岩波書店。

西村拓生、2013、『教育哲学の現場 ── 物語りの此岸から』東京大学出版会。

奥田太郎、2012、『倫理学という構え ── 応用倫理学原論』ナカニシヤ出版。

押村高、2008、『国際正義の論理』講談社。

関根久雄、2008、「「人類学的」、その意味するもの」『アジ研ワールド・トレンド』151、8-11頁。

———、2011、「開発人類学の認識論 ── 「人類学的」応用の意味するもの」佐藤寛・藤掛洋子『開発援助と人類学 ── 冷戦・蜜月・パートナーシップ』明石書店、67-83頁。

品川哲彦、2007、『正義と境を接するもの ── 責任という原理とケアの倫理』ナカニシヤ出版。

山田肖子、2009、『国際協力と学校 ── アフリカにおけるまなびの現場』創成社。

コラム⑤　山田肖子先生に聞く

―――研究者としてのスタンスやアフリカとの関わりについてお聞かせ下さい。

　私の基本的な立ち位置としては、比較教育学者、アフリカ研究、開発研究、その3つはキーワードになってくると思います。でも、自分がものをどう考えるかでいうと、発想は社会学だと思います。

　長年、アフリカの教育研究をやってきたのは、アフリカ自体への関心ももちろんありますが、いずれ、それをベースとして、政策や教育実践に関するグローバルなダイナミズムを理論化したいと思っていました。でも、まずは地域研究者としての地場を固めるために、ある程度実績を積むまでは、アフリカの教育研究に全力を注ごうと思っていました。アフリカの村での調査中などに、一人で何やってるんだろうとか、泣きたい時っていっぱいありますよね。苦しい時もあるけれど、論を構築するのはすごく楽しいし、現場をちゃんと知らなければ論は構築できないから、どんなに涙を流しても、その「知るプロセス」には納得していたと思います。ある一つのミクロの部分を記述も分析もできて、それで世の中に認められて初めて、もっと広い研究領域に展開して抽象化や理論化をすることが許されるし、高度な議論を展開していけるだろうと思っているんです。

―――アフリカ研究者として、日本のアフリカ教育研究の現状をどのようにお考えですか。

　この10年来、内海先生や澤村先生を始め、いろんな先駆者が一生懸命努力して、コメントし合って育ち合う場を作って来られたおかげで、切磋琢磨して、レベルが上がってきていると思います。そういう場がないと人って育たないと思うんですね。いい研究をしている先生や先輩を見たら、自分もあのくらいできる人になりたいと思うようになり、だんだんレベルが上がっていく。ですから、いい研究をすることが、

いい研究者を育てることにもつながるかなと思っています。その意味
で、アフリカ研究は日本の中ではずいぶん短期間でクオリティが上
がったと思います。

　政策研究という観点で言うと、もう少し内容に踏み込んだ分析につ
なげていけると良いと思います。教科の中身とか、教室の実践とかを
全く見ずに、政策を論じてしまうことがやはりまだ多いです。これも、
若い研究者が真似できるロールモデルがあると、飛躍的にそういう研
究が増えると思うので、私自身、研究姿勢や内容で、何を目指すべき
なのかを示せるような研究者でありたいと思います。

───今後研究者として目指していらっしゃるゴールは？

　好奇心というか、書きたいこと、知りたいことという意味では、ど
んどん新しいことが出てくるんだろうなと思っています。今見えてい
る中で言えば、アフリカで調べてきたことから、日本の課題を相対化
して照らし出すようなことができたらいいなという目標があります。
個別の事例的なこともそうですが、アフリカの伝統的な教育観や認識
論に基づいて、日本であたり前のように受け入れられている教育や研
究に関する思考枠組みに対して発信していければと思っています。そ
れはもう野望で、やりかけてはあぁ無理だ、ってなるんですけれど、
野望として持ち続けてます。それから、博士論文で歴史（アフリカの植
民地教育史）をやっているので、国際開発の流れを歴史的に俯瞰したよ
うなことをやりたいとは思っています。

───若手に期待することを教えて下さい。

　私自身、これまでのやり方では捉えきれないテーマがあって、自分
なりに既存の、自分が持ってる枠組みを超えようとしているんですが、
若い人たちはもっとそうした越境的な試みをやっても良いんじゃない
のかという意味で、期待しています。ただ、乗り越えようとするとい
うことは、これまで行われてきたことに十分リスペクトを払って、理

解することが前提だと思います。既存の方法も素晴らしいんだけれど、もう一歩踏み出せば新たな可能性があるということを示すということです。2013年に、『比較教育学の地平を拓く』という出版プロジェクトをなぜやったかというと、自分たちが関わる研究分野の本質を見定めたいという想いがあったと思うんですね。それをやることによって、既にあるものを記録に残すだけでなく、そのプロセスで、そこに関わる人たちの学問観が影響を受け合って、新しく協働の空間を創っていく可能性がある。これは私個人の研究観にもつながるんですけれど、社会科学ってやっぱり社会を分析する科学だから、社会が変わったら社会科学も変わらなくちゃいけないと思うんですよ。分野というのは守るだけじゃなくて、作るものだという、そういう感覚を実践に移すと、ああいう形になっていったというのはありますね。

　だから、教育開発という特定の分野に限らず、一般的に若い研究者たちに期待する点というのは、やはり社会と学問が離れないために新しく何をチャレンジするかを積極的に考えてほしいと思います。若い人は、ある意味、自分が何者かという存在証明がしたくて、もがく部分もあると思うんです。早く押しも押されぬ「○○専門家」と言われたいのが若い時のモチベーションでもあると思うけれど、それができてしまうと、逆に守りに入りがちで、創造のための破壊という発想が生まれにくくなるから。だから、若い、ある種アグレッシブなエネルギーがある時だからこそ、枠にとらわれずにチャレンジをして欲しいですね。

───教育開発の実践については、どう見ていらっしゃいますか？

　国際協力のコンテクストでは、日本の経験や知見を現地に合ったかたちに翻訳することが必要ですよね。こんなに日本国内で経験や知見があるのに、それが国際協力に当てはめる過程で単純化されて、十分に活かされてないところがあって、国内の教育に関する知見と国際協力の断絶が問題だと思います。他方、国内の経験をそのまま持って

いっても、相手には何のことかよく分からないという状況になるから、間に翻訳機能が必要なわけです。何段階も咀嚼して、現場のコンテクストで納得される形で処方箋を提示して初めて、現場で使えるんですよね。日本の知見を伝えるには、咀嚼するプロセスが必要で、研究者がその役割を果たせると良いですね。

　時代の流れとして、被援助国の側に選択の幅が広がっているというのがある。つまり、別にOECD-DACの援助国だけじゃなくて、BRICsや中東の大きい財団があったり、色んなところから途上国に対して援助が行われるようになっている。途上国の政府の側に、どのオプションを選ぶかについてどれだけ判断力があるかが問題になってくるわけですが、日本の側にも援助国としての難しさが出てくると思いますね。

コラム⑥　澤村信英先生に聞く

───先生はJICA職員としても、教育開発研究者としても、長年のご経験をお持ちですが、「実務」と「研究」の関係をどの様に考えていらっしゃるでしょうか

　実務では、支援することを前提として調査をしていましたから、ある種のやりがいを常に感じることができました。調査をしなければ、支援も進みません。それが、研究者は自らの関心に基づいて研究を行うわけです。研究者になった当時は、自分の調査結果が目に見える形で「役に立たない」ことに、ショックを受けたものです。

　でも、JICA職員であった時と研究者である今とでは、現地の方々との関係性が全く違います。研究者は、利害関係がないですから、誰とでも個人的に付き合いができます。JICAの場合、国内外で出会った人々と個人的につながっていくことは、職務上許されないことが多いですから。

───関連して「実務家」と「研究者」の関係は、如何でしょうか

　実務と研究の間には、適度な緊張感はあるべきでしょうし、この両者の役割を同時に果たすことは難しいのが普通です。実務では、プロジェクトを実施していながら、それを批判することは無責任な行為でしょうし、どうしても正当化する傾向があります。一方、研究者はプロジェクトを批判的にみることが期待されますから、実務者からすると、様々な制約要因のある中でプロジェクトをマネージメントしているので、そんなことはわかっている、という気持ちにもなります。

　研究者になってわかるのは、援助関係者の政府データへのアクセスの良さです。したがって、研究を行う上で、援助機関スタッフの方々には、今もずいぶんお世話になっています。20年ほど前は、実務の人は専門領域の知識が不十分な面もありましたが、現在ではそのようなこともありません。そうした状況で、研究者の優位性は、個々の関係性の

維持で、「特定の国、人と長く付き合っていける」ことかもしれません。

───教育開発の「研究者」としてはどのような研究をしていくべきでしょうか

　実務と直接結びつく研究も良いかもしれませんが、個人的にはもっと根源的なことを問い直すような基礎研究的なテーマが好きです。実務に短期的に役立つ「研究」であれば、援助機関がコンサルタントを雇用して行いますから、独立的に行う意味があまりありません。もちろん、社会貢献というのは研究者に常に求められることではありますが、それは決して、実務家の役に立つ、ということではないでしょう。

　研究テーマの選定で、国際協力に関心を持つ学生がいても、プロジェクトを評価するような研究は、止めるように話しています。実務の経験がない学生が行う優位性がほとんどないからです。実務に関わる人を納得させるだけの論文を書けるはずもなく、データ収集等でお世話になりながら、迷惑な「論文」しかできないことがわかるからです。

───若手研究者の研究に関して、ご助言があれば、お願いします

　日本国内だけでなく、これまで以上に外に出て行ってほしいですね。独特の進化を遂げている（ガラパゴス化している）日本の教育開発研究を世界に「押し売り」するぐらいでもいいかもしれません。最初は、煙たがられるでしょうけど、本当に良いものであれば、評価してくれるでしょう。最近は英語で論文を書く人も多いですから、どんどんと打って出てほしいと思います。国際学会での発表だけで終えてしまうのは、もったいないです。実務に関わり始めると、研究が疎かになりがちですが、国際ジャーナルへの投稿を積極的にしていってほしいです。

　研究者同士は対等な関係ですから、学生だからこの程度の論文で良い、ということはありません。教員も学生もお互いに競争相手です。そういうなか、私にはもうできないような丁寧なデータ収集を行い、独創的な視点から分析する、将来楽しみな研究がたくさんあります。

例えば、女子生徒の教育と恋愛の関係とか、私など気づきもしなかったことです。

─────その他、何か若い内にしておくべき事などあれば、教えて下さい

　フィールド調査中の出来事や自分の時々の気持ちなど、もう少し、系統的に残しておけばよかった、という反省はあります。若い時はそれほど感じませんでしたが、人生を振り返る時期にもなり、そんなことを思います。私の場合、唯一、写真だけはたくさん撮影しているので、そこから過去をビビッドに再構成できないものかと密かに期待しています。今の若い人はブログをやっている人も多いみたいですから、その時々の自分の感情なども文字で残せれば、将来きっと役立つ時があると思います。

─────最後に、教育開発の魅力、素晴らしい点、やりがいを教えて下さい

　最初にも言いましたが、研究者としてはやはり個人的なつながりができる点です。我々が研究の対象にしている人たちは、困難な状況にある人たちが多いわけですが、そうした社会的、経済的にも対等ではない関係の中で、どうした付き合い方ができるのか。相手の人からすれば、短期的な見返りを前提としない学術研究を行う理由がまず理解できません。援助の事前調査であれば、その後に莫大な資金が投入される可能性もありますが、研究者ではそういうこともありません。

　私の研究などは、そのような人々の善意の上に成り立っているものです。社会の人が気付かない重要な教育開発上の事実やあらたな視点を提供したいということはあっても、どういう関係性を相手と築けるのか、築くべきなのかは今もよくわかりません。そういう中で、人びとは研究者を歓迎してくれ、貴重な時間を割いて話をしてくれるので、本当に感謝に堪えません。

あとがき

　国際教育開発の対象は世界となった。持続可能な開発が具体的に進められるようになり、いわゆる途上国のみならず、先進国と称される国々をも含めた世界規模での国際教育開発のあり方が展望されている。そこでは、「先進国」や「途上国」という呼び分け自体も無用になるかもしれない。途上国の教育という国際教育開発のひとつの、しかし不可欠な —— 少なくとも不可欠であった —— 係留点が相対化されるとき、「国際教育開発」とはそもそも何なのかという問いと向き合わざるをえなくなる。

　途上国で「教育開発」とされてきた事柄は、先進国では「教育改革」であり、「教育改革」に用語統一して事足りるなら「国際教育開発」という言葉は不要になる。もちろん「教育開発」に統一する方途もあろう。しかしいずれにしても、それによって途上国を対象としてきた教育研究（者）と先進国を対象としてきた教育研究（者）とのより広く、より深い交流が可能になるかもしれない。途上国を対象としたカリキュラム研究も、先進国を対象としたカリキュラム研究も、どちらもカリキュラム研究である。だから「国際教育開発論」は「教育学」のなかへと溶解され、従来「国際教育開発論」の名において取り組まれた事柄は、教育行政学や学校経営学、教科教育学、教師教育学などへと再配置されることになるのかもしれない。

　国際教育開発はこれから何をしていけばよいか。国際教育開発論として何を論じていけばよいか。国際教育開発と国際教育開発論をどのように関係づけていけばよいか。こうした問いを受け止め、応答していくためには、これまでの「国際教育開発」と「国際教育開発論」を省みることを含め、いったん立ち止まって考えてみる必要がある。

　本書『国際教育開発への挑戦』はそのような問題意識のもとに、より具体的にはポストEFAの国際教育開発のあり方を検討するために、いわゆる若手

を中心に集って編まれた。「集って」とは言っても、書き手の所在は散り散りで、東京での研究会で全員が顔を合わせる機会はついに得られず、タイ、マラウィ、アメリカなどとメールやスカイプなどを活用しながら議論を深めてきた。議論のたびに、面と向かって、膝を突き合わせて議論することはやはり大切であると実感した。ただ、議論した内容を文章にまとめてメールで送る際、あるいは通信環境の制約のために限られた時間でしかスカイプができないとき、思考が凝縮され、整理され、時空の隔たりがあるがゆえにより厳密なやりとりができた側面もあった。

　本書に収められた11本の論稿は、3本、3本、5本に束ねて3部構成とした。ポストEFAを吟味し、実践していくうえで重要となるであろう観点ごとにまとめられたと思う。本書の書き手を研究者の立場、実務家の立場、そして両者を行き来する立場の3つに振り分けることももちろんできたわけだが、そのように括ることはあえてしなかった。なぜなら、立場それ自体を問いなおしたいとのねらいがあったからであり、個々の執筆者から発せられる内容を重視したかったからである。実際に、身を置く立場が異なるにもかかわらず主張が共振していたり、同じ立場で括られるはずなのに主張が対立していたりと、おもしろい展開を見せた。「はしがき」で述べられ、各部の名称にも象徴されるような問題意識は、本書全体で共有されてはいるものの、統一した結論を出すことは当初から目論んでいない。

　第1部「誰が教育するか」（第1・2・3章）では、教育保障の主体をめぐって、インドの貧困層、トルコのシリア難民、そしてマラウィの障害児の実情に照らした議論が展開された。国家という枠組みや政府の役割とは別に、市場ないし準市場、さらには非政府組織でもって教育保障を行うことへの期待が共通して示された。しかし、そこには政府がその果たすべき役割を果たしていないことへの苛立ちや諦念も透けて見えてくる。むろんあきらめきったわけではなく、国家や政府をいかに再活用するかという能動的な姿勢も、世界の人びとの実際の動きと重ねられながら示されている。ここでは、「公教育」とは何かという問いも改めて投げ掛けられている。

　第2部「どう具現化するか」（第4・5・6章）には、国際的なモニタリングとそこからこぼれ落ちる就学の実態、2国間援助機関の高等教育支援、そして

教育におけるグローバルガバナンスについての論稿が収められている。これら3つの章では、共通して「連携」や「協働」の重要性が述べられている。第4章では研究者と実務者の連携が、第5章では日本（先進国）と途上国との互恵的な連携が、第6章ではグローバルガバナンスにおけるアクターの連携が、それぞれ語られており、国際教育開発において、そこに関わるさまざまな立場の者による連携や協働の重要性がこれまで以上に意識されていることがわかる。ただし、「連携」や「協働」は、水平的な関係を予感させる響きのよい語であるがゆえに、それ自体が目的化されやすく、何のために連携するのか、協働の先に何を生み出そうとしているのか、といったことが意識の外に追いやられがちである。また、「連携」や「協働」の心地よさが、アクター間の非対称な関係性を覆い隠してしまう危険もある。そうした議論を踏まえて、実務経験を持つ執筆者たちがこれまでの国際教育開発を振り返り、SDGsを具現化するために、何のために、なぜ、どのように連携していけばよいか、協働していけばよいかを模索している。

　第3部「いかに関わるか」(第7・8・9・10・11章) は省察の部ということになろう。全体的に、本当にあれでよかったのか、本当にこれがよいのか、といった反省的で再帰的な音調に貫かれており、研究の主題や実務の対象への関わり方についての苦悩や葛藤、問いなおしが、自らの研究や実務の来歴とともに披瀝されている。これはしかし、このように書こうと示し合わせたわけではない。日本、アメリカ、ザンビア、カンボジア、マラウィの対象を客体に留めずに記述することや、対象に付与されがちな凝り固まった印象を裏切るようにして論じることの重要性のみならず、そのように論じる自らをも省みながら開示することの必要性が共有されている。もちろん、反省しさえすればいかようにでも関わりうるのだという免罪符を自他へ提供したつもりはまったくない。第1部、第2部を再読するための、そして第3部内の別の論稿を読みなおすための契機やその際の手がかりも、この第3部で得られるものと期待したい。

　以上のように部ごとにまとめることも可能だが、部内ですでに主張の対立点が認められるし、部を越境するようにして浮上してきた論点もある。

　たとえば、第1部の誰が教育を保障するのかという問いには第7章も関

わっている。第1・3章は国家のなかで社会の隅に、あるいは外へと追いやられていた人びと、第2・7章は国家の外へと追いやられた人びと、国家のあいだを移動する人びとを取り上げている。前者は国家・政府に役割を付与する方向に舵が切られ、後者はその方向を見据えつつも非国家・非政府による教育保障のあり方が併せて模索されている。前者の枠組みが世界的に再強化されるとするなら、そこからこぼれ落ちる後者の人びとはますます生きづらくなるかもしれない。

いかに実践するかを論じた第2部において、「連携」や「協働」がひとつの解として提示されていることはすでに述べた。同様の議論は、第3部の第8・9・10章においても繰り返されている。しかしこれらのあいだでは、誰と、何について、どのように連携するか、協働するか、という具体的な内容について主張が大きく異なっている。たとえば、第4・10章では研究者と実務者の連携の必要性が論じられており、第5・6章では「援助する側」と「される側」という垂直的な関係性を乗り越えるために、水平的な連携を目指す必要性が述べられている。第8・9章ではさらに、国際教育開発に携わるわれわれは、「外部者」として、途上国の教師や子どもといかに協働しながら関わりうるかについて論じられている。連携や協働についての軸の立て方はこのように多元的であり、冒頭に述べた「先進国」と「途上国」という呼び分けの問題とも関連して、今後さらに注意深く整理しながら議論を進めていかなければならない。

また第8・9・10・11章は、第3部において共通して教育や他者への関与のあり方を論じているが、国際教育開発における教育の、さらに国際教育開発論における教育学の位置づけ方は異なっている。第10章からは、実際の国際教育開発において重要なのは、教育自体というよりも教育を取り巻く事柄なのだとの見方が示されるが、第8・9・11章は国際教育開発において重要なのは教育であり、教育学なのだとの立場が明確に打ち出されている。国際教育開発や国際教育開発論にとってもっとも重要な事柄とは一体何であろう。

この問いは、より大きな文脈に位置づけられるべきかもしれない。「あとがき」冒頭に、「途上国の教育という国際教育開発のひとつの、しかし不可欠な ── 少なくとも不可欠であった ── 係留点が相対化されるとき、「国際

教育開発」とはそもそも何なのか」と記した。では、途上国の教育ではない、それとは別の国際教育開発の係留点とは何であろう。国際教育開発を国際教育開発たらしめる新たなエートスとは一体何であろう。

　以上のように、本書は多様な論題を扱い、論点も提出した。だが、正面からは扱いきれなかったものもある。たとえば、とくに2000年以降強調されるようになったジェンダー、さらにはSDG 4で改めて主題化された生涯学習などである。これまでに記した論点とともに、また、SDGsの展開を注視しながら、そしてそれに実際に取り組みながら、今後さらに議論を深めていきたい。それは、それぞれがそれぞれの立場で得たさまざまな知を持ち寄り、新たな国際教育開発の地平をともに開拓していくということである。

　研究と実務の両面で国際教育開発を牽引してきた先行世代の活躍に比して、本書の書き手たちの世代はとても大人しい ── 実はそうした叱咤激励も本書立ち上げのきっかけとなっている。書名を『国際教育開発への挑戦』としたのは、これからの時代の国際教育開発に挑んでいくという意味に加え、先行世代の国際教育開発の理論と実践に挑むという意味も込めたかったからである。この点で、まずはわれわれを鼓舞し、コラムのためのインタビューにも答えてくださった北村友人先生に感謝申し上げたい。インタビューには、黒田一雄先生、横関祐見子先生、吉田和浩先生、山田肖子先生、澤村信英先生も、ご多忙のなか快く応じてくださった。お礼を申し上げたい。先生方は、本書の長引く編集の過程でも、われわれに温かな言葉をかけ続けてくださった。

　最後に、われわれの取り組みを1冊の本としてこの社会へと送り出してくださった東信堂の下田勝司社長、編集の下田奈々枝さん、柴田真帆さん、牟禮拓朗さんへのお礼を申し添えたい。

　2020年10月

橋本　憲幸

執筆者紹介

芦田　明美（あしだ あけみ）【第4章】

早稲田大学大学院アジア太平洋研究科講師。博士（学術、神戸大学）。国連教育科学文化機関（UNESCO）アジア太平洋地域教育局プログラムオフィサー、東京大学大学院教育学研究科特別研究員（日本学術振興会PD）を経て現職。専門は、国際教育開発、比較教育学。主著に、*The Actual Effect on Enrollment of "Education for All": Analysis Using Longitudinal Individual Data*（Union Press、2018年）。

井上　数馬（いのうえ かずま）【第5章】

独立行政法人国際協力機構 人間開発部 高等教育・社会保障グループ 高等・技術教育チーム主任調査役。英国ロンドン大学教育研究所修士課程修了。東南アジア・大洋州部、アセアン工学系高等教育ネットワークプロジェクト専門家等を経て現職。高等教育・人材育成事業を中心に案件形成から実施まで複数の案件に関わる。

荻巣　崇世（おぎす たかよ）　編著者【序章・第9章】

上智大学総合グローバル学部特任助教。米国ミシガン州立大学より博士号（教育学）取得。比較教育学・教師教育学を専門とし、カンボジアを主なフィールドとして、グローバリゼーションがどのような影響を及ぼしているかについて、特に授業を見ることを通して探究している。主な研究テーマは、グローバル化と教育、教師の学びと成長。

小原　優貴（おはら ゆうき）【第1章】

お茶の水女子大学／日本学術振興会・特別研究員（RPD）。博士（教育学、京都大学）。アクセンチュア株式会社、東京大学大学院総合文化研究科特任准教授を経て、2020年10月より現職。専門は比較教育学・南アジア地域研究。途上国・新興国のNGOや起業家が主導する教育活動に関心をもち、インドをフィールドに研究している。主著に『インドの無認可学校研究 ── 公教育を支える「影の制度」』（東信堂、2014年）がある。

景平　義文（かげひら よしふみ）【第2章】

特定非営利活動法人難民を助ける会（AAR Japan）トルコ事務所代表。大阪大学大学院人間科学研究科博士課程修了。博士（人間科学）。ケニアで開発支援に従事したあと、2012年よりAAR Japanで働く。東京事務局でシリア難民支援を担当し、2017年8月より現職。

川口　純（かわぐち じゅん）　編著者【はしがき・第3章】

筑波大学人間系教育研究科助教。博士（学術、早稲田大学）。国際協力機構、大阪大学を経て、2015年より現職。教員免許取得後、マラウイの教員養成大学で勤務した経験を活かし、途上国における教員養成について研究している。特に、近年はインクルーシブ教育に注力している。主著は興津妙子との共編著『教員政策と国際協力－未来を拓く教育をすべての子どもに』（明石書店、2018年）。

荘所　真理（しょうじょ まり）【第6章】

世界銀行　教育グローバルプラクティス　アフリカ地域局　上級教育専門官。大学院修了後中学校教諭として勤務。その後コンサルタントとしてJICAの教育案件に従事。マラウイ大学客員研究員を経て神戸大学大学院国際協力研究科より博士号取得。2009年世界銀行入行。EFA-FTI（現Global Partnership for Education）事務局、世界銀行人間開発局、南アジア地域、アフリカ地域局で教育案件及び研究に携わる。現在シエラレオネ事務所勤務。

徳永　智子（とくなが ともこ）【第7章】

筑波大学人間系教育学域助教。米国メリーランド大学カレッジパーク校より博士号（教育学）取得。慶應義塾大学、群馬県立女子大学を経て、2019年より現職。専門は教育社会学、教育人類学。日米で移民の若者の居場所づくりやエンパワメントに関する研究・実践に従事している。主著に *Learning to Belong in the World: An Ethnography of Asian American Girls*（Springer、2018年。日本教育社会学会奨励賞［著者の部］受賞）。

中和　渚（なかわ なぎさ）【第8章】

関東学院大学建築・環境学部准教授。教育学博士。専門は数学教育・教育開発。ザンビアの子どもの学習プロセス，教師の職能成長に興味を持ち探究中。近年、国内の就学前教育や子どもの遊び、国際バカロレアについても取り組む。ザンビア・ケニアの教育開発に関わり、ワークブック・教材を開発してきた。アフリカの大地に再び立つことが目下の目標。

橋本　憲幸（はしもと のりゆき）　編著者【第11章・あとがき】

山梨県立大学国際政策学部国際コミュニケーション学科准教授。筑波大学大学院一貫制博士課程人間総合科学研究科修了。博士（教育学）。専門は比較教育学、教育哲学。研究主題は教育の正当化根拠。主著は『教育と他者 ── 非対称性の倫理に向けて』（春風社、2018年。日本比較教育学会平塚賞、国際開発学会奨励賞受賞）。

古川　範英（ふるかわ のりひで）【第10章】

独立行政法人国際協力機構ルワンダ事務所企画調査員。米国インディアナ大学教育学部、人類学部博士課程在籍中。比較教育学と文化人類学を用いてマラウイの高等教育を研究している。反植民地闘争と独立の過程で大学生というエリート層が形成されてきた歴史的過程に関心がある。その他興味があるテーマは技術教育、ICTと教育など。

索　引

236

国際教育開発への挑戦 —— これからの教育・社会・理論

2021 年 1 月 25 日　　初版　第 1 刷発行	〔検印省略〕
	＊定価はカバーに表示してあります。

荻巣崇世
橋本憲幸
編者Ⓒ 川口　純　／　発行者 下田勝司　　　　印刷・製本／中央精版印刷株式会社

東京都文京区向丘 1-20-6　　郵便振替 00110-6-37828　　　　　　　　発 行 所
〒 113-0023　TEL (03) 3818-5521　FAX (03) 3818-5514　　　株式会社 東信堂

Published by TOSHINDO PUBLISHING CO., LTD.
1-20-6, Mukougaoka, Bunkyo-ku, Tokyo, 113-0023, Japan
E-mail : tk203444@fsinet.or.jp　http://www.toshindo-pub.com

ISBN978-4-7989-1671-2 C3037　Ⓒ T. Ogisu, N. Hashimoto, J. Kawaguchi

東信堂

〒113-0023　東京都文京区向丘1-20-6　　TEL 03-3818-5521　FAX03-3818-5514　振替 00110-6-37828
Email tk203444@fsinet.or.jp　URL:http://www.toshindo-pub.com/

※定価：表示価格（本体）＋税

東信堂

〒113-0023　東京都文京区向丘1-20-6
TEL 03-3818-5521　FAX03-3818-5514　振替 00110-6-37828
Email tk203444@fsinet.or.jp　URL・http://www.toshindo-pub.com/

※定価：表示価格（本体）＋税

東信堂

いま、教育と教育学を問い直す
——教育哲学は何を究明し、何を展望するか　森田尚人編著　三三〇〇円

教育的関係の解釈学　松浦良充編著　三三〇〇円

教員養成を哲学する——教育哲学に何ができるか　坂越正樹監修　三三〇〇円

大学教育の臨床的研究——臨床的人間形成論第I部　下司晶・古屋恵太・編著　四二〇〇円

臨床的人間形成論の構築——臨床的人間形成論第2部　田中毎実　二八〇〇円

人格形成概念の誕生——近代アメリカの　田中毎実　二八〇〇円

社会性概念の構築——アメリカ進歩主義　田中智志　三六〇〇円
　　　　　教育の概念史

温暖化に挑む海洋教育——呼応的かつ活動的に　田中智志編著　三八〇〇円

教育哲学のデューイ——連環する二つの経験　田中智志編著　三二〇〇円

学びを支える活動へ——存在論の深みから　田中智志編著　三五〇〇円

グローバルな学びへ——協同と刷新の教育　田中智志編著　二〇〇〇円

大正新教育の思想——生命の躍動　田中智志編著　四八〇〇円

大正新教育の受容史　橋本美保編著　三七〇〇円

空間と時間の教育史——授業時間割からみる　宮本健市郎　三九〇〇円
　　　　　アメリカの学校建築と

アメリカ進歩主義教授理論の形成過程　宮本健市郎　七〇〇〇円
——教育における個性尊重は
　何を意味してきたか

マナーと作法の社会学　加野芳正編著　二四〇〇円

マナーと作法の人間学　矢野智司編著　二〇〇〇円

応答する〈生〉のために——〈力の開発〉から〈生きる歓び〉へ　高橋勝　一八〇〇円

子どもが生きられる空間——生・経験・意味生成　高橋勝　二四〇〇円

流動する生の自己生成——教育人間学の視界　高橋勝　二四〇〇円

子ども・若者の自己形成空間
——教育人間学の視線から　高橋勝編著　二七〇〇円

越境ブックレットシリーズ

⓪教育の理念を象る——教育の知識論序説　田中智志　一二〇〇円

①知識論——情報クラウド時代の"知る"という営み　山田肖子　一〇〇〇円

②女性のエンパワメントと教育の未来
——知識をジェンダーで問い直す　天童睦子　一〇〇〇円

③他人事≒自分事——教育と社会の根本課題を読み解く　菊地栄治　一〇〇〇円

〒113-0023　東京都文京区向丘1·20·6　　TEL 03·3818·5521　　FAX03·3818·5514　　振替 00110·6·37828
Email tk203444@fsinet.or.jp　URL·http://www.toshindo-pub.com/
※定価：表示価格（本体）＋税

東信堂

〒113-0023　東京都文京区向丘1-20-6
TEL 03-3818-5521　FAX03-3818-5514　振替 00110-6-37828
Email tk203444@fsinet.or.jp　URL:http://www.toshindo-pub.com/

※定価：表示価格（本体）＋税

東信堂

学びと成長の講話シリーズ

① アクティブラーニング型授業の基本形と生徒の身体性　溝上慎一　一〇〇〇円
② 学習とパーソナリティ——「あの子はおとなしいけど成績は」をどう見るか　溝上慎一　一六〇〇円
③ 社会に生きる個性——自己と他者・拡張的パーソナリティ・エージェンシー　溝上慎一　一五〇〇円

アクティブラーニング・シリーズ

① アクティブラーニングの技法・授業デザイン　安永悟編　一八〇〇円
② アクティブラーニングとしてのPBLと探究的な学習　溝上慎一・成田秀夫編　一六〇〇円
③ アクティブラーニングの評価　松下佳代・石井英真編　一六〇〇円
④ 高等学校におけるアクティブラーニング：理論編（改訂版）　溝上慎一編　一六〇〇円
⑤ 高等学校におけるアクティブラーニング：事例編　溝上慎一編　二〇〇〇円
⑥ アクティブラーニングをどう始めるか　成田秀夫　一六〇〇円
⑦ 失敗事例から学ぶ大学でのアクティブラーニング　亀倉正彦　一六〇〇円

若者のアイデンティティ形成——学校から仕事へのトランジションを切り抜ける　ジェームズ・E・コテ&チャールズ・G・レヴィン著　河井亨・溝上慎一訳　三二〇〇円

大学生白書2018——今の大学教育では学生を変えられない　溝上慎一　二八〇〇円

アクティブラーニングと教授学習パラダイムの転換　溝上慎一　二四〇〇円

大学生の学習ダイナミクス——授業内外のラーニング・ブリッジング　河井亨　四五〇〇円

グローバル社会におけるラーニング・ブリッジング——全国大学調査からみえてきた現状と課題　河合塾編著　三八〇〇円

大学のアクティブラーニング——全国大学調査からみえてきた日本の大学教育　河合塾編著　三二〇〇円

「学び」の質を保証するアクティブラーニング——3年間の全国大学調査から　河合塾編著　二〇〇〇円

「深い学び」につながるアクティブラーニング——全国大学の学科調査報告とカリキュラム設計の課題　河合塾編著　二八〇〇円

アクティブラーニングでなぜ学生が成長するのか——経済系・工学系の全国大学調査からみえてきたこと　河合塾編著　二八〇〇円

〒113-0023　東京都文京区向丘1-20-6　TEL 03-3818-5521　FAX03-3818-5514　振替 00110-6-37828
Email tk203444@fsinet.or.jp　URL:http://www.toshindo-pub.com/
※定価：表示価格（本体）＋税

東信堂

〒113-0023　東京都文京区向丘1-20-6　　TEL 03-3818-5521　FAX03-3818-5514　振替 00110-6-37828
Email tk203444@fsinet.or.jp　URL:http://www.toshindo-pub.com/

※定価：表示価格（本体）＋税

東信堂